FRANCE-ALLEMAGNE

LIBRAIRIE ARMAND COLIN

DU MÊME AUTEUR

L'Or dans le Monde : *Géologie. Extraction, Economie politique.* Un volume in-18, broché **3 50**

Géologie pratique et *petit Dictionnaire technique des termes géologiques les plus usuels.* Un vol. in-18 (3ᵉ *édition*), broché. **3 50**

La Science Géologique : *ses méthodes, ses résultats, ses problèmes, son histoire* (2ᵉ édition, revue et augmentée d'un index alphabétique). Un volume in-8 raisin, 776 pages, 59 figures, 5 *planches hors texte* en couleur, broché . . . . **20** »

Histoire de la Terre. Un volume in-16 (Flammarion) 1907.

La Conquête minérale. Un volume in-16 (Flammarion) 1908.

Chez les Grecs de Turquie : *Mytilène, Lemnos, Le mont Athos, les côtes d'Asie Mineure et de Macédoine.* Un volume in-8 (Cornély) 1897.

La Bulgarie d'hier et de demain (3ᵉ édition). Un volume in-16 (Hachette) 1907.

La Turquie que l'on voit (2ᵉ édition). Un volume in-16 (Hachette) 1913.

L. DE LAUNAY

Membre de l'Institut.

FRANCE-ALLEMAGNE

PROBLÈMES MINIERS — MUNITIONS — BLOCUS

APRÈS-GUERRE

LIBRAIRIE ARMAND COLIN
103, Boulevard Saint-Michel, PARIS

1917

Tous droits de reproduction, de traduction et d'adaptation réservés pour tous pays.

A la mémoire

d'ÉMILE REYMOND

qui a donné, pour la défense du pays, l'exemple de prévoir et d'oser parler pendant la paix, avant de se dévouer dans le combat jusqu'à la mort.

FRANCE-ALLEMAGNE

INTRODUCTION

Le rôle du monde minéral dans les luttes humaines. — Les réalités pratiques de la guerre et la guerre vue à la distance de Sirius.

La guerre, c'est la vie révoltée poussant toutes ses forces à leur paroxysme pour produire la mort; ou plutôt, comme dans un organisme attaqué par la maladie, c'est, en dépit de cette apparence première, la réaction de toutes les énergies vivifiantes contre les germes mortels. Mais cette lutte s'exerce-t-elle seulement entre les divers groupements d'êtres animés, entre les phagocytes bienfaisants et les microbes destructeurs ? Non, tout le monde matériel et minéral entre, lui aussi, en jeu ; il intervient de plus en plus complètement à mesure que le génie humain apprend davantage à s'en rendre maître. Du jour où Caïn saisit une pierre pour tuer Abel, les éléments inertes du sol ont pris, dans nos combats, un rôle qui n'a fait que s'accroître sans cesse, à mesure que les dimensions du champ de bataille se développaient : horizontalement jusqu'à embrasser l'étendue de la terre ; verticalement jusqu'à troubler tout l'espace, du fond des abîmes marins aux limites de l'atmosphère. Se battre, ce n'est plus seulement s'armer de courage, de persévérance, de patience, d'adresse, ou de ruse, c'est utiliser une usine formidablement organisée d'avance, où tous les efforts de la chimie et de la physique ont condensé, groupé, coordonné les puissances passives et les violences prêtes à se déchaîner dans la matière. Cette nécessité d'une guerre industrielle, on a peut-être été un peu long à la comprendre en France, imprégné que l'on était d'anciens préjugés chevaleresques et sentimentaux. Nous y sommes venus avec le temps. On nous a appris qu'on ne lutte pas uniquement avec ses poings ou même avec l'épée ; que, pour être vainqueur, il faut aussi recourir sans compter à l'acide picrique, aux trinitrotoluols, aux dynamites, aux gaz asphyxiants, aux automobiles blindées, aux aéroplanes, aux torpilles et aux sous-marins. Mais ces notions demeurent pour nous trop récentes : elles ne sont pas encore entrées dans notre sang ; tous nous avons besoin de nous les assimiler. Ce côté matériel de la guerre est pourtant celui qui retiendra ici notre attention. Sans nous interdire de penser à des conceptions plus hautes, vers lesquelles se reporte instinctivement un esprit français, nous ferons effort cette fois pour parler seulement des choses et non des hommes. Aujourd'hui, les belligérants se jettent les uns aux autres des quartiers de roche, des montagnes de pierre et d'acier ; ils s'attaquent à coups de nuages et d'éclairs, comme aux jours fabuleux où les dieux de lumière et de beauté défendaient victorieusement l'Olympe céleste contre les Titans vomis par l'ombre. Pendant cette gigantomachie, la place de Minerve, de Cypris ou de Junon ne saurait être que modeste auprès de celle de Mars.

Montrer l'intervention du monde minéral dans la guerre, les armes qu'il fournit, la façon dont ces armes doivent être lentement forgées pendant la paix et dont la conclusion même de la guerre doit, en répartissant ces énergies souterraines, préparer les guerres futures, tel est le but que je me suis déjà proposé autrefois dans ma « Conquête Minérale [1] » ; mais la guerre actuelle prête à ces vieilles idées une acuité toute nouvelle. Les problèmes que j'envisageais alors en théorie se posent aujourd'hui à tous les Français comme des questions dont dépend leur existence. Les préciser, les discuter, appeler sur eux une attention trop distraite, tenter de les résoudre, ce sera un peu me donner l'illusion de combattre à ma manière ; ce sera du moins travailler comme ces ouvriers d'usines qui envoient des obus aux combattants. Pour les derniers mois de cette guerre, il s'agit de nos approvisionnements et du blocus ; pour l'après-guerre non moins acharnée qui suivra, il faut préparer l'étude des traités destinés à nous assurer ces engins de combat par excellence : la houille et le fer, puis les autres métaux. Nous ne raisonnerons plus en péripatéticiens au cours d'une paisible promenade sous le portique. Les tranquilles promeneurs que nous étions ont été assaillis par des bandits ; ils vont maintenant chez l'armurier acheter un revolver et apprennent à s'en servir. Sachons nous le redire sans cesse puisque nous n'avons pas su assez nous le dire autrefois : « La guerre que nous livrons, dont nous sortirons avec joie, ne sera pas la dernière. La prochaine guerre doit être préparée dans la paix par l'éducation des cœurs, mais aussi par des mesures économiques. »

Les sujets qu'on trouvera abordés ici sont d'une « actualité » inutile à souligner. Mais cette actualité n'est-elle pas trop grande ? N'est-il pas bien hardi, bien

---

1. Flammarion, 1908.

imprudent, bien prématuré de les traiter, alors que chaque jour de lutte en modifie les données et peut, par conséquent, influer sur leurs solutions? Discuter des conditions de paix victorieuses quand l'ennemi reste en France ne paraîtra-t-il pas bien peu scientifique?... Tandis que ces pages vont s'écrire et s'imprimer, voici qu'accourent, en robe blanche, en robe noire, attendues, épiées de loin, vite interrogées au passage et bientôt enfuies, les heures rapides, mères des jours, qui enfantent les semaines, les mois, les années... Vite, elles se sauvent d'un pied leste après nous avoir jeté indifféremment des nouvelles changeantes. Et, en même temps qu'elles, le décor, sur lequel apparaît un instant leur vol, se déroule, se modifie lui aussi. Tous les aspects des êtres vivants et de la matière, toutes les conceptions de la pensée sont soumis aux impulsions d'une main mystérieuse qui les déplace et les regroupe sous nos yeux d'enfants comme les verres colorés d'un kaléidoscope. Le vrai devient le faux; le probable n'est plus qu'illusion; un espoir est déçu, un autre naît. Comment oser, avant que le spectacle soit interrompu, en fixer les impressions mouvantes si l'on a la prétention que ces pages survivent de quelques jours au temps où on les a écrites?... Mais, parce que ce terrible drame continue à se jouer autour de nous et pour nous, nous n'avons pas le droit de nous en isoler. Qui que nous soyons, si nous croyons tenir une arme, nous devons la diriger de notre mieux contre l'ennemi. Le coup peut manquer son but, ou faire long feu; l'ensemble des balles ainsi tirées par des hommes de bonne volonté n'en fournira pas moins une moyenne d'efforts fructueux, qui finira sans doute par porter au but.

*
* *

Ce livre traitera surtout des problèmes économiques et, par contre-coup, politiques que soulèvent les questions minières. Il y sera bientôt question de réalités pressantes, de contingences immédiates, de difficultés et de solutions toutes pratiques. Nous en effleurerons beaucoup ; trop peut-être, car les problèmes posés par la guerre se présentent innombrables à l'esprit. Mais que l'on veuille bien me suivre auparavant, pendant quelques minutes, vers un point de vue plus élevé d'où nous commencerons par apercevoir les mêmes conflits des hommes sous un angle plus ouvert, dans un ensemble plus vaste. La présente guerre est horrible. Elle a révélé, chez certains groupes à apparence humaine, d'effroyables régressions vers l'animalité ; mais elle a aussi ses grandeurs dont il est juste que nous jouissions pour nous consoler. Elle nous aura fait vivre pendant trois ans dans un immense cimetière aux tombes toujours renouvelées, où beaucoup de jeunes gens venaient eux-mêmes creuser la tranchée béante qu'ils estimaient utile à défendre le pays, sans crainte d'y rester ensevelis. Tout en combattant ils ont écrit leurs pensées suprêmes sur ces pierres qui couvrent aujourd'hui le noble champ des morts ; et ces pensées se résument toutes en deux mots : dévouement, sacrifice. On ne vit pas dans un tel milieu sans être amené à comprendre que la vie humaine n'est pas seulement destinée à accumuler des marks et des florins, à se disputer des balles de coton ou des champs de pétrole, à fixer pendant quelques années la frontière de deux pays en deçà ou en delà d'une colline ; mais qu'il y a autre chose, derrière ce rideau de théâtre devant lequel se joue, avec de vrais hurlements, avec de vrai sang, un si terrible drame. Ce rideau mystérieux, la gravité de l'heure présente invite au moins à le soulever un instant...

Oh ! bien furtivement ! Nous n'oublierons pas que le lecteur attend ici des solutions minières. Nous essayerons de les lui donner bientôt. Nous nous efforcerons alors d'apporter une arme aux volontés humaines qui prétendent lutter contre les fatalités matérielles et contre les êtres infernaux, toujours prêts à abuser de ces fatalités. Nous aurons, en même temps, plus d'une occasion de montrer combien ces volontés commencent par être étreintes et liées, si elles ne savent pas réagir violemment, par les forces de la matière... Est-ce grandir artificiellement notre sujet que d'y apercevoir, à travers des questions de munitions, de tarifs douaniers, de listes noires, de contingentements, de syndicats, l'éternel conflit par lequel tout le monde moral est dominé et qui seul, en définitive, est intéressant dans le monde : la lutte du libre arbitre grandissant contre la fatalité ?...

Avant d'aborder des questions techniques, accordons-nous un instant le plaisir de regarder la terre à la distance de Sirius qui est, pour éliminer nos vaines préoccupations passagères, celle de la vision distincte et demandons-nous à quoi sert en définitive cet effort suprême de réaction contre la matière par lequel peut se résumer la vie.

Nous allons étudier bientôt le front de combat français qui, pendant plus de deux ans, a formé un retranchement de forteresse immuable en dépit de tous les efforts. Nous ferons voir à cette occasion comment la nature impose à l'homme jusqu'à ses champs de bataille, déterminés en apparence par les hasards les plus arbitraires, de même que la statistique fixe d'avance, à quelques unités près, le nombre de ceux qui, dans une année, librement, se donneront la mort. Nous expliquerons aussi, dans les chapitres suivants, comment tout l'avenir politique, industriel, commercial d'un grand pays est influencé et presque « déterminé » par les caprices géologiques ayant amené, dans son sol, la présence ou l'absence de substances aussi indispensables au monde moderne que le fer et la houille. Annonçons-le de suite. Loin de nous laisser décourager par ces observations, nous ne prêcherons qu'avec plus d'ardeur la lutte de la prévoyance humaine contre les fatalités naturelles. A l'heure surtout où le tracé des frontières, où les relations économiques des pays européens vont être modifiés de fond en comble, tous les militaires savent qu'il faut tracer ces frontières de manière à porter les « champs de bataille prédestinés » chez l'ennemi ; les mineurs et les économistes savent aussi et doivent enseigner à tous qu'une mine de houille ou de fer est une position stratégique dont l'occupation peut valoir celle d'une redoute ou d'un pont. L'objet de ce livre est de le faire mieux comprendre. Mon travail sera, je l'ai dit, celui d'un combattant. Mais, puisqu'on nous a ramenés violemment aux pires jours du moyen âge, répondons avant tout à une question de moine moyen-âgeux entendant le fracas de la guerre au fond de sa cellule (Que le lecteur se rassure, nous ne nous la poserons plus ensuite) : « Cet effort pour réagir n'est-il pas illogique ? Cette grande agitation n'est-elle pas nécessairement stérile ?... »

Nous vivons dans un monde mouvant où tout s'écroule et s'évanouit, un soleil comme un insecte, bien que, pour notre vision d'éphémères, les édifices les plus fragiles y prennent un instant l'illusoire apparence de la stabilité. La plupart des hommes n'ont jamais songé que, dans quelques dizaines de siècles, notre petite terre, avec tout ce remuement de peuples qu'elle emporte dans sa course, sera anéantie. Mais ceux qui y ont réfléchi ne sauraient sans puérilité chercher à l'oublier. Faut-il donc en conclure que rien ne sert à rien puisque rien ne dure, et pas même ces immenses conflits humains où des millions d'hommes sacrifient ce qu'ils ont de plus cher à la conception, elle-même si momentanée, d'une patrie ?...

Non. Ce serait bien mal comprendre la cohésion qui associe tous les atomes, toutes les cellules, toutes les forces, tous les êtres, toutes les pensées, à travers le temps comme à travers l'espace, en les faisant collaborer tous à la réalisation d'un même plan. Les soleils s'éteindront ; mais l'élan généreux de l'homme qui s'est sacrifié au Devoir, à la Vérité, à la Beauté, survivra, dans ses effets lointains, à la mort des soleils. Cet homme infime a contribué à lancer, à travers les éthers glacés du néant, une onde de lumière destinée à se propager, à grandir en s'associant avec d'autres pareilles clartés. Grâce à son impulsion, d'être en être, de race en race, de monde en monde, cette lumière, qui seule ne peut pas périr parce qu'elle est d'essence éternelle, ira, se transmettant, et s'irradiant, et montant. Quand l'heure sera venue, tôt ou tard, elle illuminera l'infini...

Septembre 1916.

PREMIÈRE PARTIE

LA GUERRE

CHAPITRE PREMIER

LES CHAMPS DE BATAILLE PRÉDESTINÉS

I. Les lois géologiques du modelé topographique. — II. La prédestination des champs de bataille. Histoire d'Attila. — III. Les défenses naturelles du Bassin de Paris. — IV. Description du front franco-allemand.

I. — Les lois géologiques du modelé topographique.

Entre toutes les stabilités illusoires et momentanées de notre monde matériel auxquelles j'ai fait allusion précédemment, celle de la terre elle-même paraît à peine troublée par quelques incidents qui nous étonnent une heure pour retomber vite dans l'oubli. Le sol sur lequel nous nous agitons semble inébranlable. Nous sommes portés à le croire immuable autant qu'immobile, et le calcul seul nous rappelle parfois, sans que notre pensée s'en préoccupe, les mouvements complexes et rapides dont cette minuscule planète est animée. Cependant on nous a appris que, par l'effet de sa rotation sur son axe, chaque point de son équateur décrit 1 674 kilomètres à l'heure. Dans sa révolution autour du soleil, la même durée d'une heure lui fait parcourir 106 800 kilomètres. Et, à son tour, ce soleil, centre de son orbite, se déplace avec une vitesse plus vertigineuse encore au milieu des constellations dont le dessin lumineux ne semble rester rigoureusement pareil que pendant la courte durée de quelques vies humaines. Mais il y a plus ; et chacun de ces astres, en même temps qu'il parcourt ainsi le vague éther, subit une évolution intérieure qui le modifie sans cesse. Des forces internes travaillent en lui, ou se tiennent prêtes à agir par explosion comme dans l'obus lancé sur sa trajectoire. Soleil, planètes, satellites, participent à une sorte de vie, donc, comme tout ce qui vit, tendent vers la mort. Un jour, le globe incandescent s'éteint. Puis sa croûte de scories se recroqueville, se ride et se crevasse. D'autres phénomènes également éphémères peuvent alors apparaître à sa superficie : le mouvement de l'atmosphère et des eaux, le développement des organismes végétaux et animaux, jusqu'à la destruction finale. Près des millénaires embrassés par cette histoire cosmique dont la géologie cherche, pour notre Terre, à reconstituer quelques phases, qu'est-ce que le peu de siècles auxquels se borne l'histoire des peuples ou des races ? Néanmoins, capitale pour nous par la part que nous y prenons, cette histoire humaine, que l'on peut envisager comme un détail de l'histoire géologique, demeure elle-même subordonnée aux lois qui ont régi la constitution matérielle de la terre. Et le passé de notre support terrestre, ce support dont les réactions ont une origine très profonde ou très lointaine, influe fortement sur les destinées des hommes qui troublent un moment sa surface. Il détermine le mode de vie, les cultures, les industries, les échanges commerciaux, les voies de communication, les places fortes, les points de conflit...

C'est par l'intermédiaire de la topographie que la géologie influe d'abord sur l'histoire, et chacun sait quelle place tient le relief du sol dans les préoccupations stratégiques. Les moindres détails de l'orographie s'expliquent et se coordonnent par la connaissance géologique du passé. Notre premier chapitre sera consacré à montrer cette influence directe du monde minéral, par la topographie, sur l'histoire. Mais la géologie nous montre également ce que le relief du sol n'accuse pas seul : pourquoi les champs de froment succèdent aux prairies ou les prairies aux forêts, les villages groupés autour d'un puits profond ou d'une source aux habitations disséminées le long d'un niveau aquifère, les demeures prospères des régions sédimentaires aux pauvres cahutes du granit, une industrie de la laine à des meuneries, à une filature de textiles ou à des usines métallurgiques ? Elle nous enseigne surtout où se trouvent la houille, le fer, les métaux, les pétroles et les phosphates : où il faut, par conséquent, aller chercher, conquérir ces engins de guerre.

A cet égard, on peut dire qu'une carte géologique apporte aussitôt à celui qui sait la lire une foule de renseignements qui n'apparaissent pas sur les cartes ordinaires et que les géographes cherchent tout au plus, en des ouvrages d'enseignement, à grouper d'une façon plus ou moins lisible sur des croquis théoriques. Comme je l'ai déjà rappelé, c'est tout le passé qui s'y résume. Le géologue, en examinant un de ces documents auxquels je vais faire allusion souvent, apprend qu'à telle ou telle époque, telle portion du territoire a été occupée par un continent ou envahie par la mer, ou de nouveau transformée en une chaîne alpestre, qui un peu plus tard a disparu sans laisser de saillie apparente. Là est l'intérêt scientifique de son étude. Mais il y déchiffre aussi quelles sont les compositions des terrains à la surface ou à des profondeurs diverses, quelles sont leur dureté, leur compacité, leur résistance aux agents de destruction qui burinent sans cesse la forme de la terre, quelles matières utiles s'y dissimulent et c'est de ces observations qu'il lui est permis de tirer des conséquences pratiques, sur lesquelles nous aurons à revenir longuement aux chapitres suivants.

Dans le passé extrêmement long de la terre, tous les événements n'ont pas été d'une importance égale. Pour un exposé aussi rapide que celui-ci, on doit attacher une valeur toute spéciale à deux phases, l'une ancienne, l'autre récente, dont nous allons dire quelques mots en commençant, afin d'éviter ensuite d'inutiles redites.

Tout d'abord, une région quelconque a rencontré, dans son histoire, un point culminant, une de ces périodes critiques comme il s'en produit dans la destinée des individus et dans celle des peuples, où il semble qu'un compartiment de l'avenir soit tombé d'un bloc dans un sens ou dans l'autre pour suivre longtemps l'impulsion donnée ou rester immobile. C'est en des périodes semblables que les diverses parties de notre sol français ont acquis, à des époques très espacées les unes des autres, l'individualité qui les caractérise, avec leurs traits constitutifs les plus marquants. Rien n'est là sans doute définitif, rien dans cet ordre matériel n'étant à jamais durable ; mais il fut cependant pris alors une décision d'assez longue portée pour que la physionomie du pays considéré en ait été, dans ses grandes lignes, déterminée pour nous. La cause première en est d'ordinaire dans les mouvements de contraction, de refoulement ou d'affaissement local auxquels notre superficie terrestre a été constamment soumise par le jeu d'actions internes tenant à son refroidissement progressif ; c'est un plissement qui se traduit en une saillie montagneuse, c'est un effondrement qui crée une cuvette de sédimentation. Une fois plissée, la chaîne de montagnes se détruit par l'érosion ; mais il subsistera toujours sa base profonde, sa racine, où ces phénomènes, accompagnés de manifestations ignées, ont réalisé une homogénéité factice, une compacité, une dureté, qui en font désormais un bloc compact. Quand la chaîne considérée est ancienne comme celle qui a occupé la plus grande partie de notre France à l'époque carbonifère, il est arrivé ensuite que, sur sa longueur, elle se soit tronçonnée en blocs distincts, et à leur tour individualisés. Les uns ont paru animés d'un mouvement ascensionnel comme un coin pressé par ses flancs et ont formé des saillies telles que l'Ardenne, les Vosges, la Forêt-Noire, le Plateau Central (indépendamment de ses éruptions volcaniques), ou la Bretagne. Quelque autre voussoir, analogue au début, a eu tendance à s'affaisser et à constituer un bassin peu à peu enfoncé, où sont venues s'amasser les eaux avec leurs sédiments : tout le Nord-Est de la France autour de Paris en offre un exemple frappant. Ailleurs enfin, nous aurons des chaînes de plissement plus jeunes, et ce sont les Pyrénées, le Jura ou les Alpes.

De ces quelques phénomènes prédominants résultent les traits fondamentaux, qui, dans un exposé sommaire, pourraient sembler devoir suffire ; mais ce n'est là que l'ossature d'une physionomie, à laquelle il faut encore, pour obtenir la ressemblance, ajouter, presque jusqu'à l'exagération, les détails actuels de costume, de coiffure, de teint, d'expression, d'attitude. Surtout pour des considérations pratiques comme celles dont nous voulons parler ici, on ne doit pas oublier qu'à ces grands événements anciens se sont superposés tout récemment des incidents beaucoup moindres, mais dont l'importance provisoire paraît capitale, du fait que nous examinons le pays au moment même où ils viennent de se réaliser. Le relief, en particulier, est, pour une très grande part, la conséquence des circulations d'eaux qui ont parcouru la surface terrestre dans une dernière période tout à fait brève, commencée tout au plus il y a quelques dizaines de milliers d'années : période si courte que souvent l'homme, dont les races durent à peine un jour, a pu être le témoin surpris de leurs débordements. On sait que, vers le milieu de l'époque tertiaire, il s'est produit de grandes surrections montagneuses qui ont substitué les hauteurs des Alpes à ce qui, peu auparavant, était encore une mer dont les coquilles se sont alors trouvées soulevées vers leurs cimes. De tels événements n'ont pas eu lieu sans que, dans les régions voisines, on ait vu : ici des reflux de la mer ; là, des ondulations du sol sous l'impulsion de ces sortes de vagues qui ont plissé et tordu les couches terrestres ; ailleurs, des dislocations et des affaissements de compartiments entiers, comme la vallée du Rhin ou la Limagne ; puis des changements de climat, des manifestations glaciaires et des fontes de neiges. De cette histoire très complexe, il est résulté finalement des évacuations d'eau formidables dont nous rencontrerons bientôt quelques exemples particuliers, avec des entraînements énormes de matériaux démantelés venant combler des lacs, encombrant des estuaires ou roulant de proche en proche jusqu'à la mer. Pendant toute une période géologique qui n'est pas encore terminée, la nature a travaillé à remettre de l'ordre dans le chaos provoqué par ce plissement alpin que les géologues d'autrefois auraient appelé une convulsion ; elle a surtout abouti à régulariser le régime des rivières et des fleuves de manière à leur assurer vers la mer un écoulement régulier à pente continue. Et cet écoulement dont la disposition nous est familière, nous le trouvons tout simple, parce qu'il a été préparé et réglé avant nous ; mais sa complication réelle est égale à celle des canalisations et des égouts, par lesquels l'eau arrive ou s'écoule dans les sous-sols d'une grande ville. L'érosion, qui a été accomplie alors dans un bassin de sédimentation tel que la cuvette parisienne, a eu pour premier résultat d'entailler plus ou moins profondément une série de couches ou de sédiments d'abord empilés les uns par-dessus les autres au fond des mers ou des lacs. Ces empilements ont été alors perforés et découpés à partir d'en haut comme peuvent l'être les feuillets d'un livre en proie aux tarets dans une vieille bibliothèque. Ils l'ont été avec une vitesse inégale et avec des résultats variables suivant que le niveau attaqué était quelque couche dure de calcaire compact, de meulière, de grès, ou quelque strate affouillable de marne ou d'argile. Rencontrant généralement des alternances de ces terrains durs et de ces terrains friables, les eaux ont dû s'arrêter par étapes à la rencontre de chaque couche résistante pour franchir ensuite rapidement la zone d'argile placée au-dessous et venir faire un temps d'arrêt nouveau sur un banc inférieur. D'où cette disposition, si caractéristique en certains pays, qui donne aux profils des horizons l'aspect de trapèzes et de triangles posés verticalement sur une plaine, avec généralement un retranchement naturel, un abrupt, une falaise au sommet, là où se trouvait le banc calcaire, et, plus bas, une pente douce produite par le glissement des argiles. Bien souvent ces pitons isolés sont devenus des points d'appui pour un travail humain de défense. En tout cas, ils peuvent servir à un retranchement improvisé. C'est, par exemple, la coupe de ces pitons, de ces kopjes, sur lesquels se sont défendus les Boërs dans le veld transvaalien ; c'est la forme des Kalaat qui sèment la province de Constantine et la Tunisie. C'est la disposition, plus proche de nous, des forts de Reims ou des avancées de Nancy.

Dans ce travail des eaux, les pitons isolés constituent des témoins épars, comme oubliés par un état de choses antérieur à nous. Souvent, quand on s'éloigne d'eux dans le sens de l'écoulement des eaux, soit de leur écoulement actuel, soit d'un écoulement ancien qui a pu être inverse, on constate que l'activité ralentie de ces eaux a exercé un travail de destruction moins efficace, moins complet et l'on vient se heurter à une falaise, au haut de laquelle on retrouve de semblables couches dures formant saillie. Si les terrains sont restés horizontaux, la couche dure peut occuper un vaste plateau continu. S'ils sont inclinés, ce plateau peut se réduire à une pente plus ou moins longue, coupée brusquement par sa tranche, avec un profil d'ensemble qui, lorsqu'il se répète plusieurs fois, donne des dents de scie. C'est l'allure de la falaise de Champagne au-dessus de Reims, avec ses plateaux tertiaires dominant les plaines de la craie. C'est le cas des côtes de Meuse au-dessus de la Voèvre. C'est la forme de la forêt de Haye au-dessus de Nancy, précédée là vers l'Est par les retranchements du plateau d'Amance. Par endroits, sous la poussée de ces eaux qui sont venues battre la falaise et la démolir peu à peu, il s'est produit un grand cirque d'érosion qui l'entame : commencement de brèche, premier travail d'approche dans cette sorte de siège. Là, bien souvent, a été marqué d'avance l'emplacement d'une ville. Mais cette ville a eu des chances toutes particulières de naître et de grandir quand s'est réalisé un dernier ouvrage naturel dont il nous reste à parler : la traversée du plateau par une vallée qui fait communiquer, malgré cette barrière, deux régions sans cela distinctes.

Ce dernier phénomène s'explique de la manière suivante : au moment où les érosions ont sculpté le relief actuel, le régime des eaux n'était généralement pas ce qu'il est aujourd'hui ; non seulement parce qu'il possédait une intensité singulièrement supérieure, mais aussi parce que la direction et le sens des courants pouvaient être transversaux ou contraires. Les mers n'étaient pas toujours à la même place ; les saillies n'avaient pas pris partout la même accentuation ; les niveaux de drainage lointains formaient plans de base à des hauteurs qui n'entrent plus maintenant en jeu. On a vu alors des rivières couler vers un fleuve autre que celui auquel elles vont s'unir désormais, ou prendre et conserver une direction opposée à celle que devrait leur imposer logiquement la topographie actuelle. Ultérieurement, ce relief général s'étant modifié, diverses hypothèses ont pu se réaliser. Tantôt les eaux courantes, poursuivant fidèlement et irrationnellement leur première course, ont été amenées ainsi à se creuser un lit de plus en plus profond à travers un massif qui montait peu à peu devant leurs coups de burin ou de rabot. Ainsi la Meuse s'est trouvée traverser l'Ardenne de part en part, ou l'Aisne recouper le bastion tertiaire de l'Ile de France. Ailleurs, il y a eu divorce : l'ancienne vallée n'est plus parcourue aujourd'hui que par un cours d'eau insignifiant, ou parfois même reste asséchée. La rivière a trouvé plus simple de choisir un nouveau maître ; il y a eu capture, comme dans le cas de la Moselle qui formait autrefois le cours supérieur de la Meurthe avant d'abandonner son ancien lit entre Toul et Pagny. De telles modifications ne se sont pas produites sans combats, et souvent ces batailles des eaux, qui ont précédé celles des hommes, leur ont préparé de larges espaces propres au mouvement des armées : espaces, au milieu desquels les pitons, les îles dont nous avons parlé forment encore des bastions tout prêts à recevoir des retranchements. Le cas de Lunéville est, nous allons le voir, un des plus typiques à citer pour cette influence directe du modelé hydrographique sur l'histoire.

En résumé, voici ce que nous aurons à retenir pour expliquer tout à l'heure nos champs de bataille, et voici les grandes étapes historiques qui ont donné au sol de notre France son équilibre si bien pondéré, son balancement de lignes si harmonieux. Tout d'abord, il nous reste des temps primaires certaines saillies pas très hautes, ne s'imposant pas toujours de loin au regard, mais formant les piliers stables, depuis longtemps presque immuables, de son édifice. Sur leurs hautes plaines mouvementées dominent les forêts et les prairies. Là sont les portions les plus intangibles du territoire national, où souvent semblent s'être réfugiées de très vieilles races. De tout temps, les armées ont tourné autour de ces massifs primaires plutôt que de les attaquer et surtout de les franchir. Puis la période secondaire, pendant laquelle les eaux des mers profondes ont parfois occupé la presque totalité de notre pays, a réalisé les empilements de sédiments qui donnent leurs traits caractéristiques à toutes les régions périphériques de la cuvette parisienne, à la Lorraine, à l'Argonne, à la Champagne, à la Bourgogne, ou encore aux deux autres bassins de la Garonne et du Rhône. Le tertiaire a déterminé nos meilleures frontières naturelles en soulevant les Alpes, le Jura et les Pyrénées de plusieurs kilomètres, en enfonçant la plaine du Rhin d'au moins 2500 mètres sur la longueur de l'Alsace. Enfin des temps plus récents ont modelé ce relief encore fruste et l'ont diversifié, tantôt supprimant le manteau tertiaire comme en Champagne, tantôt le respectant comme dans l'Ile de France. Alors ont achevé de se construire les lignes de retranchement qui occupent les ceintures successives du bassin parisien ; alors se sont ouvertes, dans ces bastions ou dans leurs falaises, des voies transversales qu'ont suivies plus tard nos voies ferrées ; alors a été entamé en hémicycle le pied de ces falaises en provoquant ainsi l'emplacement naturel des grandes cités ; alors enfin sont restés solitairement, au milieu de la plaine dévastée par les eaux, des pitons isolés comme ceux des forts de Reims ou du Grand Couronné de Nancy. Chaque temps a ainsi contribué à une œuvre dont les hommes d'aujourd'hui profitent ou mésusent, comme de tout le passé, et que leur devoir est de connaître.

II. — La prédestination des champs de bataille. Histoire d'Attila.

Nous bornant ici au côté stratégique, il est facile de conclure plus particulièrement qu'il existe, dans tous les pays, — et chacun le sait, — des champs de bataille éternels. On s'est toujours battu et on se battra encore sans doute longtemps sur les mêmes points où la charrue pourrait retrouver, avec les crânes épais des préhistoriques, les glaives rouillés des Romains. La topographie l'exige, nécessitée elle-même et complétée par les lois antérieures de la géologie. Telles sont : la grande route des invasions asiatiques par la vallée du Danube ; les voies de pénétration autour du noyau bohémien par Cracovie et Vienne ou par Ratisbonne et Passau ; l'antique voie egnatienne entre l'Orient et l'Occident avec son étape de Philippes ; la plaine de Pharsale ; la frontière franco-allemande aux trouées de Belfort, de Lunéville, de Sarrebourg et de Sarreguemines ; le golfe de Luxembourg avec son débouché sur l'Argonne ; le Hainaut et la Flandre sur l'autre bord de l'Ardenne ; les détroits de Poitiers et de Dijon entre le nord et le midi de la France sur les flancs du Plateau Central, etc. Tels sont plus généralement tous les seuils déprimés entre deux bassins fluviaux ou mieux entre deux océans, toutes les voies permettant de contourner un grand obstacle naturel, tous les débouchés des cols ou des vallées sur la plaine.

Mais on aurait pu se demander si les temps modernes, avec leurs engins infiniment plus perfectionnés, n'échapperaient pas à ces nécessités qui se sont imposées aux anciens hommes. La science travaille chaque jour à nous affranchir des forces naturelles, et il faut bien reconnaître que toutes les énergies de cette science, toutes les forces de la « culture » viennent d'abord converger vers les meurtres et les destructions de la guerre. Or, que devient le relief, quand il est si facile de le franchir par des voies ferrées et par des automobiles, quand les aéroplanes le surplombent, quand le tir indirect des énormes pièces lourdes envoie ses obus à 15 ou 20 kilomètres par-dessus côtes et vallées vers un but qu'il n'est même plus nécessaire de voir ? Que signifient les distances avec la télégraphie sans fil et le téléphone ? Qu'importent les cultures locales aux ravitaillements, quand on peut amener ses vivres sur le front dans les autobus de toute une capitale ? Et quel besoin a-t-on encore de nombreuses routes pour manœuvrer une armée quand, sur n'importe quelles voies, sans chemins de fer, on est en mesure, à un moment donné, de lancer plusieurs centaines de mille hommes dans 70 000 automobiles ? Ainsi des prophètes avaient annoncé également que la prochaine guerre serait très courte en raison de ses dépenses excessives en vivres et en munitions ; que les belligérants seraient bientôt affamés par la suppression de toute industrie nationale ; que leurs finances seraient épuisées en quelques semaines ; que la guerre ne pourrait même plus avoir lieu, parce qu'elle serait trop épouvantable...

Or, il est arrivé, au contraire, que l'énormité même des masses remuées, créant des besoins disproportionnés avec les ressources, suivant l'éternelle tendance des hommes, a ramené les belligérants aux procédés des guerres les plus primitives, dont les deux ou trois derniers siècles avaient paru davantage s'écarter. On a vu les fantassins revenir aux terrassements des Romains, recommencer les guerres de mines et de contre-mines, s'approcher assez près les uns des autres pour s'invectiver ou plaisanter ensemble comme des héros d'Homère, monter avec leurs mitrailleuses dans les arbres, multiplier à la façon des Peaux-Rouges les attaques de nuit, les embuscades et les surprises dans les bois, en rampant silencieusement pour s'élancer d'un bond soudain, mettre en œuvre tous les subterfuges, imiter les sonneries, revêtir les uniformes de l'adversaire, construire de vains épouvantails, se couvrir de branchages comme les soldats en marche contre Macbeth, découper des plaques de tôle pour s'en faire des boucliers, réinventer la grenade à main et la catapulte... On s'est battu presque aussi longtemps que devant un mur de Troie pour emporter une tranchée de Champagne ou une carrière du Soissonnais. La prise d'un pont sur un canal de Flandre a donné lieu à des combats où sont tombés des milliers et des milliers d'hommes. Dans ces conditions, avec une guerre qui, depuis deux ans déjà, s'immobilise sur le même front, le moindre incident local a repris toute son importance de jadis. Combien de vies humaines auraient été épargnées, si l'érosion quaternaire avait achevé d'enlever les mamelons de Brimont et de Nogent-l'Abbesse près de Reims, si elle avait adouci les pentes des coteaux de l'Aisne, de Vailly ou d'Heurtebise !...

Et, par une application frappante de la loi précédemment énoncée, il se trouve en définitive que le front de bataille de Guillaume II présente depuis deux ans la plus étonnante coïncidence avec celui que, quinze siècles plus tôt, avaient occupé les bandes farouches d'Attila. Le rapprochement entre les deux fléaux de Dieu venus de Germanie s'est imposé à l'esprit de tous. Pour montrer à quel point l'analogie se poursuit dans tous les détails, il n'est peut-être pas sans intérêt d'emprunter textuellement à une histoire des Huns, sans modification ni commentaire, en modernisant seulement les noms de lieu, les passages principaux qui s'y rapportent.

Lorsqu'en 451, Attila eut mobilisé une armée de 500 000 guerriers pour anéantir l'inférieure « culture latine », ce général, qu'on a tort de se représenter comme un pur barbare et qui était au contraire un calculateur et un politique, étendit cette horde immense sur un front de 300 kilomètres depuis Bâle jusqu'à la Mer du Nord. Tandis qu'il établissait son quartier général à Trèves, son aile gauche traversait le Rhin en amont de Mulhouse et se dirigeait par la trouée de Belfort vers Besançon. Le centre se mettait en marche pour occuper Strasbourg, Spire, Worms et Mayence. L'aile droite s'avançait par Liège sur Arras et venait détruire Dinant et Laon. Attila lui-même était parti de Trèves pour Metz qu'il assiégea, et se dirigeait de là sur Reims. Partout les populations s'enfuyaient devant lui, mais les provinces Belgiques surtout étaient dans l'épouvante. Quand il approcha de Paris, les magistrats de la ville résolurent de se réfugier plus au Sud ; l'intervention de sainte Geneviève les rassura. Et l'on vit les bandes d'Attila, qui s'étaient rassemblées entre la Somme et la Marne, bifurquer soudain vers l'Est pour gagner les provinces du Midi. Leur but, en le faisant, était stratégique. Ayant affaire à deux ennemis, les Visigoths et les Romains, Attila voulait écraser d'abord le premier pour se retourner ensuite contre le second. Il rassembla donc ses deux ailes, et se mit en marche par des chemins où, de longue date, il s'était fait précéder par des espions. Pour cette expédition, il avait le choix, à partir de Reims et de Châlons, entre deux routes : l'une par Dijon et Lyon, montueuse ; l'autre par Reims, Troyes, Sens, Montargis, Orléans, plus aisée. Il préféra cette seconde voie qui est demeurée une importante ligne stratégique et vint prendre Orléans dont le pillage fut commencé avec méthode, les chariots en station recevant le butin enlevé dans les maisons pour le ramener en Germanie. C'est alors qu'Aétius, arrivant enfin, le força à fuir et à reprendre au plus vite en sens inverse la route par laquelle il était venu. Il y eut des combats à Méry-sur-Seine et à Vitry-le-François ; mais, arrivé aux Champs Catalauniques, Attila s'arrêta. Sa position dominait les principales routes de retour vers l'Allemagne : l'une par les défilés de l'Argonne et le Luxembourg vers Trèves ; la seconde à l'Est par Nancy et la vallée de la Moselle ; et même une troisième au Sud-Est par Besançon et Belfort. A quelques kilomètres Nord-Est de Châlons se trouvait un vaste camp romain abandonné, camp destiné à couvrir les villes de Reims et de Châlons. C'est en prenant pour centre d'opération cette position retournée contre sa destination primitive qu'Attila se retrancha et fut défait. Il laissa là, dit-on, 160 000 morts ou blessés et battit définitivement en retraite vers le Rhin ; mais il continua à prétendre toujours qu'il n'avait pas été vaincu et réussit à le faire croire à son peuple...

III. — Les défenses naturelles du Bassin de Paris.

Le rapprochement historique que nous venons d'indiquer suffirait à rappeler combien la marche des armées est déterminée, dans ses grandes lignes, par la configuration du sol ; mais ce ne serait là qu'une vérité banale, si nous ne montrions pas maintenant, par l'exemple de la guerre actuelle, comment chaque étape, chaque point de combat correspond à des nécessités géologiques.

Dans son ensemble, la région que nous allons parcourir ainsi s'appelle, en géologie, le Bassin de Paris. Ne la confondons pas avec le Bassin de la Seine, qui en occupe seulement une partie. Nous apercevons aussitôt ici le désaccord qui existe entre la topographie et la géologie, assurant à la seconde science une portée beaucoup plus vaste qu'à la première. Le Bassin de Paris est un vieil élément constitutif de notre sol ; la manière dont nos rivières ont pu se distribuer est, au contraire, de date récente. Ainsi que nous l'avons déjà indiqué, certaines rivières qui appartiennent à ce bassin géologique ont trouvé moyen de s'en évader ou se sont laissé capturer par les fleuves d'un autre bassin. Tout le système hydrographique de la Loire en amont d'Angers appartient au Bassin de Paris. Le cours supérieur de la Meuse, de la Meurthe et de la Moselle s'y rattache aussi, comme la partie haute des rivières flamandes, de l'Yser ou de la Lys. L'unité de ce Bassin Parisien s'accuse de la manière la plus évidente, malgré ces anomalies hydrographiques, par les zones concentriques de terrains géologiques divers qui dessinent tout autour de lui une série d'auréoles, et que nos cartes ont l'habitude de peindre dans la gamme des bleus, des verts et des jaunes, en contraste avec les massifs primaires rouges ou bruns de la périphérie.

Paris occupe à peu près le centre de ces auréoles concentriques, le centre de ce bassin, comme Londres et Vienne sont au centre de pareils bassins tertiaires ; et ce n'est pas par un hasard ni par l'effet d'un caprice souverain que la capitale de la France a grandi là, et non ailleurs. La disposition conchoïdale de ce Bassin Parisien, esquissée dès la fin des temps primaires, a préparé la centralisation française et provoqué cette convergence de nos voies ferrées qui semble drainer tout le sang, toute l'activité de la France vers un point unique. La région où viennent se rassembler la Seine, la Marne et l'Oise était toute désignée par la nature pour concentrer les produits du Sud, de l'Est et du Nord, d'autant que, vers l'Ouest, aucun obstacle naturel ne s'opposait à des facilités de communication analogues. La large extension quaternaire de la Seine, en préparant une vaste plaine, semée de quelques saillies fortifiables, restes de terrains tertiaires érodés, a favorisé l'établissement d'une grande agglomération humaine qui avait commencé dès l'époque préhistorique. La constitution si favorable du sous-sol a fait le reste, fournissant sur le même point l'argile pour les briques et les tuiles, une pierre de taille abondante, un plâtre incomparable.

C'est pourquoi, la conquête de Paris étant l'objectif principal d'un ennemi, les lignes de défense que la nature nous a fournies autour de cette position offrent pour nous un intérêt de premier ordre. Assurément, Paris n'est pas toute la France et les Allemands y seraient entrés, comme ils le pensaient, au début de septembre 1914 que notre pays n'aurait pas pour cela capitulé. Mais il n'en est pas moins évident qu'une grande force matérielle et morale serait ce jour-là, de ce fait même, passée d'un camp dans l'autre. Autour de Paris, la disposition géologique semble, au premier abord, défavorable. Les terrains forment, en deux mots, une série de cuvettes emboîtées qui plongent vers le sous-sol parisien, partant par exemple des collines de l'Argonne pour passer au-dessous de Paris à 700 mètres de profondeur. Dès lors, tous ces terrains, qui présentent une pente générale vers le centre, donnent à l'envahisseur une supériorité sur l'envahi. Paris paye ainsi l'avantage d'être facilement accessible par voies d'eau et par voies ferrées.

Heureusement, ce défaut se trouve corrigé par l'inégale façon dont les terrains de compacités diverses ont résisté à l'érosion. Ce n'est pas seulement dans le détail que des calcaires durs alternent, comme nous le remarquions tout à l'heure, avec des argiles affouillables. Le même fait se reproduit en gros pour des étages entiers. L'infra-jurassique argileux contraste avec le suprajurassique calcaire, comme les sables et argiles de l'infra-crétacé avec les craies du crétacé supérieur. Il en est résulté, sur les zones argileuses, des plaines basses et humides, souvent couvertes de prairies qui précèdent les véritables retranchements des étages calcaires. Chacune de ces zones calcaires forme ainsi une ligne de défense dont le rôle dans notre défense nationale est trop vulgarisé pour que nous y insistions. Il suffit de rappeler le parti que Napoléon en a tiré dans la Campagne de France. C'est surtout vers l'Est et le Nord-Est que joue ce phénomène. Les incursions allemandes ayant été vite arrêtées dans ce sens en 1914, on ne s'est pas vu forcé d'utiliser ces retranchements autant qu'on aurait pu le craindre. Nous allons néanmoins avoir à nous en rappeler souvent l'existence en parcourant maintenant la longueur du front franco-allemand, dont nos petits-enfants, jusqu'à des générations lointaines, apprendront avec orgueil le tracé et l'histoire.

IV. — Description du front franco-allemand.

Notre excursion facile sur la ligne de feu va commencer par la trouée de Belfort. C'est, sur notre frontière de l'Est, un point d'invasion naturel, mais une porte d'entrée bien défendue. On est là géologiquement à la limite de deux mondes, et nul contraste ne saurait être plus net que celui des plissements tertiaires régulièrement alignés dans le Jura avec le massif primaire des Vosges. Entre le Jura et les Vosges, la trouée de Belfort peut, à certains égards, être envisagée comme le prolongement d'une troisième région qui confine aux deux premières et qui en diffère non moins complètement : la plaine effondrée de l'Alsace, qu'une zone de fractures fait communiquer, par Belfort et Auxonne, avec une autre plaine d'effondrement, celle de la Saône et du Rhône.

Voici comment se reconstitue l'histoire de ce pays. A l'époque carbonifère, la chaîne des Vosges s'est plissée et soulevée, reliée alors, par une crête montagneuse, à la Forêt-Noire d'un côté comme au Plateau Central de l'autre. Les mers secondaires accumulèrent alors leurs dépôts sur cette saillie vosgienne. Puis vinrent les mouvements tertiaires, en relation avec le grand plissement plus méridional des Alpes. Quand les Alpes se mirent en marche du Sud au Nord vers leur avant-pays carbonifère, on vit tous les terrains jurassiques et crétacés du Jura poussés devant elles par longs flots parallèles venir se briser contre les Vosges et, comme une mer furieuse dont les vagues se congèleraient, leur série d'ondulations demeura matériellement fixée à jamais dans les plissements du sol. En même temps ou peu après, le môle ancien, contre lequel s'était écrasé et arrêté cet océan soulevé, se disloquait à son tour et tout un grand compartiment du sol s'enfonçait dans la profondeur entre les Vosges et la Forêt-Noire, dans la plaine d'Alsace, pareil à une voûte minée par le génie qui s'écroule derrière une armée en retraite, et dont les culées seules se dressent encore à peu près intactes.

Cet effondrement rhénan, dont la proximité donne sa valeur à la position militaire de Belfort, nos cartes le montrent occupant une longue zone rectangulaire comme tracée à la règle sur 300 kilomètres de long et 30 à 50 kilomètres de large, depuis Bâle et Delle au Sud jusqu'à Bingen et Wiesbaden au Nord, entre Guebwiller et Fribourg, entre Wissembourg et Karlsruhe. Pour y pénétrer et pour en sortir, le Rhin décrit deux fois des coudes à angle droit. Tandis qu'il le parcourt, ce fleuve, que nous considérerions volontiers comme une frontière et une limite, reste modestement dans son axe. Des deux côtés, les observations accusent un brusque dénivellement géologique de 2 300 mètres. On vient de quitter un terrain à 500 ou 600 mètres d'altitude sur la culée vosgienne ; il faut s'enfoncer de 1 800 mètres sous l'Alsace pour en découvrir le prolongement. Quand on explore par sondages les terrains intermédiaires, comme on a eu l'occasion de le faire pour chercher les sels potassiques de Mulhouse ou les pétroles de Pechelbronn, on constate que l'affaissement s'accentue de proche en proche par gradins successifs en allant des Vosges vers le Rhin. Sur la bordure, les tronçons de terrains penchés vers le fleuve sont adossés au massif primaire : ils atteignent leur profondeur maxima dans la partie centrale. Ainsi toute la tranquillité de cette plaine alsacienne est l'effet d'un cataclysme : ses strates tertiaires bien horizontales se sont accumulées sur des ruines.

Au Sud de l'Alsace, un système de ces cassures limites, celui de l'Ouest, que l'on a pu suivre de Schlestadt à Guebwiller et Thann, se prolonge vers Belfort pour obliquer au Sud-Ouest dans la direction de Besançon et de Chalon-sur-Saône. Le long de cette faille qui met en contact des terrains d'inégale résistance et qui a donné leur direction aux érosions récentes, il s'est créé une route d'armées toute naturelle, une voie d'invasion, par laquelle on a passé de tout temps entre le bassin du Rhin et le bassin du Rhône. Sur cette route, les strates inclinées des durs calcaires à polypiers, des calcaires à oolithes jurassiques s'accolent contre le massif vosgien en déterminant des crêtes, au haut desquelles des fortifications ont dû se dresser dès les premiers temps de l'histoire.

Belfort même est à l'intersection de cette limite fortement marquée par l'orographie avec une vallée perpendiculaire Nord-Sud, celle de la Savoureuse, que suit la ligne de Belfort à Giromagny. En une vingtaine de kilomètres, on s'abaisse de près de 900 mètres quand on descend du Ballon d'Alsace ; il y a là, sur 24 kilomètres de long, depuis le Ballon de Servance, comme un véritable mur de retranchement garni de forts.
Puis, vers le Sud, de Belfort à Delle, sur la largeur de

la trouée, le terrain reste à des cotes assez basses, ouvrant passage longitudinalement à la rivière du Doubs, à l'ancienne voie romaine, au canal du Rhône au Rhin, à la ligne Belfort-Besançon, qui sont presque accolées les unes aux autres. Belfort, par suite de sa position à la limite des deux systèmes géologiques, a certains de ses forts, comme le Salbert (cote 647), sur le massif primaire; d'autres au Sud sur des redents formés par les calcaires récifaux du jurassique (fort de la Miotte), ou même sur le tertiaire (Chevremont), entre 350 et 400. Le contraste pittoresque s'ajoute au contraste géologique : forêts sombres au Nord sur le primaire, fertiles cultures au Sud sur le jurassique.

Le résultat historique de cette situation, on le connaît assez. Sans remonter très loin, il suffit de rappeler les sièges successifs subis par Belfort pendant la guerre de Trente Ans et pendant la campagne de Turenne; les trois sièges de 1814, 1815 et 1871, où, glorieusement, la place forte résista jusqu'au bout à l'invasion. Cette fois, Belfort, puissamment défendu par une ligne de fortifications qui occupent une circonférence de 48 kilomètres, n'a même pas été attaqué et a seulement servi de base pour une offensive rapide sur Dannemarie, Altkirch et Mulhouse. Notre front entame là une partie du Sundgau, transversalement à la plaine d'Alsace; mais il va bientôt rejoindre, vers Thann et Guebwiller, une limite géologique naturelle, celle des formations primaires vosgiennes. Après quoi, on le voit couper à travers le massif des Vosges vers le col du Bonhomme et de Saint-Dié.

Le rôle géologique de ce massif vosgien s'est trouvé déjà indiqué dans les pages précédentes. C'est une ancienne saillie de l'époque carbonifère, qui, plus tard, a constitué une île, alors que tous les pays avoisinants étaient recouverts par la mer, et qui a dû progressivement s'élever de plus en plus au-dessus de l'Alsace. Aujourd'hui, le déplacement relatif de ces deux compartiments juxtaposés a atteint 2 kilomètres et demi. Le saut est suffisant pour constituer une fortification naturelle qui, pendant près d'un demi-siècle, vient de former limite entre l'Allemagne et la France. Les Vosges granitiques et gneissiques ont, pendant ce demi-siècle, dressé leurs forêts de sapins entre les deux peuples ennemis.

Au Nord de Saint-Dié, le caractère géologique des Vosges se modifie. Aux mamelons ondulés de granit que traversent les cols du Bonhomme et de Sainte-Marie, succèdent les grès rouges et les conglomérats permiens, puis les grès triasiques qui alignent leurs hautes crêtes escarpées et couvertes de hêtres dans la direction du Donon; les dénivellations de près de 500 mètres y rendent la défense facile. A Saint-Dié, où l'on s'est tant battu, la Meurthe et la Fave viennent confluer sur une ligne qui marque, en même temps, cette substitution géologique.

Puis nous entrons dans une zone totalement différente où il n'existe plus, jusqu'à l'Ardenne, de frontière naturelle nettement déterminée, mais seulement un immense champ clos, avec des accidents de détail tout préparés pour des combats. Sur la carte, on remarque une limite très nettement tracée qui va d'Épinal à Rambervillers, Baccarat, Badonviller, Cirey, Lorquin et Phalsbourg. A l'Est, font saillie les grès des Vosges, aux bancs massifs et résistants. A l'Ouest, se développe la partie supérieure du trias formée d'assises marneuses et argileuses, qui n'ont opposé aucune résistance à l'érosion et dont les pentes adoucies se prêtent au lent cheminement ou à l'accumulation des eaux. Là on échappe à la servitude des vallées et des cols vosgiens, comme à l'obscurité de leurs forêts. Le pays, irrégulièrement mamelonné au hasard et sans plan théorique, n'a plus que des dénivellations à faibles pentes, hautes à peine de 20 à 30 mètres, sur lesquelles s'allongent les prairies, ou s'étalent même, vers le Nord, les marais et les lacs. La nature du sous-sol riche en matières solubles, gypse et sel, a contribué à provoquer des affaissements superficiels, dans lesquels se sont rassemblés les ruisseaux.

Et cet état de choses, qui est en partie d'origine très ancienne, s'est trouvé accru par un phénomène de ravinement récent qu'il a contribué lui-même à localiser. Parallèlement aux strates triasiques, la carte accuse une traînée extraordinairement développée d'alluvions quaternaires, sur 20 à 25 kilomètres de large et sur 100 kilomètres de long, depuis Charmes jusqu'à Sarreguemines. Pour trouver quelque chose d'équivalent, avec des proportions encore plus vastes, il faudrait suivre le flanc Nord des Alpes entre ces montagnes et le Jura dans la zone déprimée des lacs de Genève, de Neuchâtel, de Bienne, Sempach, etc. Ce rapprochement peut faire deviner l'explication du phénomène. A la suite des derniers mouvements alpins de la croûte terrestre, qui ont eu pour effet connexe de relever les cimes des Vosges, un travail de dénudation considérable, dont il a déjà été question, s'est exercé sur ces crêtes nouvelles et en a entraîné les déblais au pied de la montagne, contribuant ainsi de deux manières, par le sommet et par la base, à en **amoindrir le relief. Jusqu'à 70 mètres au-dessus des** vallées actuelles, les alluvions anciennes occupent, sur de vastes étendues, les régions où viennent se rassembler la Mortagne, la Meurthe, la Vezouse et le Sanon à l'Est de Lunéville, comme la plus grande partie du pays des lacs au Nord de Rechicourt. Elles sont les témoins et les restes de cet énorme effort de démolition : premier exemple de détail que nous ayons à citer d'un régime hydrographique ancien singulièrement intense, auquel on peut faire remonter les anciens cours fossilisés de la Meurthe et de la Meuse.

A travers ces régions déprimées, il a été facile de multiplier les voies ferrées et les canaux. La grande ligne de communication entre la France et les pays orientaux passe là, allant de Nancy à Strasbourg. Voie d'invasion en même temps, sur laquelle on a dû accrocher des défenses à tous les reliefs transversaux du terrain. Les communiqués nous ont appris à connaître les petites villes de Cirey, de Domèvre et de Baccarat, le fort de Manonviller qui fit une si héroïque défense, la forêt de Parroy et celle de Vitrimont, où, le 26 août 1914, on trouva 7 000 morts allemands sur 7 kilomètres de long. A Manonviller, le trias qui émerge au-dessus des alluvions a servi d'assiette au fort. Les forêts de Parroy, de Mondon et de Vitrimont sont, au contraire, tout entières sur les alluvions.

Plus loin, quand on dépasse Lunéville, vers l'Ouest, la vallée de la Meurthe se resserre depuis Dombasle en abordant le jurassique, où elle restera désormais jusqu'à son débouché dans la Moselle près de Frouard. Les Allemands ont occupé Lunéville pendant trois semaines et, comme nous allons le voir, ils ont prétendu un moment marcher de là vers Neufchâteau ; mais leur **principale attaque sur Nancy s'est faite plus au Nord** en suivant la ligne de Sarreguemines et s'est heurtée à tout un système de défenses naturelles qui constituent le Grand Couronné de Nancy.

Ce « Grand Couronné », dont le nom ne figure sur aucune carte, est une ceinture discontinue de hauteurs jurassiques, par laquelle se trouve enveloppée et défendue la dépression de Nancy. On peut y comprendre : au Nord, entre Custines et la Seille, le Plateau du Bois de Faulx protégé en avant par le Bois du Chapître et Sainte-Geneviève, et le piton d'Amance (cote 410) qui en forme le glacis Nord ; puis, vers l'Est et le Sud, une série de hauteurs moindres (275 à 325) aboutissant à Pont-Saint-Vincent sur la Moselle ; enfin à l'Ouest, la forêt de Haye (350 à 400). La coupe de cette région présente, à la base, du lias marneux, surmonté par le fameux minerai de fer de Lorraine et du Luxembourg, dont nous aurons longuement à nous occuper dans un autre chapitre. Ce sont les bancs les plus durs de ce lias qui constituent les faibles collines de l'Est. Mais, dans l'ensemble, le lias argileux donne des pentes adoucies, au-dessus desquelles le véritable terrain propre à fournir une défense militaire est le jurassique moyen (calcaires à entroques du bajocien, calcaires oolithiques du bathonien). Les tables à peu près horizontales de ce jurassique occupent les plateaux de Faux, de Sainte-Geneviève, d'Amance et la forêt de Haye, où leur pierre que l'on appelle la roche rouge est exploitée pour moellons. Sur les flancs des vallées, elles sont souvent coupées en escarpements. Leur résistance à l'érosion a fait doublement la fortune du pays : en protégeant au-dessous les minerais de fer plus friables, qui, une fois atteints, auraient été détruits; en assurant une défense solide à la position de Nancy. L'idée de les retrancher est ancienne et on avait commencé les travaux dès 1875. Les Allemands déclarèrent alors qu'ils considéreraient comme une provocation grave la construction de forts permanents dont l'artillerie pourrait lancer des projectiles en terre allemande ; il fallut renoncer aux plans préparés ; mais le projet demeura et, à chaque alerte nouvelle, notamment après Agadir, on a établi là rapidement des fortifications volantes. Celles que l'on a eu le temps d'exécuter en août 1914 ont joué un rôle considérable dans les batailles de Nancy, dont l'importance réelle a passé un peu inaperçue à un moment où toute l'attention publique était absorbée par l'invasion du Nord, et dont il peut être bon, par suite, de rappeler les grandes lignes.

L'attaque allemande sur Nancy, qui devait se combiner avec la marche des armées du Nord, s'est faite à la fois par quatre voies : de Pont-à-Mousson au Nord par Sainte-Geneviève ; de Château-Salins au Nord-Est ; enfin de Blamont-Cirey à l'Est ou de Saint-Dié au Sud-Est par Lunéville, en suivant les vallées de la Moselle, de la Seille, de la Vezouse et de la Meurthe.

C'est le 22 août que les Allemands, venant de Blamont, occupèrent Lunéville après avoir pris le fort de Manonviller, tandis qu'une autre armée, arrivant de Saint-Dié, prenait Rambervillers et Gerbéviller. Ces armées se mirent aussitôt en marche vers Neufchâteau et Chaumont, avec l'intention d'aller couper par derrière notre armée de la Marne. Arrêtés par les généraux de Castelnau et Dubail, les Allemands furent vaincus à Bayon, puis à Vitrimont, du 24 au 27.

En même temps, l'armée de Metz partait le 22 de **Pont-à-Mousson** pour attaquer par le Nord le plateau d'Amance et venait se heurter à la forte position de Sainte-Geneviève. En trois jours, 4 000 obus furent lancés sur le village sans atteindre les batteries françaises. Le 24 au soir, l'assaut est donné en colonnes compactes. A 300 mètres de nos tranchées, un ordre bruyant et convenu d'avance entre Français : « Baïonnette au canon ! » fit relever les Allemands qui s'étaient couchés à terre avant un dernier bond. Les Français, restés à l'abri de leurs tranchées, leur firent, en quelques instants, 4 000 morts.

Deux semaines plus tard, une seconde attaque sur Nancy, plus violente encore, eut lieu, du 4 au 9 septembre, pendant la bataille de la Marne.

Cette fois, les Allemands s'étaient assemblés à l'Est de la Seille, à Chambrey, Grémecey et Pettoncourt sur le territoire annexé, au Nord-Est de Nancy, en face de la haute position d'Amance, qui devint le but de leurs assauts. Après plusieurs jours d'efforts, le 8 septembre, date fixée pour l'entrée triomphale de Guillaume II à Nancy, les troupes allemandes voulurent déboucher de la forêt de Champenoux. Amance, qui domine d'environ 160 mètres la lisière de la forêt, les tenait sous son feu. Leurs canons lourds bombardèrent en vain le plateau pendant cinq jours. Les Français réussirent à tenir bon et finirent par balayer l'ennemi de Champenoux. A la suite de ces combats victorieux, le 13 septembre, Lunéville était délivrée...

Si nous continuons maintenant à suivre le front de nos armées, au nord de Nancy, nous le voyons s'écarter peu à peu de notre ancienne frontière. Il s'est formé là, par suite de circonstances accidentelles, une pointe singulière des Allemands vers Saint-Mihiel dans une sorte de couloir resserré entre Thiaucourt et les

Éparges (près de Fresnes-en-Voèvre). Le but de nos ennemis en descendant à Saint-Mihiel était bien clair : il s'agissait de passer sur la rive gauche de la Meuse pour prendre à revers les troupes françaises, arrêtées d'autre part au Nord par l'armée du kronprinz, avant Montfaucon et Varennes dans l'Argonne ; il s'agissait aussi d'envelopper Verdun. N'ayant pu traverser la Meuse, ils se sont immobilisés dans l'attente de jours meilleurs. Cependant, la défense mobile de Verdun, élargissant peu à peu ses cercles concentriques, a commencé par déblayer la partie nord des Hauts de Meuse. Puis le « siège de Verdun », depuis le mois de janvier 1916, a refoulé vers la ville les positions françaises. Il résulte de tout cela une situation compliquée, tenant plutôt à des circonstances momentanées qu'à des causes naturelles, mais dans laquelle on voit cependant intervenir la disposition très particulière et intéressante pour notre sujet qu'affectent les terrains de cette région.

Ceux-ci présentent un alignement Nord-Sud tout à fait typique, avec une série de zones déprimées et de saillies propres à la défense, que nous avons déjà signalée d'une façon générale, mais que le moment est venu d'examiner.

En ce pays, toutes les couches plongent vers l'Ouest, et sont coupées à l'Est par des éboulements formant côtes, ainsi qu'on l'observait déjà pour la falaise bajocienne de Nancy. De l'Est à l'Ouest, c'est d'abord, sur les marnes et argiles oxfordiennes, la zone déprimée de la Voèvre : pays humide, aisément brumeux, dont les reliefs ne dépassent guère 250 mètres d'altitude. Brusquement se dressent au-dessus, vers l'Ouest, jusqu'à plus de 400, les crêtes calcaires des Hauts de

Meuse, formées d'anciens récifs coralliens. C'est une véritable muraille que l'érosion a découpée en plan suivant des angles alternativement saillants et rentrants. La principale saillie forme le promontoire d'Hattonchatel. A l'angle rentrant, s'ouvre la descente de Liouville sur Lérouville. L'histoire hydrographique des vallées sèches qui traversent perpendiculairement les Hauts de Meuse, serait curieuse, mais nous entraînerait trop loin. Elle a donné son dernier modelé à un sol que les colonies de polypiers avaient commencé par construire jadis dans les calmes et transparentes profondeurs des mers chaudes à l'époque jurassique.

Les mêmes faciès coralliens se poursuivent vers l'Ouest jusqu'à la Meuse. Les récifs de Saint-Mihiel, au milieu desquels la rivière s'engouffre, en sont un exemple connu. Puis l'on traverse, à l'Ouest de la Meuse, les terrains du jurassique supérieur, parmi lesquels les calcaires portlandiens du Barrois dressent encore de nouvelles côtes, et, quand on dépasse la ligne de Clermont-en-Argonne, Waly, Vaubécourt, Bar-le-Duc, on trouve une répétition très nette de phénomènes semblables sur la zone crétacée de la forêt de Hesse et de l'Argonne.

Le crétacé inférieur comprend là, de bas en haut, des sables verts à nodules phosphatés, dont les infiltrations aqueuses constituent les nappes artésiennes de Paris, puis environ 30 mètres d'argiles (gault), auxquelles succèdent les formations dites de la gaize (sorte de roche tendre et légère utilisable en moellons) qui atteignent 100 mètres vers Varennes et Grand-Pré, et enfin quelques rares lambeaux de craie. De ces terrains, les sables et argiles forment la zone basse que suit le cours de l'Aire. Au-dessus, se dressent déjà à l'Est quelques pitons isolés qu'un couvercle de gaize a préservés de la destruction : par exemple à Montfaucon, dont le nom seul fait prévoir l'intérêt, ou, plus au Nord, à Andevanne, et au Bois de la Folie.

A l'Ouest de l'Aire, cette formation de gaize prend la prédominance, et ce sont ses masses poreuses qui constituent le sous-sol dans toute la Forêt d'Argonne et les bois de la Grurie. Des lits de rivière, au fond desquels réapparaissent les argiles du gault imperméables aux eaux, la traversent et constituent les défilés classiques des Islettes et Vienne-le-Château ou de Grand-Pré. La Chalade et le Four de Paris, dont les noms ont été si souvent prononcés, se trouvent sur le premier de ces passages un peu au Nord des Islettes. Ces bois de l'Argonne, qui avaient déjà joué un rôle important pendant la désastreuse retraite prussienne de 1792, laisseront également un souvenir pénible à l'armée allemande qui s'y est engagée après la défaite du kronprinz.

Les terrains géologiques que l'on rencontre ensuite vers l'Ouest accusent une transformation nouvelle. Après ces régions accidentées, sinon montagneuses, on entre pour longtemps dans les grands plateaux uniformes de la craie qui composent la Champagne et sur lesquels se trouvent Reims, Suippes, Châlons (avec les Champs Catalauniques au N.-E.), Sommesous, Fère-Champenoise, Arcis-sur-Aube, Méry-sur-Seine : tous noms signalés par des combats. Les champs de bataille de Valmy (à l'Ouest de Sainte-Menehould) et de Vitry-le-François, plus au Sud, en marquent à peu près le commencement à l'Est. La limite Ouest en est tracée de Craonne à Reims, Épernay, Sézanne, par la falaise de Champagne qui borde le bastion tertiaire de l'Ile de France.

La Champagne, éternelle route d'invasions, c'est le pays propre aux grands déploiements de troupes ; c'est le terrain de manœuvres classiques ; c'est le « Camp de Châlons ». Dans ses étendues de craie, les coupures successives de la Seine, de l'Aube, de la Marne, de la Vesle, de la Suippe, de l'Aisne, tracent pourtant de larges fossés Est-Ouest qui interrompent des mouvements du Nord au Sud ou du Sud au Nord comme ceux de la guerre actuelle. Mais, quand on se dirige sur Paris depuis la Lorraine ou l'Argonne suivant la marche normale des armées ennemies, c'est surtout à l'extrémité Ouest de cette plaine, au pied de la falaise tertiaire et, notamment, à la rencontre de cette falaise avec les vallées transversales épousées par les voies ferrées, à Fère-Champenoise, à Épernay, à Reims, à Craonne, que les points de défense sont indiqués contre un envahisseur supérieur en nombre. Nous venons d'assister, sur cette bordure tertiaire, à bien des combats.

Comme nous le remarquions plus haut pour le pied occidental des Vosges et la région de Lunéville, les attaques humaines semblent ici encore avoir été précédées et préparées par le formidable assaut des eaux quaternaires allant également dans le sens de Paris et détruisant, elles aussi, les obstacles rencontrés sur leur passage, ces couches tertiaires qu'il faut se représenter superposées jadis à presque toute l'étendue du socle crétacé. Les rivières de Champagne sont aujourd'hui peu de chose en temps normal, quoiqu'elles décrivent, à travers les solitudes, des rubans de verdure et de vie ; mais ces minces cours d'eau, toujours prêts à se dérober sous terre, ont hérité d'anciens lits gigantesques. Près de Méry-sur-Seine, les alluvions anciennes de la Seine occupent plus de 10 kilomètres de large. Sur le Petit-Morin, les marais de Saint-Gond, où fut rejetée avec pertes la garde prussienne, couvrent un bas-fond d'alluvions tourbeuses large de 5 kilomètres. La vallée de la Marne en a couramment 4 à 5 de Châlons à Épernay, et l'on trouve la même disproportion pour les filets d'eau que sont aujourd'hui la Coole, la Berle, la Somme-Soude, la Vesle, etc. Tous ces lits de rivière vont en grossissant rapidement vers l'Ouest, où se trouve l'obstacle du massif tertiaire, contre lequel les eaux courantes se sont heurtées autrefois et dans lequel, se faisant toutes minces, elles ont réussi avec peine à s'infiltrer. Le dernier grand combat géologique a eu lieu sur la bordure, aux points où ont lieu de nos jours les combats humains. Il s'est passé là ce que nous voyons se reproduire chaque jour sur nos côtes escarpées de la Seine-Inférieure, à Étretat, à la Hève, où la mer, s'attaquant à la falaise, y dessine d'abord ce qu'en terme de mineur on appelle un traçage préliminaire, avant d'abattre les îlots, les aiguilles, les arches, les piliers qu'elle a commencé par isoler. Ces torrents d'eau quaternaires, qui se cherchaient une issue, avaient réussi déjà à débarrasser la Champagne de son manteau tertiaire ; ils s'acheminaient vers l'Occident en continuant à se frayer une large route, quand leur travail s'est trouvé interrompu par leur épuisement. Nous pénétrons maintenant en curieux dans leur chantier abandonné, qu'occupent seulement encore quelques vieux ouvriers attardés, paresseux et las, et nous pouvons apprécier leur méthode, comme lorsque nous allons voir, près de Baalbeck, dans la carrière romaine, les monolithes géants qui sont restés soudés au sol. Voici deux îlots, pour lesquels un bien faible effort de plus aurait suffi. L'un, déjà occupé par des villages celtiques, est celui de Berru et de Nogent-l'Abbesse, qui domine Reims d'environ 120 mètres à une distance de 6 à 7 kilomètres. Il est couronné par les couches solides du calcaire grossier lutétien. Un peu plus bas, la nappe de l'argile plastique y forme un plateau boisé. Brimont, à 8 kilomètres Nord de Reims, ne monte guère qu'à une quarantaine de mètres au-dessus de la plaine : ce qui reste de tertiaire y est représenté par des sables et grès siliceux. Pourquoi, hélas ! l'érosion n'y a-t-elle pas été poussée plus loin ? On sait comment, sur ces deux emplacements d'anciens forts, abandonnés, oubliés par notre défense, les Allemands ont établi des batteries qui ont causé la ruine de Reims.

Immédiatement à l'Ouest de cette ville, la falaise tertiaire est entamée par un large golfe, par un estuaire inversé où pénètre la Vesle. Au Sud, la montagne de Reims, préservée contre l'érosion par les solides meulières de Brie qui occupent le plateau, s'élève à 170 mètres au-dessus de la ville.

Vers le Nord-Est enfin, à l'Est de Brimont et de Berry-au-Bac, l'élimination du tertiaire a été amorcée par des coups de gouge qui ont attaqué l'une après l'autre, de haut en bas, ses diverses assises solides, profitant des couches d'argile ou de sable interposées pour provoquer des éboulements. Le résultat, d'un aspect assez singulier, ce sont, entre les rivières de la Vesle, de l'Aisne et de la Lette, de longs pédoncules dentelés dont le découpage rappelle, en plan, la disposition de certaines algues. Au sommet de coteaux longs et étroits qui, sur 15 ou 20 kilomètres de long, se réduisent souvent à 1 ou 2 de large, il subsiste un dernier **lambeau protecteur de calcaire grossier. Au-dessous** viennent, en pente plus douce, deux couches de sable englobant un banc d'argile intermédiaire, sur lequel sourdent les eaux souterraines. Peu à peu, aujourd'hui encore, sables et argiles coulent au dehors, entraînant la plate-forme calcaire disloquée. Déjà celle-ci est réduite à 200 mètres de large, en tel point comme la ferme Heurtebise à l'Ouest de Craonne, dont le nom indique assez qu'elle est exposée à tous les vents. L'intérêt militaire de telles positions est aisé à concevoir.

Quand on pénètre plus loin vers l'Ouest dans l'intérieur du massif tertiaire, le changement dans la configuration du sol et dans les aspects pittoresques qu'annonçaient déjà ces lambeaux tertiaires devient définitif. Un autre pays commence. On est sorti maintenant de la Champagne crétacée pour entrer dans la région centrale du Bassin Parisien, où les terrains tertiaires, ailleurs supprimés, subsistent, et ces terrains tertiaires présentent une variété qui tranche sur la monotonie de la plaine champenoise. Au lieu des vastes horizons aux ondulations lentes qui étalaient leurs pauvres blancheurs à peine verdies par une herbe rase et leurs quelques bois malingres, nous trouvons des pays accidentés, où des alternances réitérées de sables, de calcaires et d'argiles provoquent des cultures inégales avec des végétations changeantes. Dès la montagne de Reims, ces côtes ensoleillées du tertiaire portent des vignobles fameux. Dans les parties hautes du pays, vers le Tardenois, les meulières de Brie forment des plateaux boisés et un lit d'argile à leur base entretient un niveau de sources, jalonné souvent par des saules, des aulnes ou des peupliers. L'étage du gypse parisien se traduit par les éboulements résultant de son exploitation ancienne ou de sa dissolution souterraine. Sur

quelques sommets, les sables et grès de l'étage de
Fontainebleau, plus souvent sur les plateaux les sables
dits de Mortefontaine et de Beauchamp montrent leurs
blancs ravinements et leurs blocs désordonnés au milieu des arbres. Les calcaires grossiers du lutétien
donnent des étendues de labours, au-dessous desquels
pénètrent les longues galeries des carrières. Enfin,
vers la base de la série, l'argile plastique, où l'on
exploite parfois les lignites, occupe le fond de la vallée
de l'Aisne et la partie Est, la partie humide de la forêt
de Compiègne, vers Saint-Jean-aux-Bois ou Pierre-
fonds.

En particulier, dans la vallée de l'Aisne, la même
coupe des terrains qu'à Heurtebise et à Craonne produit les mêmes effets et détermine le même profil,
avec un semblable escarpement de calcaire grossier
dominant des pentes argileuses. Tel est le cas à Vailly
et au Fort de Condé, où le confluent de l'Aisne et de la
Vesle a provoqué des batailles furieuses. C'est ce qui
se reproduit aussi plus à l'Ouest vers Soissons, Vic-
sur-Aisne, Attichy et Tracy-le-Mont. Dans cette région,
un détail géologique s'est trouvé prendre une importance militaire imprévue. Nous venons de voir que le
couronnement ordinaire de tous ces plateaux est le
calcaire grossier qui tire son nom de lutétien de son
développement dans le sous-sol de Paris. Cette excel-
lente pierre de taille a été, depuis un temps immémo-
rial, partout où elle affleure, l'objet d'exploitations
actives et nous en avons chaque jour la preuve rétros-
pective à Paris même, quand les fondations de nos
maisons ou les travaux de nos métropolitains viennent
rencontrer leurs anciens vides. Le même fait s'est
produit dans le Soissonnais, où, de tous côtés, sur les

deux rives de l'Aisne, abondent les carrières abandonnées, les unes à ciel ouvert, les autres souterraines et souvent transformées en champignonnières. La carte géologique est semée de petits signes conventionnels qui les désignent. Quand, après leur défaite de la Marne, les Allemands poursuivis par nous eurent dépassé l'Aisne, ils eurent malheureusement le temps de se retrancher et d'établir leurs batteries dans un de ces groupes de carrières situées en face de Soissons, vers Pasly. De très longs efforts n'ont pas réussi à les en déloger.

C'est encore une structure géologique analogue qui détermine les accidents du terrain dans la vallée de l'Oise, autour de Noyon et de Lassigny. Le découpage opéré par les eaux y a entamé et isolé des mamelons tertiaires, parfois jusqu'à découvrir leur soubassement crétacé. Mais, arrivé près de Noyon, le front de bataille, en même temps qu'il se recourbe presque à angle droit, sort de la zone tertiaire pour traverser dans une direction quelque peu arbitraire les plateaux crétacés du Santerre et du Cambrésis, propres aux profondes défenses souterraines. Roye, le Quesnoy-en-Santerre, Albert et Maurepas, Péronne, Combles, Arras sont des champs de bataille récents qui ne suscitent pas d'observations géologiques. En d'autres temps, on s'était déjà battu à Corbie et à Bapaume. Il ne faut voir là que des tracés divergents sur une très large voie de trop faciles invasions.

Plus loin vers le Nord, nos mines de houille et toute l'industrie connexe ont attiré l'envahisseur sur la région comprise entre Valenciennes et Lens, comme nos mines de fer lorraines, nos hauts fourneaux ou nos aciéries avaient contribué à diriger spécialement son effort de destruction sur Briey ou sur Longwy. La houille est là pourtant bien profondément cachée sous le manteau crétacé qui la dissimule ; mais sa présence profonde est trahie par les puits d'extraction, les ateliers de préparation et de transformation, les dépôts, les montagnes de déblais, les voies ferrées. Les concessions de Lens, de Liévin, de Nœux, de Meurchin sont, pour leur malheur, devenues des champs de bataille, où le terrain a été disputé pied par pied. Toutes les vieilles villes semées sur cette route des Flandres ont, d'ailleurs, une très ancienne habitude des gens de guerre. En quelques lieues, on rencontre Denain, Mons-en-Puelle, Bouvines, Lille, Courtrai et bien d'autres noms aux consonances guerrières.

Au delà de Lille, nous entrons dans une dernière zone terriblement disputée, qui s'étend jusqu'à la Mer du Nord, coupée par la Lys et par l'Yser. Un seul niveau géologique occupe presque à lui seul tout l'Est de cette région, avec la ville d'Ypres qui lui a donné son nom. C'est l'Yprésien, un terrain formé d'argile et propre à retenir les eaux qu'on voit disséminées dans la plaine en d'innombrables ruisseaux, rivières et canaux. A un niveau supérieur, un rang de buttes faiblement saillantes est aligné entre Cassel et Messines, où nous trouvons, sous la forme de sables et de grès, des éléments contemporains du calcaire grossier parisien. Quelques mètres de relief ont suffi pour attirer deux fois le choc des lances et des épées sur Cassel.

Quant à la région littorale de Dixmude à Nieuport, où fut livrée la longue et meurtrière bataille de l'Yser, c'est une acquisition récente de l'homme et une œuvre de son industrie. Ici la construction même de la terre aux dépens de la mer est actuelle et inachevée. Les terrains de polders et de waeteringues n'ont pas encore reçu assez de sédiments pour émerger sans retour. Ils restent au-dessous de la marée haute, coupés de canaux que maintiennent des digues. La géologie que l'homme a faite là récemment en ordonnant aux flots de reculer, il demeure libre de la défaire, trouvant ainsi dans le flux montant un engin de guerre nouveau. Les forces de la nature qu'il a domestiquées pour agrandir le continent, il les déchaîne quand il lui plaît, en ouvrant les écluses et rompant les digues ; les eaux, libérées de sa contrainte, envahissent alors leur ancien domaine. Maintes fois, les Flamands ont usé de ce pouvoir contre l'envahisseur, et les Allemands en ont subi, sur des terrains inondés où leurs pièces lourdes s'enlisaient, une application cruelle. Ce qui se produit alors, ce n'est plus seulement, comme dans les exemples précédents, l'action à distance de phénomènes cosmiques accomplis, c'est une pénétration directe de l'histoire géologique toujours continuée dans notre histoire humaine.

Tels sont nos champs de bataille, telle est notre ligne de combat dans la Grande Guerre. Je laisse à d'autres le soin de chercher, en appliquant les mêmes lois géologiques, où il conviendra de porter par les traités, où il importera d'organiser dans l'après-guerre le front de combat plus favorable et plus éloigné de nos organes vitaux que nous serons malheureusement forcés de préparer sans repos et sans trêve. Longtemps encore les hommes séparés les uns des autres par une ligne de bornes changeante se dresseront les uns contre les autres comme des loups furieux. Mais, du moins d'un côté de la frontière, la guerre implacable réalise et consolide l'union de tous ceux qui défendent le même idéal, le même drapeau, les mêmes souvenirs en passant par les mêmes angoisses : des vivants avec les morts.

Partout où nos regards se tournent, même dans l'ordre d'idées bien matériel auquel nous venons de nous restreindre, nous voyons le présent lié au passé par une étroite chaîne. Des siècles innombrables ont façonné un pays tel qu'il est, le reconstruisant et le retouchant sans cesse, et nous avons essayé de montrer comment la lente préparation de ces âges lointains a d'avance imprimé leur direction aux événements les plus brutaux et les plus arbitraires en apparence de l'histoire contemporaine. Sur ce terrain construit par assises superposées qu'imprègne la substance de nos disparus, les herbes mobiles semblent vibrer confusément au vent de l'heure présente ; mais, plus bas, en tous sens et à toutes profondeurs, plongent et s'accrochent les racines mystérieuses par où leur vient la fécondité. Éléments inconnus de la prairie verdoyante, toutes ces tiges anonymes demeurent solidaires entre elles et dépendantes de la glèbe qui les a nourries, comme de l'évolution à laquelle ont collaboré en la subissant leurs ancêtres. C'est à une loi éternelle de défense vitale qu'obéissent les fils de France quand ils luttent victorieusement pour protéger un sol sacré, les plaines et les monts qui en sont la chair, la civilisation des aïeux qui en est l'âme.

CHAPITRE II

L'ORGANISATION DU BLOCUS

I. Le siège de la forteresse allemande. — II. Les premiers temps de la guerre. La restriction directe des importations allemandes. — III. Les ministères du blocus. La définition de la contrebande. — IV. La restriction des neutres et ses étapes successives. Les sociétés de surveillance. — V. Les procédés de contrebande. — VI. Les listes noires. — VII. Les produits nationaux des neutres limitrophes. Pression diplomatique et achats.

I. — Le siège de la forteresse allemande.

Nous venons de voir comment le monde minéral intervient dans la guerre en prédestinant certaines zones topographiques à devenir des champs de bataille. Mais son rôle principal est de contribuer sous mille formes à l'armement. A ce propos, nous pourrions aborder le problème directement et chercher quelles substances sont nécessaires à notre matériel de guerre, dans quelle proportion, par où et comment nous les obtenons. Mais nous nous heurterions de tous côtés aux fils de fer barbelés d'une très utile censure. Il vaut mieux adopter, en ce qui nous concerne, la fiction à peu près exacte suivant laquelle, possédant la liberté des mers, les Alliés ne sauraient manquer de rien et considérer de quelles matières indispensables cette même maîtrise des mers doit fatalement, après un temps plus ou moins long, aboutir à priver les Allemands.

Cela, c'est la question du Blocus. Si vaste, si divers, si riche que soit le groupe des Empires centraux, ce groupe n'en constitue pas moins une forteresse assiégée et, de tous temps, une forteresse assiégée, qui ne pouvait attendre aucun secours extérieur, a été condamnée à se rendre. Parce qu'ici la forteresse est grande, elle tiendra plus longtemps ; mais son investissement se resserre progressivement et elle finira par subir le sort commun.

Au temps des guerres anciennes, ses dimensions l'eussent sauvée. L'armement était relativement simple; on pouvait le demander au sol national. Celui-ci, moins peuplé et moins habitué au bien-être, suffisait à se nourrir. Je ne crois pas qu'aujourd'hui encore les peuples de l'Europe centrale soient jamais amenés à mourir littéralement de faim. La disette des vivres leur causera une gêne, une souffrance cruelle et constituera, par conséquent, une très grande force sociale en faveur des Alliés; il paraît difficile qu'elle provoque, à elle seule, une capitulation. Mais avec le temps, le manque de métaux, de corps gras, de coton, d'acides pour les munitions peut exercer une influence plus directement décisive. Précisément parce que la guerre est devenue industrielle, parce qu'elle utilise un matériel formidable et de plus en plus varié, il n'est plus, en Europe, un seul pays qui puisse, à cet égard, se suffire. Chaque région a ses productions, ses richesses naturelles qui lui sont propres; beaucoup d'autres lui font nécessairement défaut ; et, jusqu'à la guerre, on voyait même un progrès de l'organisation humaine dans le fait de demander seulement à une contrée ce qu'elle pouvait fournir en abondance, pour l'échanger, grâce à des moyens de communication perfectionnés, avec les autres parties du monde. On ne s'était pas attaché à faire pousser du coton en Laponie, ou des pins dans le Sahara. La guerre a changé cette manière de voir ; et sans doute pour longtemps ; car les murailles de Chine, déjà hautes, vont grandir entre les nations dans l'après-guerre. D'un côté par le blocus, de l'autre, par les difficultés de fret et de communication intérieure, l'état de choses actuel a reconstitué en matière économique des autonomies régionales qui accroissent partout le prix de la vie ; chacun est invité à se suffire le plus possible. Pour les Alliés, ce n'est qu'un embarras. Pour les Austro-Allemands, nous comptons que ce sera bientôt la misère.

Au chapitre suivant, où nous examinerons les résultats du blocus, nous verrons plus précisément de quelles substances on s'est attaché à priver l'Allemagne et dans quelle mesure on y a réussi. Mais il est facile d'indiquer aussitôt quelles sont pour n'importe quel pays les matières les plus indispensables en temps de guerre. Les deux principales, après les aliments, abondent malheureusement en Allemagne : à savoir la houille et le fer. Dans la situation actuelle de l'Allemagne, un pays chez lequel ces substances font défaut comme l'Italie, chez lequel le charbon est rare comme en France, aurait été immédiatement vaincu. Il est trop tard ou trop tôt pour examiner si une offensive de cinq ou six kilomètres au delà de notre ancienne frontière lorraine, suivie d'une guerre de tranchées, n'aurait pas pu nous assurer (au lieu de nous faire perdre) la totalité des minerais de fer de Thionville et Briey et, par conséquent, priver l'Allemagne presque complètement de fer. Telle que la guerre se présente, nous sommes amenés à porter l'effort du blocus sur des matières moins importantes, dont les principales, auxquelles on pense aussitôt, sont quelques métaux, cuivre, nickel, manganèse, étain ; puis l'acide sulfurique, le cuir, le caoutchouc, le coton et les corps gras (ces deux dernières substances indispensables pour la fabrication des explosifs).

Le blocus est une question dont on a beaucoup parlé, dont on est un peu las et que l'on connaît mal. Après s'être imaginé naïvement qu'il allait produire des effets immédiats, alors qu'il ne fonctionnait pas encore, on trouve en général qu'il est stérile et on le relègue volontiers, avec le « rouleau écraseur » des Russes, avec le « facteur formidable » de Lord Kitchener, avec l' « offensive de printemps », avec les protestations américaines contre la guerre sous-marine, etc., etc., dans un magasin d'accessoires démodés auxquels on ne pense plus qu'avec scepticisme. Il est bon de montrer les difficultés auxquelles s'est heurtée cette immense expérience économique et sociale pour faire comprendre les étapes qui ont été franchies ; il est réconfortant de constater le point auquel on est enfin arrivé.

II. — Les premiers temps de la guerre. La restriction directe des importations allemandes.

Le jour où la violation de la neutralité belge a fait sortir la Grande-Bretagne d'une indécision angoissante, que la plupart des Français ne soupçonnaient pas alors aussi critique, c'est-à-dire dès le lendemain des premières hostilités, une immense supériorité s'est trouvée assurée aux Alliés, celle de la mer libre et tout le monde a aussitôt pensé à en user pour paralyser les efforts de l'Allemagne. Mais il faudrait se garder de croire que l'organisation, ou même la résolution du blocus, tel qu'il se réalise progressivement, soit née dès ces premières heures et c'est une grosse erreur d'en conclure, parce que son effet se fait encore insuffisamment sentir, qu'il ne servira jamais à rien. La vérité indéniable, qu'on ne saurait trop répéter pour répondre à des découragements stériles, c'est que le blocus a été à peu près inexistant pendant la première année de guerre, qu'il a commencé à fonctionner plus sérieusement vers le milieu de 1915 et que, dans la seconde moitié de 1916, il faut encore chaque jour resserrer une maille du filet reconnu trop large.

Cela tient un peu à des hésitations et à des incohérences dont on pourra un jour rechercher les auteurs responsables ; mais il est juste de voir là surtout la conséquence forcée de complications politiques enchevêtrées en un nœud gordien que l'on ne pouvait trancher avec l'épée. Les impatients l'oublient quand, après avoir annoncé au bout de deux mois la famine allemande, ils s'écrient maintenant d'un air entendu ou affairé : « Ces gens-là sont trop forts et la forteresse à bloquer est trop vaste. Si on les prive d'une substance, ils en trouvent une autre pour la remplacer, etc. » Il faut, je crois, se tenir à égale distance entre les illusions bruyantes de quelques chauvins exaltés et le scepticisme des « négatifs » qui renoncent à tout effort « parce qu'on n'aura jamais le temps, parce qu'il est trop tard, ou parce que ce n'est pas ainsi qu'on obtiendra la solution ». Notre bref historique aura l'intérêt, en rappelant quel a été notre point de départ, de mettre mieux en évidence le chemin parcouru.

Cet historique, je ne viserai nullement à le rendre complet et je me perdrai le moins possible dans l'aridité des textes législatifs ou des chiffres numériques ; ce serait me condamner à écrire plusieurs gros volumes où s'étalerait mon incompétence. Je préfère être moins officiellement correct et montrer, dans la mesure où les convenances le permettent, la différence essentielle qui a toujours existé entre les fictions diplomatiques et la réalité pratique, entre les statistiques des douanes et celles que se gardent d'établir les contrebandiers. Étant donnée l'ampleur du sujet, je choisirai de préférence mes exemples dans le monde minéral qui fait l'objet de ce volume. Nous atteignons là des points particulièrement sensibles. Mais tout ce que je dirai à cet égard sur l'histoire déjà ancienne du blocus et sur les négociations ardues auxquelles il a donné lieu, s'applique naturellement aussi bien au caoutchouc, au cuir ou au coton qu'aux pyrites ou au nickel.

Dans les premiers mois de la guerre, le blocus n'a pas existé pour bien des raisons qui ont disparu plus ou moins vite. Le pavillon allemand n'a pas longtemps tenu les mers. Mais, scrupuleusement attachés (peut-être à l'excès) aux formes de la légalité que méprisaient nos adversaires, les Alliés se laissaient alors complaisamment berner par les faciles artifices des neutres. Personne, d'ailleurs, il faut bien le dire, si ce n'est peut-être Lord Kitchener, ne soupçonnait à cette époque que la guerre durerait trois ans et l'on n'attachait pas la même importance qu'aujourd'hui à empêcher le ravitaillement des Allemands, alors qu'on les savait abondamment fournis pour plusieurs mois par leurs préparatifs minutieux d'avant-guerre.

Les rouages législatifs ne se sont pas ébranlés sans frottements. Notre administration française passe pour peu rapide et, quand il s'agit de gêner le commerce de leurs nationaux, nos Alliés Britanniques montrent une lenteur plus grande encore. Ce n'est pas leur faire injure que de rappeler quelle révolution profonde les crimes teutons ont dû provoquer peu à peu dans leur esprit pour amener d'abord ces pacifiques à faire la guerre, puis à la conduire sans trop de restrictions, enfin à s'y sacrifier tout entiers. Quant à la formidable machine russe, elle subit en tout temps le frein connu du fatalisme, du « cela ne presse pas », du « nitchevo ». Quelques dates rétrospectives mettent ces retards en évidence. La déclaration de guerre allemande était du 3 août. C'est le 11 août 1914 qu'une déclaration du Gouvernement Français faisait connaître les produits considérés par lui comme contrebande de guerre. C'est le 27 août seulement qu'il était légalement interdit à un Anglais de commercer avec un Allemand. Le Canada n'a prohibé l'exportation du nickel (métal de guerre au premier chef) qu'à la fin d'octobre. L'interdiction d'exporter le pétrole de Russie date du 8 novembre, et celle relative à la sortie du manganèse (nécessaire à la fabrication des aciers) du 27 décembre 1914.

Cependant, les croisières anglaises, françaises et japonaises n'avaient eu heureusement aucune décision ministérielle à attendre pour chasser les navires ennemis ; elles eurent bientôt nettoyé les mers de navires allemands. En même temps, l'interdiction de commercer avec les Austro-Allemands était implicitement comprise par tous, avant d'être nettement formulée en des lois. Un premier acte du drame rapidement joué eut donc pour résultat d'arrêter tout ravitaillement direct de nos ennemis. Mais il est aujourd'hui suffisamment connu que cela ne servit à rien. Le commerce allemand passa simplement tout entier sous pavillon neutre, comme nous pouvons prévoir que cela arrivera dans l'après-guerre si nous avons la folle prétention d'arrêter nos relations économiques avec les Allemands sans réglementer très minutieusement et très sévèrement celles avec les neutres. Il le fit correctement pour les marchandises non définies contrebande de guerre ; il le fit sans scrupule pour les contrebandes « conditionnelles » (c'est-à-dire taxées seulement de contrebande quand elles avaient un emploi militaire) ; il le fit avec une aisance presque égale pour les contrebandes de guerre absolues, grâce à quelques procédés bien simples dont je rappellerai tout à l'heure les plus élémentaires. D'après la déclaration du 16 avril 1856, toujours en vigueur alors, « le Pavillon couvrait la marchandise » (à l'exception de la contrebande de guerre). Les Allemands furent ravitaillés comme auparavant par les Suédois, les Norvégiens, les Danois, les Hollandais, les Suisses, les Espagnols, les Américains, ou même, en ce temps-là, par les Italiens et les Roumains. C'est alors qu'a commencé un second acte, dans lequel, comme dans toutes les pièces bien faites, on a tiré au clair la situation pour préparer les péripéties destinées, pendant les actes ultérieurs, à amener le dénouement.

III. — Les ministères du blocus. La définition de la contrebande.

Le jour où l'on a été bien décidé à agir énergiquement, on a tout naturellement été conduit à créer des organismes de combat. Cela s'est fait d'abord en Angleterre. Puis la France et la Russie ont suivi. L'organisation actuelle ne s'est pas constituée du jour au lendemain. Mais il est inutile de raconter les tâtonnements par lesquels on a passé. Voici seulement l'état actuel.

En Angleterre, il existe un Ministère du blocus, dont le titulaire, Lord Robert Cecil, a sous ses ordres tous les très nombreux services et commissions occupés de la guerre économique, tels que les « War Trade Departments » chargés de centraliser les affaires, informations et statistiques relatives au blocus ; le « Rationning Comittee » qui fixe les contingents des divers produits dont l'exportation peut être autorisée dans les pays neutres ; le « Contraband Department» qui traite de toutes les questions concernant le commerce avec l'ennemi ; l' « Ennemy Export Comittee » qui surveille les relations des neutres avec l'Allemagne ; le « Restriction of Ennemy Supplies Department », service d'achats pour les marchandises dont on veut priver l'ennemi, etc...

En France, M. Denys Cochin, ministre d'État, préside le « Comité de Restriction des approvisionnements et du commerce de l'ennemi », commission interministérielle organisée le 22 mars 1915 pour établir toutes les questions relatives au blocus, comme le font le « Trade advisory Comittee » d'Angleterre, et les comités de restrictions Russes. Il existe, en outre, une Commission des contingentements, une Commission des dérogations, etc.

Cette machine de guerre est sans doute un peu compliquée et lourde à mettre en branle ; mais, pour ceux-là mêmes (et je suis du nombre) qui n'apprécient guère en principe le bavardage stérile de certaines « Commissions », il apparaît, à l'examen, qu'on pouvait difficilement en restreindre ici les mécanismes. Les esprits critiques devront se représenter combien d'intérêts contradictoires étaient à ménager et à concilier : précautions diplomatiques à l'égard des neutres ; avantage de la Guerre elle-même à se procurer telle ou telle fourniture étrangère par une concession secondaire ; nécessité de maintenir notre change en favorisant notre commerce d'exportation et difficultés de transport dans nos ports embouteillés, sur nos voies ferrées surchargées ; conflits d'intérêts entre les Alliés qui sont tous assurément prêts aux sacrifices nécessaires, mais à la condition que la charge en soit équitablement répartie ; conditions effectives où s'opèrent les visites des croisières ; richesse d'imagination des contrebandiers, etc. Quiconque a été mêlé à des négociations de ce genre sait qu'on ne met pas facilement d'accord les divers ministères d'un même pays ; à plus forte raison quand il s'agit d'unifier les résolutions de dix pays alliés.

Avant même que ces organismes fussent constitués, du jour où l'on a résolu le blocus, il a fallu dresser, préciser et compléter les listes de contrebande (6 novembre 1914, 3 janvier 1915, etc.). Une transformation notable s'est effectuée, lorsqu'il est apparu clairement qu'en Allemagne, il n'existait plus aucune distinction entre les usages militaires et les usages civils : les premiers annihilant dans tous les cas les seconds. De ce moment, toute contrebande « conditionnelle » est devenue en fait « absolue ». Puis, on a constaté peu à peu qu'une série de substances, auxquelles on n'avait pas d'abord attaché d'importance, prenaient une part active dans l'usine de guerre. Pour chacune d'elles on a procédé, non arbitrairement, mais après enquête et examen. C'est ainsi que les listes de contrebande sont arrivées à former des volumes. Il serait aujourd'hui beaucoup plus court d'énumérer les marchandises dont le commerce international est permis que celles pour lesquelles il est interdit.

D'autre part, tant pour compléter la restriction de la contrebande que pour faire des économies pécuniaires et pour réduire les transports, les Alliés étaient amenés à défendre les importations et exportations de nombreuses substances, même souvent dans les relations entre pays amis. La dernière liste des « prohibitions de sortie » françaises compte 16 pages in-octavo de caractères fins. Grâce à des « dérogations » en faveur des amis, on cherche à la mettre d'accord avec la liste de contrebande. Je crois inutile d'en donner même un extrait. On peut seulement en conclure que nous vivons dans des temps propres à être bénis par les agents des douanes, dont les parts de prises doivent être fructueuses, mais peu favorables au libre-échange.

En ce qui concerne directement les Empires centraux, depuis l'acte en conseil du 11 mars 1915, sur lequel nous reviendrons, la législation est devenue très simple. Toute exportation quelconque, partant d'un pays quelconque, par une voie quelconque, devient contrebande si elle est destinée à l'Allemagne ou à l'Autriche. Admettons que la surveillance des frontières terrestres soit relativement suffisante (du moins en ce qui concerne les matières volumineuses) et que les croisières marines arrivent à remplir dans une juste mesure leur très difficile et très pénible mission [1]. Le

---

[1]. On affirme qu'en juillet 1915, 22 navires seulement voulant arriver dans les ports de Hollande et de Norvège ont pu échapper à la visite des croiseurs.

problème du blocus semble résolu...; nous commençons seulement à en aborder la partie difficile, à savoir l'intervention des neutres.

IV. — La restriction des neutres et ses étapes successives. Les sociétés de surveillance.

L'intervention des neutres constitue, en pratique, tout le problème du blocus. Si ces neutres n'existaient pas, il y a longtemps que l'Allemagne serait réduite à la disette. Du fait qu'ils existent et qu'on les a trop ménagés, l'Allemagne, pendant près de deux ans, s'est trouvée ravitaillée. Les résultats obtenus actuellement tiennent à ce que le nombre des neutres se réduit sans cesse et à ce que les neutres subsistants sont forcés, par nos moyens coercitifs, de renoncer à alimenter et à fournir nos ennemis aussi complètement qu'ils le faisaient. Mais on n'y est pas arrivé sans peine et des fissures subsistent encore. Notre situation vis-à-vis des neutres est, en effet, la suivante.

Tout d'abord, nous n'avons aucune raison pour les priver de ce qui leur est nécessaire. Certains d'entre eux passent pour nous être sympathiques; d'autres contiennent, au moins, à côté d'éléments hostiles, des éléments favorables. Leur fournir des marchandises profite, en outre, à notre commerce et à notre change. Par contre, chacun sait que, lorsque nous ravitaillons les neutres voisins de l'Allemagne, c'est l'Allemagne que nous ravitaillons. Il n'est plus, je crois, utile de le démontrer. Certains de ces pays sont arrivés jusqu'à la disette, jusqu'à la famine, à force de vendre aux Allemands des provisions, pour lesquelles ceux-ci leur offraient de très hauts prix. Officiellement ou par contrebande, dans les conditions où se présente le marché, le chemin de l'Allemagne peut être plus ou moins long, plus ou moins difficile à suivre ; tôt ou tard, le but sera atteint. On ne garde pas étanche un réservoir d'eau sur le sommet d'une montagne au-dessus d'une plaine aride. Il n'est pas de convention, de traité, même de scrupule individuel, qui tiennent contre les lois de la gravité, contre l'équilibre des vases communicants. La « fuite » est d'autant plus fatale que les fraudeurs peuvent aisément multiplier le nombre des pays neutres intervenants. Si nous respectons toutes les fictions, comment empêcherons-nous un Espagnol de commercer avec un Suisse, ou un Argentin avec un Hollandais ? En réalité, ce ne sont là pourtant que deux chaînons d'une chaîne partie on ne sait d'où pour aboutir finalement en Germanie.

Pendant le premier semestre de 1915, on a vu encore les importations habituelles des États-Unis dans les pays limitrophes de l'Allemagne se doubler en Hollande, se multiplier par 6 en Norvège, par 10 en Suède, sans qu'il pût y avoir le moindre doute sur leur destination définitive, malgré tous les raisonnements spécieux par lesquels on prétendait nous prouver qu'il se produisait là un simple « déplacement de marché », avec achat en Amérique de produits autrefois fournis par les belligérants.

Devant ces subterfuges, les Alliés sont restés longtemps embroussaillés, non seulement par le souci très juste de la légalité, mais aussi par le désir (exagéré à mon avis), de provoquer ou de conserver les sympathies des neutres. Assurément il ne faut pas faire fi des « Impondérables » ; mais, en matière purement économique et politique, la « manière forte » a aussi du bon et nous sommes trop portés en France à invoquer la puissance du « sentiment », parce que nous savons son action exagérée sur nous-mêmes. Le sentiment, ce ne sont pas quelques mesures douanières, fussent-elles d'apparences un peu vexatoires, qui le retourneront. En fait de sentiments, dans la guerre actuelle, il n'y a plus depuis longtemps, il ne peut plus y avoir de neutres, si ce n'est chez quelques peuplades assez arriérées ou reculées pour ignorer l'embrasement de l'Europe et ses causes. Les pays restés neutres après trois mois de guerre mondiale sont ceux qui ne voient aucun intérêt à se battre ou qui ont peur. Mais leur opinion n'en est pas moins formée. Car la particularité de cette guerre est qu'elle ne met pas seulement des nations aux prises ; elle est destinée à trancher entre deux principes de société, de gouvernement, de vie. Il s'agit, en deux mots, de savoir si la Force prime ou non le Droit. D'un côté, la brutalité arrogante et dominatrice prétendant imposer l'ordre par la terreur ; de l'autre, la légalité pacifique espérant introduire librement une organisation fondée sur le respect des contrats. Chacun a fait son choix et sait ce qu'il préfère.

Mais ce n'est pas « le sentiment » qui gouverne en politique, pas plus qu'en affaires. Sauf des exceptions rares et glorieuses comme celle de l'Italie, le sentiment se borne à jeter un grain de sable dans une balance dont les poids déterminants sont l'intérêt et la crainte. Même avec les sentimentaux que nous sommes en France, les nécessités prennent le pas sur les préférences. Ainsi, avant la guerre, nos affaires se chiffraient par milliards avec nos ennemis les Allemands : par millions avec nos amis les Russes. A plus forte raison quand il s'agit de peuples plus froidement calculateurs.

Actuellement, tel Suisse, qui se dit peut-être sincèrement francophile, fournit d'aluminium les zeppelins, les avions, les automobiles des Allemands. Le « sentiment » de l'humanité ou le respect des conventions écrites ont juste assez de force pour actionner la machine à écrire de M. Wilson, non pour mettre en branle une mitrailleuse américaine. Un intérêt mal entendu a mis contre nous la Bulgarie et la Suède ; une peur injustifiée nous a aliéné le gouvernement de la Grèce. Nous ne manquons pas, nous aussi, d'arguments semblables à ceux des Allemands vis-à-vis des nations auxquelles notre commerce de guerre apporte des milliards, ou dont nous pouvons à notre gré arrêter le ravitaillement. Les diplomates de l'Entente ont été un peu discrets à les faire sonner.

Dans cette guerre, on aura montré, pour certains neutres clairsemés — bien décidés, quoi qu'il arrive, à rester neutres — des attentions vraiment humiliantes. Faute d'autre public, il semblait par moments que nous eussions un intérêt majeur à nous faire applaudir par les nègres de Liberia ou d'Haïti, comme des tragédiens célèbres qui jouent en été devant quelques provinciaux égarés dans une salle vide.

S'il n'est pas dans notre caractère de déclarer à l'allemande : *Oderint dum metuant* ; si même, dans certains cas, nous pouvons trouver adroit de paraître dupes, il ne faut pourtant pas pousser la politesse diplomatique jusqu'à ne jamais oser parler net. Un gouvernement qui nous est hostile et qui ne nous a pas déclaré la guerre parce qu'il ne croit plus au succès **allemand, pourra protester** vivement si nous gênons son commerce ; ce n'est pas ce qui lui donnera le courage d'engager les hostilités contre nous.

On s'est décidé à élever la voix en 1916 et les résultats, aidés par notre offensive générale, n'en ont pas semblé fâcheux. Par exemple, la Suède et la Norvège sont, pour les Allemands, les grands fournisseurs de pyrites cuivreuses, de minerais de fer, de nickel, de pâte de bois ; il n'y avait aucun inconvénient à leur rappeler que les croisières anglaises peuvent, en droit ou en fait, leur couper tous les chemins d'outre-mer. La Hollande nourrit l'Allemagne ; mais elle ne communique avec ses colonies qu'à travers le filet britannique qui peut également arrêter ses pêcheurs, si tout leur poisson doit ensuite remonter le Rhin. La Suisse gouvernementale et alemanique nous est nettement hostile et quête de nous des produits de guerre pour les faire passer à nos ennemis ; aujourd'hui encore, c'est par 50.000 têtes que se chiffrent ses ventes de bétail aux Allemands ; mais, si nous ne lui fournissons pas de blé, la prudente Helvétie sait qu'elle mourra de faim. Les États-Unis craignent, avant tout, d'être mêlés dans une guerre quelconque ; mais une guerre où ils n'interviennent pas leur a déjà rapporté plusieurs milliards. Telle est la forme d'arguments grâce à laquelle nous avons peu à peu rétabli une situation, dans laquelle, au début, des peuples neutres, parfois pleins de sympathies privées pour notre cause, se moquaient trop visiblement de nous.

Tout cela est déjà de l'histoire ancienne ; mais il faut se reporter à la fin de 1914 pour comprendre à quoi se réduisait alors, grâce aux neutres, le blocus de l'Allemagne. Même les statistiques officielles de ces neutres, si volontairement retardées qu'elles fussent, si truquées qu'on les suppose, en portaient l'empreinte manifeste, quand on voyait, par exemple, les exportations des États-Unis dans les États Scandinaves passer de 7 à 63 millions pour deux mois correspondants avant et après la guerre. C'est également par l'intermédiaire de ces pays neutres que se sont négociés les billets de banque et valeurs pillés par les Allemands dans les pays envahis. Comme je l'ai dit déjà, il ne saurait être question de raconter ici tous les incidents du blocus en ce qui concerne les neutres. Nous pouvons nous borner à en marquer les grandes étapes. Elles marquent les progrès d'une pression diplomatique, qui prend peu à peu conscience du mal et qui acquiert l'énergie nécessaire pour y porter remède.

Dans la première phase, qui a duré près de deux mois, aucune interdiction légale n'existait. Les Allemands ont eu alors toutes facilités pour absorber les stocks qu'avaient formés leurs voisins immédiats et pour en faire revenir des provisions d'outre-mer. Il suffisait qu'une maison interposée de Norvège, de Suisse ou de Hollande demandât pour elle-même les marchandises en question et les réexpédiât aussitôt en Allemagne. Les croisières alliées laissaient passer sans aucune illusion mais avec résignation.

Dans une seconde phase, qui se prolongea encore près d'un an, jusque vers le milieu de 1915, on amena quelques pays à prendre, pour une série de substances, des arrêtés interdisant l'exportation : arrêtés trop facilement révocables et dont les variations accusent souvent par une courbe sensible les progrès ou les reculs de notre situation militaire. Quiconque a, d'ailleurs, séjourné sur certaines frontières a pu constater qu'il ne coûte parfois pas très cher pour faire passer une caravane de chameaux ou une bande de mulets, sans même que les sympathies internationales y aient aucune part, sous l'œil placide des douaniers. Quand on examinait certains arrêtés d'interdiction, on s'apercevait qu'il y restait bien d'autres portes ouvertes à la fraude : ainsi quand la Roumanie de 1914 interdisait de sortir l'essence pour automobiles, mais permettait le pétrole lampant pour éclairage. Le « transit » fournissait également des procédés d'une simplicité presque enfantine, même après qu'on eut exigé des papiers en règle précisant l'expéditeur et le destinataire. Il n'était besoin que d'une vente fictive faite en cours de route : soit par radio-télégramme en mer ; soit dans l'intervalle libre entre les deux douanes sur une frontière terrestre, etc., etc.

Dans cette période, les Alliés n'avaient pas encore acquis toute leur force et, lors même que cette force existait, ils hésitaient à l'employer. C'est ainsi, par exemple, que, jusqu'à l'organisation de la guerre sousmarine par les Allemands, ils laissaient passer toutes les exportations de l'Allemagne. Les neutres européens, de leur côté, s'habituaient difficilement à l'idée qu'à côté d'immenses avantages matériels, la guerre dût entraîner pour eux quelques sacrifices. On rencontrait donc des résistances qui furent très vives et qui, nous le constatons avec regret, n'atteignirent jamais la même vivacité lorsqu'il put s'agir de protester contre la violation de la neutralité belge, contre l'incendie de Louvain, contre la destruction de Reims, contre les massacres de civils, contre les abominations du sadisme teuton. Cette résistance a trouvé son expression la plus nette dans les controverses juridiques qui se produisirent à la fin de 1914 entre la

Grande-Bretagne et les États-Unis : les États-Unis pouvant être ici considérés comme le porte-paroles des pays neutres. A cette époque, les Allemands n'avaient pas coulé le *Lusitania* et beaucoup d'Américains plus ou moins germanophiles hésitaient encore entre les avantages commerciaux que pouvaient leur offrir l'un et l'autre camp ; ou plutôt ils auraient préféré pouvoir tirer parti des deux.

Dans ces conditions, le 29 décembre 1914, le gouvernement des États-Unis adressait à la Grande-Bretagne une longue note destinée à obtenir une amélioration dans le traitement imposé par la flotte britannique au commerce américain. La forme en était amicale, mais néanmoins assez vive pour que les Allemands se soient crus fondés à en triompher bruyamment. Il y était dit que, de tous les côtés, l'on considérait l'Angleterre comme directement responsable de la dépression qui atteignait un grand nombre d'industries américaines. « L'opinion a été émue à un tel point que le gouvernement se sent obligé de demander des informations définies, afin de prendre des mesures capables de protéger dans leurs droits les citoyens américains... Cinq mois se sont passés depuis l'ouverture des hostilités, et il n'y a aucune amélioration, quoique les armateurs se soient soumis aux différentes demandes du gouvernement britannique : par exemple, en indiquant les noms des consignataires auxquels ils expédiaient des cargaisons en pays neutres et en se procurant des certificats auprès des consuls britanniques qui sont établis aux États-Unis. » La note insistait sur le caractère de contrebande « conditionnelle » que présentent les produits alimentaires, puisqu'ils peuvent être destinés à la population civile aussi bien qu'à l'armée. En ce qui concernait la détention de navires américains, elle reconnaissait le droit de visite, mais affirmait que ce droit ne saurait être élargi au point d'entraîner des navires dans les ports d'un État belligérant sur un simple soupçon. Pour les cargaisons envoyées « à ordre » ou sans mention du nom du consignataire, il fallait, disait-elle, fournir la preuve qu'elles avaient une destination hostile, la charge de la preuve incombant aux belligérants.

En même temps, l'effet de cette note se trouvait atténué par une déclaration du président Wilson disant : « Ceux des armateurs américains qui dissimulent de la contrebande de guerre, par exemple sous le nom de coton, ont mis le gouvernement dans un grand embarras. Aussi longtemps qu'il se présentera des cas de cargaisons suspectes du même genre, les soupçons se porteront sur toutes les autres cargaisons, lesquelles, tout naturellement, seront exposées à des perquisitions. »

La question se trouvait nettement posée. Le 10 janvier 1915, sir Edward Grey remit la réponse anglaise, où se trouvaient rappelés quelques-uns des faits très démonstratifs que nous avons rappelés plus haut, notamment la comparaison des exportations américaines et, plus particulièrement, des exportations de cuivre à destination des neutres en 1913 et 1914. « En présence de tels chiffres, ajoutait le gouvernement anglais, il est permis, à bon droit, de supposer que la presque totalité du cuivre expédié récemment dans ces pays n'était pas destinée à leur usage personnel, mais à un belligérant. » Très conciliante pour les objets d'alimentation et pour le coton, la note anglaise remarquait néanmoins que, si le gouvernement britannique accordait trop de facilités aux navires chargés de coton, ceux-ci seraient spécialement choisis pour la contrebande. Enfin, au sujet de l'embargo mis sur les exportations de caoutchouc venant des colonies anglaises, elle cherchait également un moyen de réapprovisionner les Etats-Unis, sans amener aussitôt d'importantes exportations de caoutchouc entre les Etats-Unis et l'Allemagne.

En résumé, les deux gouvernements se montraient entièrement d'accord sur les principes du droit international et sur la nécessité d'empêcher la contrebande destinée à l'ennemi, tout en évitant les erreurs et donnant prompte réparation pour les dommages causés aux propriétaires neutres de cargaisons et de navires. Le président Wilson proposa alors une mesure qui, acceptée par le gouvernement anglais, parut constituer ce que les mathématiciens appellent une solution élégante du problème. Dans une circulaire adressée aux exportateurs américains, en même temps qu'il les invitait à établir des connaissements et des manifestes sincères et complets, il leur offrait de faire vérifier leurs chargements à l'embarquement par un fonctionnaire des douanes. Les Etats-Unis deviendraient ainsi responsables vis-à-vis de l'Angleterre qui accepterait leur garantie. Grâce à cette inspection préalable, en même temps que la fraude serait réprimée, la circulation sur les mers reprendrait presque sa liberté et sa simplicité anciennes.

En son temps, cette discussion théorique a paru importante; mais, bientôt après, d'autres incidents plus graves amenaient le président Wilson à écrire un certain nombre d'autres circulaires, adressées cette fois en Allemagne. Et quand, assez vite, on se fut aperçu dans les deux camps que ces rédactions de juristes étaient des armes toujours chargées avec méthode mais ne partant jamais, l'effet s'en atténua assez pour qu'on les oubliât dans le carton solennel où on avait commencé à les classer.

Nous arrivons enfin à la troisième étape, celle d'un blocus plus effectif dont on peut placer le commencement vers le milieu de 1915, après l'ordre en Conseil du 11 mars 1915, avec la formation des grandes sociétés de surveillance hollandaise et suisse, avec l'établissement des organismes divers consacrés en Angleterre et en France aux questions de blocus, avec le développement des « listes noires », avec les achats systématiques de marchandises neutres pour faire le vide, etc.

Tout d'abord, la France et l'Angleterre prirent d'accord entre elles des mesures pour allonger la liste des prohibitions de sortie. (En France, c'est, après plusieurs décrets, l'objet d'une loi du 18 avril 1915, qui a été suivie de beaucoup d'autres.) On établit ainsi des défenses absolues ; mais, ce qui était nécessaire pour ne pas étrangler le commerce d'exportation français ou anglais et ce qui amena entre les deux gouvernements alliés des négociations dont on peut imaginer la complexité, on autorisa des exceptions motivées à destination de certains neutres : d'où en France, la « Commission des dérogations ».

A l'égard des neutres, on commença à arrêter comme suspectes et à déférer au tribunal des prises des marchandises munies de connaissements à ordre destinées à des neutres limitrophes de l'Allemagne.

Puis, quand les Allemands eurent commencé, en février 1915, la guerre de sous-marins, dans laquelle ils coulaient systématiquement tous les navires de commerce allant en Angleterre ou en France, un grand pas fut franchi en représailles. Il fut décidé, par l'Ordre en Conseil du 11 mars 1915 et le décret du 13 mars 1915, que l'on saisirait en mer toute marchandise destinée aux Empires du Centre ou en provenant, qu'elle fût contrebande de guerre ou non. La mesure pouvait paraître radicale ; mais l'expérience avait suffisamment montré pendant près de huit mois qu'elle était indispensable.

Contre les protestations américaines, on pouvait d'ailleurs invoquer très justement les précédents de la Guerre de Sécession, où les rôles avaient été renversés, puisqu'à cette époque, c'étaient les Américains du Nord qui bloquaient les États du Sud et les commerçants anglais dont leurs prohibitions et leurs saisies gênaient le commerce. C'est ainsi qu'on emprunta aux Américains la doctrine du « voyage continu », qui permet de saisir l'envoi d'un neutre à un neutre par un navire neutre dès que cet envoi peut être réputé destiné à la réexportation vers l'ennemi.

Ces mesures restrictives, qui auraient bientôt paralysé le commerce extérieur de la Hollande, facilitaient les négociations depuis longtemps engagées par l'Angleterre avec ce pays pour y organiser la surveillance. La déclaration de guerre de l'Italie, en fermant la seule porte neutre par laquelle pouvait s'alimenter la Suisse, eut une pareille influence sur nos voisins de Berne ; et c'est ainsi que, dans le courant de 1915, on vit se constituer définitivement les deux organes de surveillance importants connus sous le nom de N. O. T. : « Nederlanshe Oversee Trust Maatschappig » (Trust Néerlandais d'Outre-mer) et de S.S.S. : « Société Suisse de Surveillance » (9 novembre 1915), auxquels est venue se joindre en novembre 1915 « l'Association des négociants et industriels Danois ». Après quoi, le cercle a été fermé en août 1916, par la décision prise de rationner également la Suède pour diverses substances, telles que les corps gras. Le rôle, aujourd'hui essentiel, de ces sociétés, demande à être précisé. Je vais le faire à propos de la Hollande ; mais, avec des variantes, le système est analogue pour la Suisse et pour les pays scandinaves. Il consiste, en deux mots, à assurer le ravitaillement normal des neutres, calculé d'après la consommation des années antérieures à la guerre et à éviter que ces neutres puissent, en se privant, transmettre aux Allemands les matières ainsi importées : danger dont l'affaire des accaparements allemands en Suisse a trop nettement prouvé l'existence.

Pour la Hollande, la nécessité d'une organisation semblable était particulièrement nécessaire. Outre la mainmise ancienne et bien connue des Germains sur une grande partie du commerce hollandais, laquelle rendait ce commerce à bon droit suspect, la Convention du Rhin obligeait la Hollande à laisser librement transiter sur son territoire les marchandises destinées à l'Allemagne. Toute marchandise importée en Hollande était donc, non seulement de fait mais légalement, susceptible d'être arrêtée. C'est dans ces conditions que, dès la fin de 1914, une Société de négociants hollandais commença à s'organiser pour arriver finalement à obtenir le monopole des importations et garantir, sous sa responsabilité, la non-réexportation en Allemagne, soit des matières premières elles-mêmes, soit des marchandises fabriquées avec elles. Au début, il s'était agi des céréales ; puis on passa au coton, au pétrole et au caoutchouc ; peu à peu le système se généralisa.

Dans le fonctionnement actuel, il a d'abord été établi un « contingentement » (susceptible de revision ultérieure), par lequel les Gouvernements alliés et le Trust ont déterminé d'un commun accord la quantité maxima de chaque article nécessaire aux besoins propres du pays : calcul fondé sur les statistiques d'importation antérieures en défalquant les réexportations du temps de paix vers l'Allemagne. Cette quantité étant fixée par la « Commission internationale des contingentements », l'Angleterre en assure le passage à la condition que les marchandises soient consignées au Trust, qui prend la responsabilité de leur usage sur le territoire hollandais et qui s'engage à les suivre[1]. Toute marchandise non consignée au Trust peut être alors saisie légalement et sans réclamation possible du gouvernement néerlandais. A l'intérieur du pays, la consignation au Trust facilite la surveillance et permettrait, en cas de manquement, des représailles immédiates. En fait, tous les renseignements postérieurs à la constitution de la N. O. T. ou de la S. S. S. montrent que ces organismes ont à peu près produit leur effet. Les résultats seront meilleurs encore quand on sera arrivé, comme c'est la tendance actuelle, à régler les contingentements, non plus avec des Sociétés privées à responsabilité mal définie, mais avec les gouvernements eux-mêmes. Il ne restera alors, comme fissure officielle au blocus, que la vente par les neutres de leurs produits nationaux (susceptibles d'être incorporés dans

---

[1]. Il peut y avoir consignation sans contingentement. Ce n'est plus guère alors qu'une opération de surveillance préparatoire, en elle-même inefficace.

un contingentement à l'État); et, pour ces produits nationaux eux-mêmes, on a, comme nous le verrons, commencé à agir un peu par voie d'achats trop restreints, en concurrençant les Allemands sur des marchés libres.

J'ai pris la N. O. T. comme exemple et, dans ce cas, j'ai surtout parlé de l'Angleterre qui était la première intéressée, tant comme exerçant la police des mers que comme ayant un commerce propre particulièrement actif avec la Hollande. Il va sans dire que la France participe à la convention. Pour la S. S. S., les rôles sont renversés, le système restant le même, avec ces deux différences que la France doit, par ses ports et ses lignes ferrées trop encombrés, assurer un transit gênant vers la Suisse et que celle-ci ne possède pas, comme la Hollande, de riches colonies assimilées presque entièrement au territoire national. Si je fais cette remarque, c'est qu'il est impossible de ne point indiquer un ordre de difficultés qui a exigé, de la part des alliés, tant Français qu'Anglais ou Italiens, une bonne volonté réciproque. Fermer la frontière suisse, c'est supprimer, c'est du moins notablement réduire, pour la France, un commerce important et fructueux; de même pour l'Angleterre quand il s'agit de la Hollande. Réglementer les exportations françaises de soie, c'est fort bien, à la condition que les exportations italiennes de la même substance seront limitées, etc. Si les conditions avaient été identiques dans tous les pays, il eût suffi d'adopter une règle uniforme et commune. Comme elles étaient de fait très différentes, on a dû, entre amis, établir une balance et une ventilation aussi équitables que possible.

Outre la Hollande et la Suisse où fonctionnent des

sociétés de surveillance, la Norvège, dont les sentiments nous sont plutôt favorables, et qui tire d'Angleterre son charbon, a, loyalement, dès le début de la guerre, mis ses listes d'interdiction de sortie en accord complet avec nos listes de contrebande et établi une surveillance à peu près efficace. Dans le cas du Danemark et de la Suède, on a eu plus de mal à aboutir, non seulement pour des raisons politiques qui se devinent, mais aussi parce que la Russie devait en même temps recourir à ces pays, pendant une partie de l'année, pour faire transiter ses importations. Quant aux neutres non limitrophes, comme l'Espagne qui a été longtemps un foyer de contrebande particulièrement actif, leur trafic s'est trouvé arrêté du jour où on a pu surveiller efficacement les voisins immédiats de l'Allemagne.

Ces quelques indications montrent et tout concorde à prouver que le blocus tend à prendre une réalité et, par conséquent, une efficacité, dont la première et même la seconde année de guerre n'ont pas pu donner l'idée. Le cercle d'investissement est devenu complet pour l'Allemagne quand la déclaration de guerre de l'Italie à l'Autriche, puis l'occupation du front de Salonique, enfin l'entrée en jeu de la Roumanie ont fermé toutes les portes méridionales. L'ouverture de la ligne Berlin-Constantinople, malgré tous les espoirs qu'elle a suscités en Allemagne, n'a rien changé, même momentanément, puisque la Turquie, investie elle aussi, a peine à se nourrir et ne fournit aucun produit industriel.

Les Sociétés de surveillance fonctionnent convenablement. La preuve n'en est pas seulement dans les statistiques, toujours suspectes en temps de guerre, qui montrent la décroissance rapide des exportations américaines vers les neutres du Nord depuis le milieu de 1915, mais aussi dans les constatations effectives obtenues par diverses méthodes concordantes. Les efforts mêmes que les Allemands ont tentés, dans l'été de 1916, pour se faire livrer par les Suisses, à titre de « compensations », les stocks constitués par eux pendant les négociations de la S. S. S., ont prouvé que l'organe était utile et répondait à peu près aux besoins. On sait que les Alliés, malgré toute leur bienveillance pour la Suisse, ont dû répondre en maintenant les interdictions d'exporter et qu'aussitôt les Allemands ont, comme toutes les fois qu'on leur tient tête, rengainé leur glaive menaçant pour continuer à alimenter la Suisse de charbon et de fer à raison d'un demi-million de francs par jour, défendant ainsi leur change tout en tenant par exception leur parole.

Maintenant cela veut-il dire que rien ne parvienne plus en Allemagne ? Évidemment non. Je vais parler tout à l'heure des produits nationaux exportés librement par les limitrophes ; je voudrais auparavant ajouter un mot sur les ingéniosités de la contrebande et sur les listes noires qui en forment la contre-partie.

V. — Les procédés de contrebande.

La contrebande, qui donne déjà d'assez jolis résultats quand elle est exercée par des individus privés, ou du moins par des sociétés financières de faible envergure et à liens officiels occultes, a pris, dans le cas présent, toute l'ampleur d'une institution publique. Les représentants de l'Allemagne à l'étranger ne sont pas seulement des espions, des dynamiteurs, ou des répartiteurs de fonds secrets : ce sont aussi des agents de contrebande, qui étudient des programmes, donnent des instructions et aident à les exécuter. Les particuliers germaniques collaborent avec le double plaisir de remplir un devoir patriotique tout en empochant un bénéfice. Il y a eu ainsi des cas extraordinaires de wagons entiers passant la frontière et de valises diplomatiques dissimulant des tonnes de cuivre ou de caoutchouc.

C'est surtout par la fraude active et continue que les Allemands se procurent les substances déficitaires, alors que leurs communiqués savants, répandus à profusion par une presse soi-disant scientifique, prétendent les avoir aisément remplacés grâce à quelque opération géniale de synthèse, ou à l'aide de succédanés chimiques. En principe, quand on lit un peu partout que les laboratoires allemands ont trouvé un moyen décisif de suppléer au manque de tel produit, il y a de fortes raisons pour croire que cette substance leur fait au contraire défaut, mais qu'ils veulent endormir la surveillance à son sujet. La manière dont certaines révélations mystérieuses font brusquement la traînée de poudre dans les « renseignements de source très sûre » envoyés par nos agents des pays neutres, dans les radios interceptés, dans les correspondances privées destinées à être lues par la censure franco-anglaise, et bientôt dans tous les journaux de Suisse ou de Hollande, en montre suffisamment l'origine.

De même, quand ces journaux neutres nous énumèrent complaisamment, de source allemande, les merveilleuses richesses de la Turquie, de la Bulgarie, de la Serbie envahie, les unes presque inexistantes, les autres inutilisables d'ici des mois ou des années, il est facile de voir là une manœuvre pour endormir le blocus. Combien de fois nous a-t-on parlé des mines de cuivre de Bor en Serbie qui peuvent à la grande rigueur produire 7000 tonnes, des mines de nickel norvégiennes qui en fournissent peut-être 700 tonnes, des bauxites de Hongrie, du carbure de calcium remplaçant le manganèse, du sulfate de chaux suffisant à la production de l'acide sulfurique, des émaillages substitués à l'étain, du caoutchouc artificiel dont la production en grand doit toujours être organisée le mois suivant ! Montrons-nous méfiants à l'égard de ces « bluffs », que l'on mettra un jour de pair avec le ravitaillement de l'Allemagne par sous-marins, ou l'invasion de l'Angleterre par zeppelins, ou la conquête de l'Egypte et de l'Inde par les Turcs.

La contrebande est beaucoup plus sûre et plus efficace que la chimie. Au lieu de fabriquer du caoutchouc artificiel, quand on n'a plus de déchets à régénérer, on entre par la Suisse des pneus neufs remplaçant les pneus usagés des automobiles ; on fait revêtir aux voyageuses des jupons de dessous à tissus caoutchoutés ; on bourre de caoutchouc les colis postaux de victuailles, ou même les lettres. Quand on veut du manganèse, on le cache dans la soute au charbon d'un navire neutre, où sa couleur noire le dissimule. Quand le platine devient trop cher, on le récolte chez les dentistes et les bijoutiers du monde entier pour l'introduire en grains dans les paquets, en feuilles dans les lettres. Quand il faut faire passer de l'huile de lin depuis la Hollande, on la dissimule dans du savon, dans du lithopone, dans de la glu ; on établit souterrainement des tuyaux de distribution sous la frontière...

Je n'ai pas à écrire ici un cours de contrebande.

Mais comment s'étonnerait-on qu'il passe des marchandises de Hollande en Allemagne, quand, en sens inverse, les Allemands, malgré leur double réseau de fils à haute tension, ne peuvent empêcher de s'enfuir les prisonniers évadés et les civils envahis, ou les déserteurs, entraînant à l'occasion les sentinelles destinées à les empêcher de passer?... Le remède n'est pas toujours facile, même quand le désir de la répression est sincère. On arrive à passer des troupeaux entiers si le gouvernement prête la main. Mais c'est alors que la pression des Alliés s'exerce : sur les états neutres suspects de complicité, par la menace de couper leur propre ravitaillement; sur les commerçants interposés, par les Sociétés de surveillance et par les « listes noires ».

VI. — Les listes noires.

Les listes noires sont un des procédés les plus efficaces pour arrêter le ravitaillement indirect des Allemands : celui-ci exigeant toujours l'intervention de neutres peu scrupuleux, plus faciles à connaître qu'à saisir dans toutes leurs tentatives de délit. Ces neutres sont alors publiquement dénoncés comme suspects. Les nationaux qui traitent avec eux s'exposent désormais à la prison; les neutres eux-mêmes, qui voudraient leur servir d'agents, ont à craindre une extension du « boycottage », où ils seraient frappés à leur tour. L'arme peut devenir particulièrement terrible si on se décide à en prolonger les effets dans l' « après-guerre ».

Interdire le négoce avec nos ennemis ou avec des soi-disant neutres qui fournissent nos ennemis est, de notre part, l'acte le plus naturel du monde. On ne saurait servir à la fois Dieu et Mammon. En temps de guerre le choix est obligé. Du reste, les Allemands nous ont donné l'exemple quand ils ont menacé de proscription ou privé de charbon les fabriques suisses qui nous fournissaient des machines, utilisant contre elles les renseignements trop complaisamment fournis par l'administration fédérale. Mais, pour employer de tels arguments, il faut posséder la force et les alliés sont maintenant seuls dans ce cas. Nous prenons donc, à l'égard des principaux coupables, quelques mesures urgentes. Il faut espérer qu'au lendemain de la paix, on règlera d'autres comptes laissés en souffrance et qu'on se « souviendra ». Les Allemands, par leurs procédés de guerre, ont fait tout le nécessaire pour nous inculquer de la mémoire. Tant pis pour ceux qui auront paru les approuver !

L'application actuelle du boycottage est toute simple. Une loi très naturelle et que chacun connaît (décret du 27 septembre 1914, loi du 4 avril 1915), défend de commercer avec les ennemis, ou avec les intermédiaires de l'ennemi. Est réputé intermédiaire tout commerçant neutre qui a des relations étroites avec l'Allemagne. Il n'est donc aucun besoin d'une liste noire pour condamner un commerçant anglais ou français qui aura traité avec une maison interposée entre lui et l'ennemi. Et l'on sait que la peine est rudement appliquée (amende, prison, etc.). Mais la liste noire (Black List) épargne les indécisions et les scrupules aux commerçants qui, très honnêtement, pourraient être mal renseignés. Cette liste, dont les Anglais nous ont fourni le type et qui a rempli 24 colonnes de notre *Journal Officiel*, le 6 août 1916, énumère des maisons situées dans les quatre parties du monde, avec lesquelles le fait de négocier constitue un délit pénal. Elle est destinée à faire réfléchir plus encore les neutres qui désirent conserver des relations avec les Alliés que les commerçants des pays alliés disposés à commercer avec les neutres. Il faut ajouter que la liste n'est pas limitative et que « le fait de n'y pas être inscrit ne saurait être invoqué à aucun titre ». Les Anglais ont, en dehors de la liste noire publiée, une autre liste officieuse et revisable, dite « Statutory List », et cette liste s'accroît de jour en jour.

Assurément, dans un temps où quelques personnages officiels de bonne volonté prêchent avec éloquence le besoin de développer notre commerce d'exportation pour relever notre change, ce ne sont pas les Sociétés de Surveillance et les Listes Noires qui y contribuent. Nous sommes en guerre ; il faut d'abord aller au plus pressé qui est de battre l'ennemi. Mais nous aurons peut-être à examiner, dans la suite de cet ouvrage, jusqu'à quel point l'intérêt français bien entendu commandera plus tard de perpétuer dans le temps de paix une organisation policière aussi développée. Je viens de dire qu'il y aurait alors à punir des coupables. La nécessité ne s'imposera peut-être pas de pousser cette punition jusqu'à nous punir et à nous paralyser nous-mêmes.

VII. — Les produits nationaux des neutres limitrophes.

Par les procédés de restriction qui viennent d'être étudiés, on voit que le blocus peut devenir efficace. Il y reste, cependant, une large fissure légale, à savoir l'exportation en **Allemagne** par les neutres limitrophes de leurs produits nationaux : produits susceptibles de nourrir ou de ravitailler l'ennemi pendant des mois. Une telle exportation est légalement compatible avec la neutralité et elle peut même aller très loin, puisqu'un neutre est en droit d'envoyer des munitions à un belligérant si l'adversaire ne possède pas le moyen pratique de l'en empêcher [1]. Ce moyen pratique existe pour nous dans le cas des neutres n'ayant aucune frontière commune avec nos ennemis. C'est la surveillance de nos croisières. Mais nous sommes plus désarmés quand une telle frontière permet les exportations directes. Il nous faut alors procéder, ou par pression diplomatique, ou par voies d'achat.

Je ne dirai qu'un mot du premier procédé. Son application est restreinte. La pression diplomatique ne saurait être efficace (du moment où il ne peut être question d'hostilités) que si le pays neutre a lui-même un besoin pressant des Alliés et est amené à leur faire des concessions en échange. Le charbon anglais nécessaire en Norvège est ainsi un argument de poids, comme le charbon allemand en Suisse. La plupart des matières premières venues d'outre-mer n'arrivent à ces neutres qu'à travers le filet des croisières alliées. Si même celui-ci ne les retient pas, la lenteur et la minutie des vérifications peuvent devenir telles qu'elles constituent effectivement une prohibition. Plus simplement, pour nourrir la Suisse, nous sommes obligés de nous imposer, dans nos ports embouteillés, sur nos voies ferrées encombrées, une gêne incontestable. Il suffirait presque de laisser ces empêchements exercer

---

[1] « Un pays neutre n'est tenu d'empêcher aucune exportation ou transit d'armes ou de munitions de guerre. » (Conférence de la Haye.)

toute leur action pour forcer les germanophiles de Berne et de Zurich à mourir de faim.

En principe, la neutralité exige qu'une mesure prohibitive de nature quelconque s'applique à la fois aux deux groupes de belligérants. Quand l'un des deux aura seul à en souffrir, cette règle juridique devient d'une application facile, comme ces tarifs généraux des chemins de fer, qui ne s'appliquent en fait qu'à un cas particulier. Ainsi les mesures prises par la Suède, alliée occulte de l'Allemagne, pour fermer l'entrée de la Baltique aux Alliés. Quand une substance peut être utile aux deux groupes, les organisateurs du blocus ont à peser s'il vaut mieux, tel le chien du jardinier, se priver eux-mêmes pour priver les autres. C'est de cette façon que nous avons obtenu en Espagne l'interdiction officielle d'exporter du tungstène, sauf à en pâtir nous aussi.

Mais il est une seconde méthode d'une application plus étendue et plus efficace, qui consiste à acheter la marchandise sur le marché libre en concurrence avec les Allemands pour l'empêcher de passer chez eux. Ce procédé occasionne quelques dépenses, généralement bien faibles par comparaison avec les autres dépenses de guerre. Mais son application ne dépend plus de la politique et, outre ses effets immédiats, il peut avoir les conséquences les plus heureuses pour l'après-guerre. Les Anglais en ont usé à diverses reprises ; nous à peu près pas. Notre Administration des Finances n'a su, en effet, l'aborder, jusqu'ici, que dans l'esprit de parcimonie le plus mesquin, et cette ankylose administrative domine tellement tout le sujet que nous devons commencer par en dire un mot.

Toute la difficulté (qu'il faut une âme de fonctionnaire pour comprendre), tient à une étiquette de ministère. La « Guerre » est autorisée et invitée à consommer des munitions, des armes, des appareils, des matières de toutes sortes sans compter ; mais elle doit les fabriquer ou les acheter le plus économiquement possible. Les « Finances » ne sauraient approuver un achat que l'on eût pu opérer ailleurs à des prix moins élevés. Le « Commerce » et l' « Agriculture » sont tenus de protester si l'achat fait à des étrangers aurait pu être réservé à des nationaux...

Ah ! s'il s'était agi d'une « dépense de guerre », personne n'aurait hésité à payer quelques francs de plus pour acheter les bestiaux de Hollande ou de Suisse, les poissons du Danemark, les pyrites de Norvège, ou, en 1915, les blés de Roumanie, bien que nous n'en eussions pas un besoin direct, simplement parce que les Allemands en éprouvaient, eux, la nécessité urgente ! Mais n'est pas réputé dépense de guerre, pour nos financiers officiels, un achat qui, en sacrifiant le prix d'une heure de guerre, peut réduire la guerre de plusieurs semaines ou mois.

Il est, d'ailleurs, incontestable que, plus la marchandise disputée est indispensable aux Allemands, plus ils seront prêts à la payer cher, plus notre dépense de guerre sera proportionnellement considérable. Mais, presque toujours, lorsqu'on précise les sommes dont il peut s'agir, on voit qu'elles ne dépassent pas quelques centaines de mille francs, ou un petit nombre de millions.

On a un peu honte d'insister sur une telle observation. C'est pourtant un service à rendre pour répondre à des inerties qui ont cherché à se couvrir d'excellentes raisons rétrospectives. Si la guerre était conduite, comme une affaire industrielle, par un directeur technique ayant pleins pouvoirs, celui-ci ne manquerait pas de faire ce raisonnement élémentaire qu'il faut savoir ce qu'on veut et ne rien commencer ou bien tout finir. A quoi bon établir, à très grands frais, l'immense filet du blocus pour y laisser, à la fin, faute d'une dépense modique, une dernière maille relâchée, par où s'échappera le poisson qu'on allait prendre ?

Fort heureusement, la marche des événements, en réduisant peu à peu le nombre des neutres avec lesquels de telles opérations auraient été utiles, en a diminué aussi l'importance. L'histoire fâcheuse de nos négociations manquées pour l'achat des blés roumains, histoire que l'on a pu lire autrefois dans tous les journaux, appartient désormais au passé. Chacun se souvient comment nous avons laissé les wagons de blé roumains partir en Allemagne. L'on est aujourd'hui bien fier de pouvoir dire que c'était, de la part des Roumains, un moyen de se faire livrer par les Allemands de l'argent et des armes destinés à être utilisés contre eux. Nous n'en jouions pas moins un jeu dangereux en laissant ces relations d'affaires s'accentuer avec les Empires du Centre au moment des défaites russes. Et l'on ne doit pas oublier, en outre, que, si l'Allemagne a pu ne pas diminuer davantage ses rations de pain, les 4 600 000 tonnes de céréales fournies par la Roumanie en ont été la cause principale. On sait qu'après avoir laissé partir 80 000 wagons sur la récolte de 1914 et 50 000 sur celle de 1915, les Anglais s'étaient pourtant décidés à en acheter et entreposer 80 000. Mais l'achat fût resté insuffisant, si la déclaration de guerre du 28 août 1916 n'était venue trancher la question.

Avec la Hollande on a été non moins hésitant, bien

que la Hollande nourrisse manifestement son trop gourmand voisin. C'est seulement en juin 1916 que la B. P. A. (British Purchase Association) a traité avec la D. A. (Dutch Association) pour s'assurer une certaine proportion, généralement faible, des vivres hollandaises : lard, beurre, fromages, viande, etc. En échange de quoi, l'Angleterre promettait de laisser passer aux Pays-Bas, des fourrages et engrais destinés aux bestiaux. Vers le même moment, des mesures du même genre ont été prises pour arrêter l'exportation en Allemagne de la pêche hollandaise.

En Norvège, les achats ont été également tardifs, mais paraissent devenir efficaces. En 1915, l'Allemagne avait absorbé la production des pêcheries norvégiennes. En 1916, on a appris que l'Angleterre avait pris les devants. Menaçant de ne plus fournir le charbon et les matières premières, elle a traité avec les pêcheurs et avec les fabriques de conserves pour l'ensemble de leur production. Elle a acheté également la totalité de l'huile de baleine. Un peu après (septembre 1916), un contrat assurait à l'Angleterre la préférence pour l'achat des pyrites norvégiennes considérées comme minerais de cuivre et enlevait ainsi une ressource importante aux fabriques d'acide sulfurique allemandes.

Le cercle d'ennemis, par lequel l'Allemagne a réussi à se faire entourer, devient de plus en plus étanche. Mais ce n'est pas une raison pour s'endormir. Que l'on n'hésite pas, le cas échéant, à assumer la responsabilité de pareils achats ! Ceux qui tiennent une plume doivent de leur côté en faire comprendre le rôle au public ; car la foule a besoin qu'on l'instruise. Et, en pareille matière, **les protestataires sont seuls à se faire** entendre. Les vendeurs français se plaignent qu'on leur fasse concurrence ; les neutres protestent qu'on les violente ; les électeurs trouvent qu'on gaspille les deniers publics ; le chœur des pessimistes et des timorés déclare qu'on prend des mesures inutiles. Trop souvent on préfère alors en haut lieu éviter ces attaques par l'abstention. C'est plus sûr et cela donne moins de peine.

CHAPITRE III

LES EFFETS DU BLOCUS

I. Résultats à attendre du blocus. — II. Effets du blocus sur la fabrication des munitions. — III. Le blocus, expérience sociale.

I. — Résultats à attendre du blocus.

J'ai, dans le chapitre précédent, essayé de montrer combien le blocus effectif avait été long, difficile et coûteux à réaliser, quels en étaient les inconvénients diplomatiques et les complications pratiques, sans parler de la guerre sous-marine à laquelle il a servi de prétexte. C'est un côté de la balance, auquel il faut ajouter que, si on avait laissé les Empires centraux se ravitailler librement, non pas en armes mais en matières alimentaires et textiles, il en fût résulté pour eux des dépenses, qui eussent nui à leur change et précipité la ruine de leurs finances. Peut-être également eût-on un peu écarté un danger qui va se manifester dans l'après-guerre, comme le montrera la seconde partie de ce livre : à savoir la constitution d'énormes stocks appartenant aux Allemands dans les deux Amériques, en Espagne, etc., stocks destinés à peser d'un poids très lourd dans la concurrence mondiale aussitôt après la signature de la paix. Tout d'abord, beaucoup de marchandises, passant aussitôt en Allemagne, y auraient été consommées, tandis que nous forçons les Allemands à faire, contre notre intérêt, des économies. De plus, la baisse du change se précipitant, les Allemands d'outre-mer auraient pu être tentés de reporter leurs achats d'après-guerre à des temps meilleurs. Dans les circonstances actuelles, les Allemands peuvent soutenir avec une vague apparence de raison ce sophisme que la guerre ne les appauvrit pas, puisque la plupart de leurs dépenses militaires se font à l'intérieur et passent simplement d'une main dans l'autre (à la condition bien entendu d'oublier que, dans la mesure où le ravitaillement se fait, il est très onéreux). Enfin, nous ne pouvons contester, quoiqu'on ait exagéré ce point de vue, que la disette aura surexcité leur ingéniosité, suscité chez eux certaines découvertes chimiques utilisables plus tard et perfectionné diverses branches de leurs industries. Le blocus ayant ces inconvénients, est-il du moins susceptible de produire les résultats que l'on en attendait ? Ne laissera-t-il pas le souvenir historique d'une grande tentative stérile, comme le Blocus continental de Napoléon ?

Ecartons aussitôt cette comparaison avec le Blocus continental, qui pourrait venir à l'esprit. Les deux idées sont toutes contraires. Napoléon prétendait empêcher l'Angleterre de vivre en lui interdisant l'accès de quelques ports européens, sans posséder lui-même la maîtrise des mers. Nous faisons, nous, le siège d'une forteresse, dont toutes les frontières terrestres sont l'une après l'autre occupées, alors que nous possédons sans conteste le cercle entier des mers. L'entreprise de Napoléon était vouée à l'insuccès ; la nôtre doit **nécessairement aboutir avec le temps. Mais aboutir à** quoi et après combien de temps ? C'est ce qu'il nous reste à examiner.

Pour juger de l'étape franchie au moment où nous écrivons et la comparer avec le chemin à parcourir, il faut définir plus exactement le but à atteindre ; car à ce sujet, les idées que l'on se fait généralement et que la presse contribue à entretenir ne me paraissent pas justes. Elles tendent à déprécier les succès obtenus par comparaison avec les espérances folles dont on a bercé les imaginations dociles. Le blocus agit sur l'alimentation de l'Allemagne, sur son industrie, et enfin sur son armement. Précisons tour à tour quel but nous poursuivons sur ces trois points. Peut-être cet exposé, qui portera sa date dans l'histoire de la guerre, fera-t-il, dans quelques années, sourire par ses illusions ou, au contraire, par sa modestie. C'est un danger impossible à éviter quand on prétend devancer les événements. Un livre n'est pas tenu d'ailleurs, comme un article de journal ou de revue, à ménager les chimères patriotiques de la foule.

En matière d'alimentation, on nous répète périodiquement depuis deux ans que les Allemands meurent de faim. Je dis périodiquement parce que les nouvelles relatives à la disette allemande forment des flots intermittents, dont les marées correspondent : soit à quelque combinaison de nos ennemis pour apitoyer les neutres ; soit à quelque programme de notre censure pour distraire nos esprits et entretenir notre moral. Comme je le montrerai tout à l'heure, il n'est pas douteux qu'une disette croissante se manifeste dans la « Mittel-Europa » et que cette disette contribue à de légères émeutes, jusqu'à présent vite réprimées. En résultera-t-il jamais une famine analogue à celle du siège de Paris, qui provoque la brusque reddition de la place ? C'est une hypothèse, sur laquelle il me paraît difficile de compter. Sans abuser des chiffres, auxquels on fait trop aisément dire ce qu'on désire, rappelons-en pourtant quelques-uns.

Je n'envisage que l'Allemagne. Il est aisé de se rendre compte que ses alliés ou les pays occupés ne peuvent lui être d'aucun secours, ayant eux-mêmes à peine de quoi se suffire. La nourriture humaine comprend, comme termes essentiels, les céréales à pain et la viande ; mais, pour avoir de la viande, il faut des fourrages. Or, en temps normal, l'Allemagne, indépendamment de sa production nationale, importe 8 000 000 de tonnes de céréales à pain et, pour ses fourrages, 4 500 000 tonnes de céréales diverses (tourteaux, graines oléagineuses, son, brisures de riz). C'est là un appoint nécessaire qui, pour la plus grande partie, lui fait maintenant défaut, malgré l'intervention trop obligeante de la Hollande, de la Suisse et des Scandinaves. Il existe donc un gros déficit incontestable auquel, une fois les stocks dépensés, soit en Allemagne, soit dans les régions envahies, on n'a pu remédier que par les mesures restrictives dont je dirai tout à l'heure quelques mots. Celles-ci, suivant les tendances du jour, ont porté : soit sur le rationnement des céréales à pain, soit sur les économies de fourrage obtenues en abattant le bétail. Le rationnement du pain a sensiblement réduit, en 1916, la consommation de céréales ; mais la récolte a, par contre, été diminuée d'au moins 30 p. 100 par les conditions de guerre, disette de main-d'œuvre et surtout manque presque absolu d'engrais phosphatés et rareté incontestable des engrais azotés. Ce rationnement apparaît donc très insuffisant pour suppléer aux **importations de fourrages déficitaires et il a fallu recou-**

rir à l'autre méthode qui consiste à abattre le bétail. Cette seconde opération donne aussitôt un supplément de viande et une diminution dans la consommation de fourrage ; mais elle correspond à manger son capital au lieu de vivre sur les intérêts. Par un mécanisme implacable, on arrive ainsi à la ruine. Aucune organisation d'État, si savante qu'elle soit, ne peut y remédier et l'expérience de la guerre a montré, au contraire, en Allemagne comme en France, à quel point l'État, lorsqu'il intervient dans les rouages compliqués du commerce, aboutit rapidement, par son inexpérience, par son irresponsabilité effective, par son manque de complaisance et sa rigidité mathématique, à les fausser. Le combat des porcs et des pommes de terre en est un épisode célèbre et qu'un Suisse alemanique résumait en disant : « On a fait tout ce qu'il fallait ne pas faire. » Le gouvernement a ordonné d'abattre la moitié des porcs pour économiser les pommes de terre ; après quoi, les porcs ont manqué et les pommes de terre, ou mises en stock dans des conditions défectueuses, ou dissimulées pour échapper à des réquisitions arbitraires, se sont inutilement pourries. Actuellement, d'après les déclarations officielles d'Allemagne, les porcs seraient réduits de 50 p. 100, les chevaux d'environ 30 p. 100. On consommera donc moins de fourrages, mais sans réussir encore à supprimer le déficit de céréales et, comme contre-partie, on aura moins de viande. Avec ce système, et le blocus devenant de plus en plus complet, la disette doit s'augmenter automatiquement d'année en année, malgré la diminution de population qu'amènent les pertes militaires.

Mais, comme il est vraisemblable que, pour beaucoup d'autres raisons, la guerre ne durera plus de nombreuses années, je ne considère pas qu'on puisse amener 120 millions d'ennemis à la famine. Les Allemands, de l'avis général, mangeaient trop ; ils mangeront moins ; et leurs médecins professent déjà que ce régime sera excellent pour leur santé. Mettons qu'il manque un tiers de la consommation habituelle. On peut, sans mourir de faim, réduire aux deux tiers la nourriture, toujours trop abondante, d'un civilisé. En particulier, il se passera longtemps encore avant que la ration des combattants soit assez diminuée pour les affaiblir. Ce n'est donc pas sous cette forme directe que le blocus alimentaire me paraît devoir agir. Mais il a pour résultat indéniable de faire sentir à nos adversaires le poids de la guerre alors que, par une déplorable fatalité, les seules régions de ses territoires, sur lesquelles puissent pendant longtemps porter nos coups, sont, en Alsace comme en Pologne autrichienne de Galicie, en Bukowine roumaine, sur les frontières italiennes, en Arménie, des pays irrédentistes où nous sommes amenés à frapper nos frères, que les Allemands regardent souffrir d'un œil très indifférent. Le blocus alimentaire entretient, au contraire, une lassitude morale, qui perce à travers la discipline du pays. Cette lassitude ira-t-elle jusqu'à la révolution ? On ne voit pas très bien comment une révolution pourrait se produire contre les armements modernes, alors que l'armée mobilisée est entièrement dans la main des hobereaux militaristes, qui, en défendant leur Empereur, se défendront eux-mêmes : eux, leurs honneurs, leurs situations et leurs biens. Mais, si les soldats arrivaient seulement, par le fait du blocus, à considérer en majorité qu'ils ont tout avantage matériel à se rendre, l'armée allemande pourrait, au moindre désastre, connaître des pertes de prisonniers analogues à celles de l'armée autrichienne.

Le second point où le blocus peut agir est l'industrie allemande. Les exportations de l'Allemagne, qui s'étaient jusqu'au milieu de 1915 maintenues presqu'à leur taux normal, se sont, depuis l'acte en conseil du 11 mars 1915, progressivement réduites à peu de chose. Nous les arrêtons directement en empêchant les marchandises fabriquées de passer et nous exerçons sur elles une influence plus durable encore en ne permettant pas aux Allemands de recevoir les matières premières nécessaires pour continuer la fabrication. Leur change en souffre. Des marchés étrangers, qu'ils avaient conquis, tendent à leur échapper, malgré ce que peuvent tenter leurs nationaux trop nombreux, retenus par le blocus même à l'étranger au moment de la mobilisation et soldats de l'Allemagne au dehors. Enfin, dans tous les cas où ils n'ont pas de matières premières nationales (comme ils en possèdent pour l'acier, la houille, les matières colorantes, etc.), nous préparons, de ce fait, l'après-guerre. On ne saurait négliger aussi l'action sociale produite par l'arrêt de nombreuses usines, qui vient s'ajouter à la dépression provoquée par la disette de l'alimentation.

En cette matière également, on voit qu'il ne s'agit pas d'obtenir un résultat absolu, brutalement tangible ; et que nous ne cherchons pas à frapper un coup mortel, mais plutôt à infliger une série de blessures, venant s'ajouter à celles déjà énumérées pour contribuer à affaiblir un organisme robuste.

Il en est un peu de même pour les munitions, quoique, dans cet ordre d'idées, on doive, sans doute, le temps passant, constater des effets plus manifestes et plus définitifs. J'énumérerai tout à l'heure un certain nombre des substances que l'armement allemand tirait de l'étranger et qui doivent nécessairement finir par lui manquer. Aucune n'est, malheureusement, capitale. Les deux principales, la houille et le fer, existent surabondamment en Allemagne, du moins tant que les combats se poursuivent à peu près sur le même front. Le cuivre, dont on a cru trop vite priver nos ennemis, ne saurait, lui non plus, leur faire totalement défaut, puisqu'il leur reste la ressource d'absorber les énormes stocks de cuivre ouvragé qui se sont accumulés pendant les années de paix chez eux comme dans tout pays civilisé. Pour les explosifs, ils ont les éléments carburés dérivés de la houille ; l'extraction de l'azote de l'air, déjà organisée avant la guerre en Norvège, leur a fourni à temps les produits nitrés ; l'acide sulfurique peut, à la rigueur, être tiré des sulfates de chaux qu'ils possèdent en abondance. Quant aux petits métaux, nickel, manganèse, molybdène, antimoine, platine, etc., dont la rareté s'accentue chez eux de jour en jour, il n'en est guère qui ne puissent à la rigueur être remplacés approximativement par d'autres. Le pétrole leur manque ou leur manquera : ils le remplacent par le benzol tiré de la houille ou par l'alcool. Il y a pénurie de caoutchouc : leurs automobiles n'en roulent pas moins tant bien que mal sur des caoutchoucs régénérés, des spirales d'acier formant ressorts ou des jantes de bois. La disette de cuir augmente : ils font des chaussures de carton avec des semelles de bois...

Faut-il donc en conclure que, dans ce cas plus que dans tout autre, le blocus ne sert à rien, comme le proclament volontiers ceux qui constatent la dépense allemande de munitions au milieu de 1916 sur les fronts de Verdun ou de la Somme? Ce n'est nullement mon avis et je maintiendrais plutôt la conclusion que j'énonçais en février 1915[1] : « L'Allemagne va se trouver, sinon paralysée, du moins progressivement gênée et ligottée par des liens de plus en plus nombreux, qui la tiendront enchaînée en tous sens, comme les fils attachés par les Lilliputiens au grand corps de Gulliver. » « Cet effet ne se manifeste guère encore, objecte-t-on... ». Peut-être plus que vous ne le croyez... Pour le concevoir, ne regardez pas ce que l'Allemagne bloquée a réussi à faire ; calculez plutôt ce qu'elle eût fait avec la liberté de ses mouvements... Aurions-nous alors gagné progressivement l'égalité, puis la supériorité de munitions et d'armement ? Il est trop évident que l'Allemagne, formidablement armée industriellement et préparée d'avance à une mobilisation de son industrie pour la guerre, aurait maintenu son avance du début, l'eût même progressivement accrue. Tandis que nous étions obligés de créer entièrement une industrie des explosifs inexistante et des fabriques de canons lourds, dont il existait à peine le programme, en ne possédant même pas en France les deux matières premières indispensables, le fer et la houille, eux n'avaient qu'à continuer et à développer, pouvant puiser sans compter dans les champs de houille de Westphalie, dans les minerais de fer lorrains. Leur énergie, leur habileté, leur faculté d'organisation n'auraient probablement pas été inférieures aux nôtres...

Est-ce un avantage négligeable de les avoir forcés à

---

1. Revue des Deux Mondes : « L'Allemagne manquera-t-elle de munitions ? »

arrêter leurs industries de paix pour laisser vivre leurs industries de guerre, d'avoir réduit la qualité et la quantité de toutes les armes qu'ils tournent contre nous? Et l'avenir dira si, sur certains points particuliers, la troisième année de guerre n'apportera pas des résultats plus manifestes. Il en est des réserves matérielles comme des réserves humaines. Tant que l'on a la possibilité de combler les vides, l'effet des pertes, si énormes soient-elles, ne se distingue pas. Il se révèle tout d'un coup quand, pour maintenir une densité d'hommes suffisante, l'ennemi est forcé de réduire la longueur du front.

Ainsi donc le blocus n'amènera peut-être rien d'absolu, rien de sensationnel; mais on peut attendre de lui un ensemble de résultats partiels exerçant, malgré tout, une influence décisive sur la durée de la guerre. Comment ces résultats partiels se traduisent-ils? C'est ce que je vais essayer de préciser sur quelques exemples particuliers. Mais, auparavant, il faut encore, pour apporter une dernière explication à l'insuffisance apparente des effets visibles, rappeler deux observations essentielles qui ont joué un rôle important, désormais fini, pendant la première année de guerre. Le premier point, c'est l'absorption des stocks visibles et occultes existant avant la guerre dans les Empires centraux et chez leurs voisins: le second, c'est le pillage systématique des pays envahis.

Les stocks visibles d'avant-guerre étaient certainement considérables en Allemagne. En temps normal, le commerce a généralement trois mois de réserves. Prévoyant, préparant la guerre que leur gouvernement savait devoir décider au moment jugé opportun, les Allemands avaient probablement accumulé de quoi subvenir à leurs besoins pendant la durée de quelques mois, réputée devoir suffire à leur offensive foudroyante. Il existait également des stocks en Hollande ou dans les pays du Nord, qu'il était facile d'épuiser. J'entends, de plus, par stocks occultes, ceux qui ne sont plus chez les commerçants en gros, mais dans le détail ou même chez les particuliers et qu'une hausse de prix suffisante amène à ressortir au jour. Ces ressources n'ont pu être que momentanées. Précisément parce que les premières victoires furent rapides et entraînèrent alors des espérances démesurées, la prévoyance fut lente à se manifester, les usines travaillèrent à plein dans la mesure où le leur permettait la mobilisation et l'épuisement se fit vite. On en a la preuve manifeste quand on examine telle ou telle substance en particulier : par exemple les engrais phosphatés qui ont encore absorbé dans la première année de guerre 800 000 tonnes d'acide sulfurique contre 1 000 000 en temps de paix. Pendant plusieurs mois, on continua ainsi à fabriquer des superphosphates, jusqu'au jour où l'on s'aperçut à la fois que les phosphates allaient être épuisés et que l'acide sulfurique déficitaire devrait être exclusivement réservé pour les besoins militaires.

La seconde ressource considérable a été fournie par le pillage systématique des pays envahis. On peut dire que la Belgique et le Nord de la France ont été entièrement vidés de cuivre, de coton, de laine, de bestiaux, etc. Anvers, Lille, Roubaix, etc., ont été mis à sac. Les machines ont été démontées : tant pour en voler le cuivre que pour empêcher la remise en marche après la libération. 150 000 balles de coton ont été « réquisitionnées » en Belgique, 120 000 en Russie. On a enlevé en Belgique et dans le Nord 450 000 tonnes de pyrite ; de la laine, du cuir, des matières de toutes sortes pour des centaines de millions. L'esclavage antique a été ressuscité en forçant les malheureuses populations envahies, sous la menace du revolver, à extraire le fer et la houille, à produire les grains et les fourrages destinés à leurs conquérants. Dans le Nord de la France, il ne reste plus aujourd'hui d'animaux domestiques ; en Belgique, le bétail a été diminué au moins de moitié. Je ne parle pas de la Serbie, déjà réduite à la misère par les guerres antérieures et aujourd'hui épuisée de fond en comble, ni de la Pologne dévastée.

Mais, précisément parce que ces exactions ont été implacables et monstrueuses dès le début, leur effet est produit ; elles ont alimenté et ravitaillé quelque temps l'Allemagne, elles ne fournissent plus rien. L'Allemagne ne peut plus compter que sur elle-même ; le temps n'est plus d'envahir mais d'être envahie ; et, quant à ses alliés, qui ne peuvent se suffire à eux-mêmes, ils ne sont pour elle qu'un poids mort.

La troisième année de guerre marque donc, à cet égard aussi, une période où le blocus va fonctionner régulièrement sans intervention accidentelle et nous pouvons maintenant en étudier les effets dans quelques cas spéciaux relatifs aux munitions, où cet effet paraît devoir le mieux se manifester.

II. — **Effets du blocus sur la fabrication des munitions.**

Nous allons passer en revue les principales matières premières nécessaires à la fabrication des munitions. Il serait facile, à ce propos, de « documenter » notre travail en y multipliant des tableaux de chiffres semi-officiels. Nous nous en abstiendrons, autant pour ne pas fatiguer le lecteur par de telles énumérations qui ne sont pas toujours fort exactes et qui, en outre, vieillissent vite, que pour ne pas commettre d'involontaire indiscrétion. Il suffira d'en montrer les conclusions.

Toutes les matières premières nécessaires aux munitions ont beaucoup augmenté de prix en Allemagne. Je n'insisterai pas sur cette observation. D'abord le prix ne compte plus dans une guerre où le fonctionnement continu de la planche aux assignats permet à tous les pays de jongler avec les milliards. Mais surtout ces prix, étant soumis à la taxation et à la réquisition, ne sont souvent que des minima sans valeur. Partout, dans les deux Mondes, les dépenses se sont accrues et, lorsque les journaux allemands veulent relever le moral de leurs compatriotes, ils leur montrent, en de superbes tableaux, la vie beaucoup plus chère en Italie ou en Angleterre que chez eux. Cependant, quelques prix comparés de produits chimiques en juin 1914 et juin 1916 méritent d'être cités. L'acide borique a passé en Allemagne de 76 francs les 100 kilos à 1 000 (le borax étant employé pour la fabrication du fer émaillé qui remplace le cuivre et l'étain) ; l'acide nitrique brut à 36 p. 100 de 35 à 165 ; l'acide citrique de 625 à 1 900 ; le mercure de 170 à 550, etc. Le caoutchouc, qui valait une dizaine de francs le kilo, est monté à 137 francs. De même la disette de matières grasses et l'interdiction de s'en servir pour la fabrication du savon ont fait monter le savon mou de 73 francs les 100 kilos en 1914, à 565 francs (mai 1916), etc.

Les munitions, que nous envisageons plus spécialement, emploient des explosifs et des métaux. Pour les explosifs, il faut : des dérivés de la houille, tels que le toluol ou le phénol (nécessaire à l'acide picrique), qui représentent des calories emmagasinées et des combustibles; de la cellulose ayant un rôle analogue dans la poudre sans fumée; des corps gras pour fournir de la glycérine aux dynamites; des nitrates constituant le comburant oxydant; de l'acide sulfurique destiné, sous une forme ou sous une autre, à déshydrater. Comme métaux, on a besoin de fer, de cuivre, de nickel, d'aluminium, d'étain, d'antimoine, des petits métaux qui entrent dans la métallurgie des aciers simples ou des aciers spéciaux (manganèse, tungstène, molybdène, chrome), de mercure pour les fulminates, etc.

J'élimine aussitôt la *houille* et le *fer*. Les Allemands en ont littéralement à revendre, puisque effectivement ils en fournissent encore à des voisins neutres tels que les Suisses. Cette abondance leur assure même sur nous une supériorité matérielle incontestable dont ils ont largement profité dans la première année de guerre. Ici, le blocus n'a rien à voir. Mais un premier cas où ce blocus commence à intervenir est celui de la *cellulose*, qui n'a toute sa valeur qu'à l'état de coton parfait. Le blocus n'a été appliqué au coton que très tardivement, le 20 août 1915, et sur la vive insistance de savants, parmi lesquels Ramsay a tenu une grande place. On envisageait surtout les usages textiles du coton et l'on craignait de mécontenter les Américains. Actuellement, il n'entre plus de coton en Allemagne, si ce n'est tout au plus 100 000 balles par an venant de la plaine d'Adana et de Konieh en Asie Mineure qui, dans les imaginations surchauffées d'Allemagne, est apparue comme devant concurrencer du jour au lendemain les États-Unis, l'Inde et l'Égypte. Or, la fabrication des poudres sans fumée à base de cellulose est fondée en temps de paix sur l'emploi d'un coton de qualité supérieure. Si l'on emploie d'autre cellulose, comme les Allemands se vantent de le faire, toutes les tables de tir deviennent erronées, ou seraient à remanier pour chaque type de nitrocellulose obtenue. L'importance de cette application militaire s'est traduite bien nettement, pendant la première année de guerre, alors que l'entrée du coton était libre, par l'accroissement considérable de la consommation dans les Empires centraux : accroissement qui ne tenait évidemment pas à l'essor de l'industrie textile. D'après les journaux allemands de cette époque, on aurait marché, en 1914-1915, sur le pied de 2 700 000 balles par an en Allemagne et 1 200 000 en Autriche contre 1 800 000 et 900 000 respectivement dans le temps de paix. Dès que le blocus a été établi, le gouvernement allemand a dû se préoccuper de restreindre l'usage du coton par une série de mesures limitant le nombre des jours de travail dans les usines, interdisant de produire d'autres tissus que des cotonnades de qualité inférieure, etc., etc. On a vu alors se créer, le 24 août 1915, une de ces nombreuses sociétés que la guerre a fait pulluler en Allemagne, « la Société d'importation de coton », qui s'est préoccupée d'acheter subrepticement en Amérique et, plus encore, d'exercer une pression sur les Américains. L'effet de ces restrictions n'a pas tardé à se manifester par le nombre d'ouvriers en chômage, alors que, pour la plupart des travaux, la main-d'œuvre fait cependant défaut. Il a fallu, par exemple, à la fin de 1915, expédier de Saxe en Belgique 3 000 ouvriers tisseurs que l'on a employés à des travaux de chemin de fer, pour lesquels ils se sont trouvés dans un état marqué d'infériorité physique.

D'une façon générale, la disette du coton est trop récente pour avoir amené des conséquences critiques et, même dans l'avenir, il semble, en ce qui concerne les munitions, qu'on rentre tout à fait ici dans la conclusion énoncée plus haut : peu de chances d'arriver à un effet décisif, mais probabilités de causer une gêne assez sérieuse pour influer sur les opérations. Je ne parle pas du malaise social que causent l'arrêt des filatures et le manque de toute une catégorie d'habillements.

La disette des *corps gras* est une de celles qui paraissent le plus menaçantes pour l'avenir de l'Allemagne et, en même temps, le plus inquiétantes pour ses munitions. En temps de paix, l'Allemagne, qui ne produit pas de graines oléagineuses, importait 80 p. 100 des corps gras végétaux et 50 p. 100 des corps gras animaux nécessaires à sa consommation. Rien que pour la bouche il lui fallait 1 800 000 tonnes de corps gras par an (beurre, margarine, graisses et huiles végétales, etc.), alors qu'elle en produit au total 1 600 000 pour subvenir à tous les emplois. L'industrie en utilise aussi et certains de ces usages sont de véritables usages de guerre, comme l'huile nécessaire au fonctionnement des tours qui fabriquent les munitions et celle avec laquelle on trempe les canons. Mais le point critique pour son ravitaillement, ce sont les corps gras nécessaires à la fabrication de la glycérine, pour les explosifs de guerre (cordites et balistites), les nitroglycérines et les dynamites. On estime à près de 600 000 tonnes la quantité de glycérine que doit nécessiter actuellement la guerre en Allemagne et il faut y ajouter, comme usage indirectement militaire, ce que consomment les mines allemandes forcées de travailler à leur maximum pour remédier partiellement à la disette de métaux étudiée plus loin. En temps de paix, ces mines absorbent au moins 150 000 tonnes de glycérine : probablement beaucoup plus aujourd'hui.

Le blocus des corps gras a pu être réalisé avec assez de facilité pour les huiles végétales que l'Allemagne tirait presque totalement des colonies anglaises et françaises. Il est évidemment moins complet pour les beurres et les graisses animales, que peuvent fournir la Hollande, le Danemark, etc. Mais, par contre, la production du beurre indigène a dû diminuer d'un bon quart, soit de 180 000 tonnes, faute de fourrages. Et, finalement, quand on établit le calcul, on arrive à cette conclusion que les Empires centraux vont disposer d'environ 460 000 tonnes de corps gras par an pour faire face à une consommation, qui, sur le pied de paix, était à peu près quadruple.

On s'explique ainsi la réglementation minutieuse à laquelle les Allemands sont soumis depuis la fin de 1915, les Fettlose Tage (jours sans graisse) de plus en plus multipliés, l'interdiction d'employer les huiles et graisses pour le graissage, le chauffage, le travail des métaux, sans les falsifier officiellement par 75 p. 100 de matières étrangères.

La question des *nitrates* aurait été singulièrement grave si la guerre eût éclaté dix ans plus tôt, alors qu'on cherchait encore sans succès à extraire pratiquement l'azote de l'air. Malheureusement, en 1914, le problème était résolu et plusieurs procédés fonctionnaient déjà, que les conditions économiques empêchaient seules d'utiliser en Allemagne. Ces conditions économiques n'existant plus en temps de guerre, on a pu organiser à temps, pour la fin de 1914, l'exploitation directe de l'air, mine d'azote inépuisable, d'où (l'énergie sous la forme de houille ne manquant pas) on tire aujourd'hui les quantités nécessaires d'acide nitrique, à un prix toutefois fort élevé et sans pouvoir fournir en même temps des engrais azotés. Par exception, il semble, sur ce point, que les Allemands ne mentent pas quand ils disent être en état de subvenir à leurs munitions sans le secours des nitrates chiliens qui étaient auparavant le seul gisement naturel important de nitrates dans le monde et même sans l'appui des nitrates norvégiens qu'ont pu s'assurer les Alliés.

Mais le problème de l'*acide sulfurique* est, au contraire, un de ceux, pour lesquels le bluff allemand essaye vainement de dissimuler une pénurie croissante. Les termes du problème me paraissent pouvoir s'exposer comme suit :

En temps de paix, les Empires centraux produisaient (1913) 1 910 000 tonnes d'acide sulfurique (calculé en acide monohydraté) et en consommaient 2 145 000. Les importations allemandes venaient presque totalement de la Belgique, qui, elle-même, recevait de l'étranger toutes les pyrites destinées à fournir l'acide.

A l'état de guerre, quelques-unes des plus importantes applications ordinaires de l'acide sulfurique ont peu à peu disparu. Il n'est plus question des engrais (superphosphates et sulfate d'ammoniaque), qui absorbaient à eux seuls 1 395 000 tonnes. On peut également compter sur une réduction dans l'industrie des matières colorantes, qui demandait 520 000 tonnes. Malgré l'importance que représentait l'exportation des couleurs pour soutenir le change, l'Allemagne en est aujourd'hui réduite à les expédier aux États-Unis par sous-marin ; les usines ont dû dès lors réduire une production dont les stocks s'accumulaient en vue d'une après-guerre de plus en plus lointaine. Mais tous les moyens de calcul concordants conduisent à cette conclusion très logique que les Allemands ont dû conserver au moins leurs anciennes fabriques d'acide sulfurique (s'ils ne les ont pas accrues), en les appliquant seulement, pour la plus grande partie, à l'industrie de guerre. Il leur faut donc des minerais de soufre suffisants pour produire environ 2 000 000 de tonnes d'acide sulfurique par an. On peut ajouter que, tendant à remplacer le coton par de la cellulose sulfitée tirée du bois, ils ont, de ce chef également, besoin de minerais de soufre.

Comment se procurent-ils cet acide ? Les minerais normaux sont les pyrites, les blendes et, très accessoirement, pour un chiffre infime, le soufre natif.

Sur une consommation de paix montant à 1 400 000 tonnes, l'Allemagne produisait 268 000 de pyrites en 1913 (Metzgen en Westphalie) ; la Hongrie, 113 000. Près de 1 000 000 de tonnes venaient de l'étranger, dont 900 000 tonnes d'Espagne et Portugal et 24 000 tonnes de France. Le blocus produit là une grosse lacune que la Norvège a comblée pour près du tiers, en fournissant officiellement (1915) 259 000 tonnes de pyrite, qui correspondent (à raison de 1 300 kilogrammes d'acide par tonne de pyrite) à 340 000 tonnes d'acide. Comme je l'ai déjà dit, c'était un ravitaillement que nous pouvions couper par une dépense de 4 ou 5 millions de francs, en apparence stérile. Tel est le chiffre devant lequel on a pourtant reculé pendant plus d'une année.

Après les pyrites viennent, comme source d'acide sulfurique, les blendes. L'Allemagne utilisait, avant la guerre, environ 550 000 tonnes de blende, dont 378 000 de minerais nationaux. Sur le reste, 160 000 venant d'Australie et quelques milliers de tonnes d'Italie, du Japon, d'Espagne et de France lui ont fait défaut : soit (à raison de 475 kilogrammes d'acide par tonne de blende), environ 90.000 tonnes d'acide.

Enfin, elle n'a plus le soufre natif dont elle importait 45 000 tonnes.

Même avec le secours de la Norvège, on peut calculer qu'il lui manque aujourd'hui les minerais correspondant à près de 800 000 tonnes d'acide.

Cet état de choses a été masqué longtemps par la consommation des stocks accumulés en Belgique et par l'entrée frauduleuse de nombreuses cargaisons espagnoles qui remontaient le Rhin après avoir traversé la Hollande comme minerais de fer. On a fait aussi grand bruit des économies réalisées en reconcentrant l'acide sulfurique après emploi. Celui-ci, ayant pour but principal de déshydrater, se charge d'eau par son application. En lui retirant cette eau, on peut donc le réutiliser et bien des fabriques allemandes se livrent à cette opération, quoiqu'elles rencontrent certaines difficultés pratiques à remplacer la lave de Volvic ou le platine manquants pour la concentration.

En dehors de cela, on est réduit à la ressource plus aléatoire d'organiser le traitement des sulfates de chaux (gypse et anhydrite), si abondants dans les gisements salins d'Allemagne (Stassfurt et autres). Cette opération est coûteuse mais réalisable : soit en la combinant avec la fabrication des ciments, soit en réduisant le sulfate par le charbon, traitant par l'acide chlorhydrique et brûlant l'acide sulfhydrique obtenu.

Quand on aura surmonté, à prix d'argent, les difficultés que l'on paraît rencontrer, d'après les Allemands eux-mêmes, pour mettre ce procédé en marche, on manquera moins d'acide sulfurique dans les applications militaires; mais, alors même, on sera nécessairement conduit à en restreindre l'emploi de guerre et à le supprimer dans les industries de paix.

Le cas du *cuivre* a beaucoup attiré l'attention pendant quelque temps. C'est, en effet, un métal indispensable à la guerre et que les Allemands tiraient presque totalement du dehors : 157 000 tonnes importées sur 198 000 consommées, ou 80 p. 100. Il n'a cependant été classé comme contrebande absolue qu'au début de novembre 1914 et la même mesure n'a été appliquée que deux mois plus tard aux minerais, aux fils et à la chaudronnerie. Comme dans le cas du coton, il a fallu ménager les susceptibilités des producteurs américains, puis négocier avec eux. Des calculs qu'il est inutile de reproduire m'avaient amené autrefois à admettre que la consommation de guerre allemande ne devrait pas être inférieure à la consommation de paix : soit, en chiffres ronds, 200 000 tonnes. D'autres calculs tout à fait indépendants sont arrivés à la même conclusion, qui doit représenter approximativement la vérité, malgré la grosse économie résultant, pour les Allemands, de l'immobilité du front, où l'on peut récolter en grande partie les douilles vides des obus tirés. Malgré l'activité avec laquelle on a poussé l'exploitation des seules mines de cuivre allemandes, au Mansfeld (25 000 à 30 000 tonnes) et malgré le faible appoint de la Turquie ou de la Serbie, c'est donc un déficit annuel de 150 000 tonnes, qui a dû se manifester après l'épuisement des stocks et des produits du pillage. Ceux-ci ont été, dans le cas présent, particulièrement fructueux puisqu'on a pu mettre la main sur toutes les installations et les objets domestiques des pays envahis. Les Allemands ont également drainé le cuivre de leurs alliés en les alléchant par de hauts prix d'achat. Mais il n'en a pas moins fallu en venir à des mesures de réquisition particulièrement rigoureuses et de jour en jour aggravées, depuis l'ordonnance du 14 décembre 1914 qui fixait simplement des prix maxima.

Le 17 décembre 1915, les autorités militaires ont publié des instructions au sujet de la remise obligatoire de tous les articles en cuivre, laiton ou nickel, appartenant à des particuliers, à des restaurants, cafés, hôpitaux, écoles, etc. Le 3 janvier 1916, on établissait 36 centres de rassemblement (Sammelstellen) et les instructions énuméraient 244 articles soumis à la réquisition forcée, tels que les ustensiles de cuisine et les articles de table les plus divers, les baignoires, les bouillottes, etc. Le 1er janvier 1916, les autorités militaires ont commencé à opérer la saisie des objets non remis bénévolement. On a ordonné, en août 1916, la remise de toutes les cloches d'église, exceptant seulement celles qui présentaient un intérêt historique ou artistique. On a remplacé par de la tôle de fer les couvertures et chéneaux en cuivre de sanctuaires révérés. D'autre part, les revues scientifiques allemandes insistent également sur l'économie de cuivre qui s'obtient en remplaçant ce métal par du fer dans les locomotives, dans les installations électriques à courte distance, etc., etc. Tout cela, répétons-le, ne signifie pas que l'Allemagne manque de cuivre pour ses munitions, où elle tend également à le remplacer, quand cela se peut, par d'autres métaux. Une partie des 190 000 tonnes par an qu'elle a ouvragées avant la guerre peuvent être récupérées. A eux seuls, les réseaux téléphoniques urbains et interurbains de l'Empire allemand, avec les grandes transmissions de forces, représentent 200 000 tonnes de cuivre. Mais, là encore, on voit quelle gêne, quel mécontentement ont pu produire ces réquisitions violentes chez les particuliers ; puis, dans l'avenir, quelles difficultés plus graves se poseront s'il faut en venir à démanteler ces usines si jalousement protégées, à réduire ces réseaux si indispensables à la vie publique.

La disette de *nickel* a des conséquences moins graves ; mais elle était plus facile à réaliser et elle a été bientôt plus complète, car l'Allemagne tirait tout son métal du dehors. Les deux centres de production mondiaux appartiennent : l'un à l'Angleterre, dans le district de Sudbury, au Canada, qui en fournit les deux tiers, l'autre à la France, en Nouvelle-Calédonie. Près des 25 000 à 30 000 tonnes extraites annuellement dans ces deux pays, les 700 tonnes que la Norvège arrive, paraît-il, à fournir on ne sait trop comment, font piteuse figure, et il faudrait envisager une durée de guerre bien longue pour que les Saxons eussent le temps de reprendre avec quelque intensité les pauvres petites mines autrefois exploitées dans leur pays. Contrairement à ce qui se passe pour tous les grands métaux, les États-Unis, pour le nickel, sont importateurs et non producteurs et ne peuvent donc alimenter l'Allemagne en cachette. Depuis longtemps un ordre en conseil du Gouvernement du Canada prohibe l'exportation du nickel (minerai ou métal) à moins de licence spéciale vers un pays n'appartenant pas à l'Empire britannique. Le jour où l'on a annoncé avec fracas que le sous-marin *Deutschland* allait emporter des États-Unis une cargaison de nickel avec du caoutchouc, le Canada a menacé de supprimer les licences à destination américaine. Toutes ces circonstances font que le nickel est rapidement devenu introuvable en Allemagne, quoiqu'on l'ait, comme le cuivre, réquisitionné chez les particuliers.

Or ce métal est particulièrement indispensable à l'armement des Allemands. L'enveloppe de leurs balles est en maillechort à 25 p. 100 de nickel; le métal de leurs canons est de l'acier au nickel, comme celui des bandes chargeurs de leurs mitrailleuses; il entre du nickel dans les cuirasses de leurs navires. Les aciers spéciaux employés dans certaines pièces des automobiles, dans les arbres de machines, etc., renferment également du nickel. Et nous ne parlons pas du nickelage superficiel moins indispensable sur les armes. Dans la plupart de ces emplois, la teneur en nickel est faible, il est vrai : 1 p. 100 pour les arbres de machines, 2 p. 100 pour le métal à canons, 5 p. 100 pour les plaques de blindage. Cependant l'artillerie emploie également quelques aciers à haute teneur de 25 p. 100. Tout cela finit par constituer un tonnage que nos ennemis sont fort en peine de se procurer.

L'*étain* lui aussi a rapidement manqué ; car l'Allemagne le tirait entièrement du dehors et les deux tiers de la production mondiale viennent de territoires anglais. Le reste, fourni par les Indes néerlandaises, la Chine ou la Bolivie, était facile à surveiller. La N. O. T. hollandaise a pris l'engagement que l'étain ne passerait plus sous aucune forme de Hollande en Allemagne. Indépendamment de ses usages civils, ce métal est nécessaire à l'armée, ne fût-ce que pour l'étamage :

par exemple dans l'intérieur de certains obus explosifs en acier qui, sans cette précaution, s'attaqueraient. Le bronze à canons autrichien, particulièrement dur et dont la composition exacte est tenue secrète, en consomme également. Il en faut un peu pour le laiton, etc. On prétend que le tétrachlorure d'étain aurait été employé comme gaz asphyxiant, etc.

La conclusion est que, chez les belligérants, les besoins de guerre ont été partout supérieurs aux besoins de paix. L'Allemagne, qui consommait près de 19 000 tonnes d'étain par an, est, depuis deux ans, réduite aux faibles ressources trouvées dans l'accaparement des stocks hollandais, dans le pillage des pays envahis, dans la contrebande et dans le désétamage du fer-blanc. Cette dernière opération, qui se pratiquait déjà à Essen par le procédé Goldschmidt au moyen du chlore gazeux sous pression, a pris une extension dont témoigne le zèle avec lequel ont été récoltées les boîtes de conserves envoyées à nos prisonniers. Mais 100 000 tonnes de fer-blanc ne donnent guère que 2 000 tonnes d'étain. Il est impossible que la prolongation de la guerre ne crée pas, pour ce métal, un déficit croissant.

Parmi les petits métaux, l'un des plus importants est le *manganèse* dont il est à peu près impossible de se passer pour la fabrication de l'acier. Les Allemands ont, il est vrai, annoncé à son de trompe qu'ils avaient réussi à le remplacer par le carbure de calcium. Mais des renseignements plus précis semblent bien montrer qu'il n'y a là, pour le moment, qu'un projet, si ce n'est un rêve. Indépendamment de procédés nouveaux hypothétiques, on consomme normalement en moyenne 8 kilos de manganèse par tonne d'acier. Pour les 15 millions de tonnes d'acier que produit l'Allemagne, cela représente 120 000 tonnes de manganèse métal, ou 240 000 tonnes de minerai à 50 p. 100. Or les Allemands n'ont qu'une production insignifiante, fournie par leurs mines très médiocres de la Hesse et du Nassau. Quand le blocus a été établi, il s'est trouvé que ces mines étaient devenues merveilleuses et l'on se demande même pourquoi les journaux allemands, qui en faisaient des descriptions prestigieuses, paraissaient en même temps si enthousiastes de pouvoir enfin se passer de manganèse (tellement abondant, suivant eux, dans leur pays). Mettons qu'il sorte de ces mines 15 000 tonnes de manganèse métal. Pour que la disette ne soit pas encore plus manifeste, il faut que la contrebande ait fonctionné avec une singulière activité. L'un des procédés en est bien connu. Le bioxyde de manganèse ressemble à du charbon ; il suffit de cacher les minerais dans les soutes des navires neutres. D'autre part, il s'est trouvé, par un hasard singulier, que la Suède ait fait venir, dans le premier semestre 1916, environ 1 400 tonnes de ferro-manganèse contre 250 qui lui suffisaient auparavant, et l'on pourrait aisément collectionner de petits faits semblables.

Il est facile également de constater que l'Allemagne manque de *tungstène* pour ses aciers spéciaux, quoiqu'avec un métal utilisé par aussi petites quantités, la contrebande à travers la Suède ou la Hollande soit particulièrement facile. Là encore, elle ne produit presque rien et devait autrefois tout tirer du dehors.

Je ne parle pas du *chrome* ou de l'*antimoine*, pour lesquels l'Asie Mineure peut, à la rigueur, lui être de quelque secours. Les Austro-Allemands ont assez de *zinc* et, en se restreignant, à peu près assez de *plomb*.

Quant au *mercure*, indispensable pour les fulminates, ils possèdent la belle mine d'Idria en Carniole. Ils peuvent aussi en tirer un peu de Hongrie, de Serbie, ou encore d'Asie Mineure, dont ils vantent les mines de la région de Smyrne avec leur exagération habituelle. Une avance possible des Italiens sur Idria les mettrait cependant dans une situation difficile.

L'*aluminium* joue un grand rôle dans le matériel de guerre allemand, dans l'équipement du soldat, dans les appareils d'aviation, dans les automobiles, dans les fusées d'obus, etc. L'Allemagne le tirait en grande partie de l'étranger ; elle continue à en recevoir beaucoup trop de la Suisse. Les minerais français de bauxite, qui détenaient une sorte de monopole par leurs qualités supérieures, lui font défaut ; mais on y supplée par des bauxites inférieures d'Autriche-Hongrie. L'aluminium est un métal tellement répandu dans l'écorce terrestre, à commencer par la moindre argile, que son extraction est, en grande partie, une question de dépense. Les Allemands, avec leur richesse en houille, ont de l'énergie à bon compte (quoique la houille blanche, rare chez eux, soit plus économique). Alors qu'il s'agit de la guerre et que la dépense ne compte plus, on peut estimer que l'aluminium ne leur fera pas défaut. Notons cependant le prix considérable qu'atteint déjà chez eux l'aluminium.

Enfin, le *platine* n'est plus aussi nécessaire qu'autrefois quand on ne savait pas s'en passer pour la concentration de l'acide sulfurique. Dans beaucoup d'applications, les Allemands le remplacent, disent-ils, par un alliage à 90 p. 100 d'or et 10 p. 100 de platine, ou par du cristal de roche fondu. Il garde néanmoins d'assez nombreux emplois de guerre. Et l'on sait que toute la production mondiale est monopolisée par l'Oural. C'est ainsi que le prix est monté en Allemagne à plus de 10 000 francs le kilo. Néanmoins la disette n'est pas absolue ; car la production russe est tellement habituée de tout temps à s'enfuir en contrebande qu'avec de tels prix, des petites quantités réussissent à passer chez nos ennemis. C'est un des cas où joue le mieux la contrebande par lettres recommandées, par introduction dans d'autres marchandises anodines, etc.

III. — Le blocus, expérience sociale.

Nous venons d'indiquer rapidement les résultats matériels et directs du blocus. Mais il serait dommage, quand une si belle expérience sociale — une expérience destinée, espérons-le, à rester unique — s'est trouvée organisée à grands frais pendant un temps aussi long, de ne pas l'envisager aussi en sociologue. La réflexion s'impose d'autant plus que nous allons avoir à nous poser des questions du même genre pour l'après-guerre. Le blocus a amené, en Allemagne, la mainmise absolue de l'Etat sur tout le ravitaillement de la population et, par contre-coup, sur l'industrie, le commerce, etc. Jamais peut-être, depuis Lacédémone, on n'avait vu les pouvoirs publics réglementer ainsi, dans ses moindres détails, la vie des citoyens, fixer les prix, limiter les achats, réquisitionner les réserves, restreindre l'éclairage, rationner le pain, calculer en théoriciens les besoins de l'existence et réaliser leurs calculs artificiels. Les circonstances se montraient particulièrement favorables à l'étatisme, alors que le salut commun était en jeu, que toutes les résistances particulières devaient aussitôt s'apaiser. Dans une ville assiégée il faut évidemment accepter la mainmise du Commandement sur toutes les volontés, les forces et les ressources individuelles. L'État allemand tenait en mains le pouvoir absolu et illimité de la dictature militaire. La nation avait l'habitude et le goût de la discipline la plus passive. Devant l'application des mesures les plus rigoureuses, elle n'a jamais protesté qu'on fît trop, elle s'est plaint qu'on ne fît pas assez. Il est même arrivé ce résultat paradoxal que, dans la première année, tous les frais de propagande dépensés pour lui donner des conseils d'économie ont été perdus parce qu'elle attendait placidement qu'on lui donnât des ordres. Enfin, l'administration allemande affecte des prétentions particulièrement outre-cuidantes à être capable d' « organiser » le monde. Qu'en est-il résulté ?...

En France, nous avons fait, dans le même temps, quelques petites expériences analogues, dont il vaut mieux ne pas parler pour ne pas paraître critiquer nos concitoyens. Je ne suppose pas que l'on soit extrêmement satisfait des résultats obtenus par l'arrêt brusque de toutes les affaires commerciales et financières au moyen d'un moratorium déclanché comme une guillotine, par la crise des loyers à la suite d'irrésolutions bavardes, équivalant à une paralysie lancinante, par la crise du fret que l'on a augmentée en écartant les navires neutres, par le renchérissement et la disette du charbon, du sucre, etc., grâce aux efforts de l'État pour réaliser son admirable programme de taxation arbitraire. Peut-être inversement a-t-on cru constater que les fournitures d'explosifs, de munitions, d'armement, avaient fait quelques progrès quand on a eu largement recours aux usines privées. Mais ces observations viennent apparemment d'un esprit frondeur qui est le défaut commun des Français. Tournons-nous de préférence vers l'Allemagne et parlons d'abord du seul cas pour lequel la censure allemande ne puisse pas (et, parfois, ne veuille pas) imposer complètement le silence : à savoir l'alimentation.

Là, les essais de réglementation par monopole étatiste se sont succédé, tous réputés meilleurs à la première heure, puis très rapidement déclarés incohérents. Le seul argument plausible des administrateurs attaqués est de répondre : « Auriez-vous réussi mieux ? » Et, de fait, la seule logique prouve avec eux (ou contre eux) que, lorsqu'on prétend actionner une énorme machine en faussant ou arrêtant ses principaux organes, on doit arriver à tout briser. Quand il manque le tiers de la nourriture nécessaire au pays, aucune mesure de fortune contre les producteurs ou les marchands ne peut servir à rien tant que l'on ne s'est pas résigné à manger tous un tiers de moins. La taxation, par exemple, a toujours du succès en temps de crise ; et l'histoire de notre Révolution n'est pas la seule à montrer que, pour échapper à la famine, le plus sûr remède trouvé par un peuple quelconque est de jeter à l'eau, de brûler ou de piller confusément les denrées rassemblées par les « accapareurs ». L'histoire de l'Allemagne vient de manifester une fois de plus ce qui arrive quand une taxation excessive prétend faire autre chose que de échapper à certains abus très locaux et très momentanés. Dès que le fournisseur n'a plus intérêt à risquer son argent, à employer son outillage et ses relations, à travailler pour obtenir un bénéfice, il s'arrête ; à plus forte raison s'il doit commercer à perte. Il faut alors le contraindre à exercer son métier sous peine d'amende ou de prison ;

on devine le résultat. Si la taxation produit un abaissement momentané des prix, la foule, qui ne croit plus à la disette, gaspille ; dès qu'il est question de manquer, chacun dissimule des provisions et le mal fait la boule de neige. Le marchand de grains qu'on veut forcer à perdre sur sa farine ne donne plus à moudre. Le paysan qui ne trouve plus de bénéfice sur son grain, le cache jusqu'à des temps meilleurs, le fait manger par ses bêtes ou, si l'on entre dans le régime des perquisitions, cesse de semer ; on est amené à réquisitionner les champs, à les faire cultiver par des prisonniers. Toutes proportions gardées, c'est comme si on condamnait un galérien quelconque à exécuter une ordonnance de pharmacie ou à construire une montre.

Un autre défaut apparaît pour des taxations variables suivant les moments ; et elles le sont presque toutes. Quand les modifications sont tenues secrètes, des fonctionnaires indélicats spéculent sur la hausse ou la baisse qui va automatiquement se produire[1]. Quand on les annonce officiellement (cas des pommes de terre allemandes), c'est plus grave. A la veille d'une baisse, les marchandises regorgent sur le marché et se gâtent ; elles font totalement défaut à la veille d'une hausse. Je ne parle pas de tous les intérêts particuliers arbitrairement et parfois politiquement lésés, sans qu'il y ait contre les fautes de l'État aucun recours efficace. Je ne fais pas intervenir les pressions contraires des artisans et des agrariens.

Ce mécanisme rigide, incompétent et irresponsable de l'étatisme prétend imposer des régimes uniformes

---

1. Nombreuses arrestations d'août 1916.

à des circonstances mouvantes. Il ne tient compte, ni des cas particuliers, ni des circonstances physiques, ni des nuances morales. J'ai déjà rappelé la bataille des porcs et des pommes de terre. Un jour, le gouvernement ordonne de tuer les porcs pour ne pas les nourrir; le lendemain, il regorge de pommes de terre qui pourrissent. En 1915, on interdisait d'en donner au bétail. Quand vint la récolte de 1916, on s'aperçut qu'une partie de la récolte précédente avait été gâchée. Ou bien c'est avec du grain que les éleveurs n'ont pas le droit d'engraisser leurs bêtes; ils préfèrent alors les abattre. Après quoi, on s'étonne de manquer de viande. C'est un important journal allemand qui écrit en août 1916[1] : « Par l'établissement de prix maxima très élevés, on a encouragé la culture des pommes de terre hâtives et on n'a pas su réglementer cette culture, ni échelonner les livraisons de pommes de terre à la consommation. L'office impérial des pommes de terre semble ignorer des faits que les enfants savent. C'est ainsi qu'il ignore que les pommes de terre hâtives ne supportent pas les grands transports. Or, c'est la Silésie qu'on a chargé de ravitailler Francfort. Les pommes de terre sont arrivées gâtées... » Une autre fois, un fonctionnaire constate sur ses tableaux statistiques que les betteraves à sucre occupent trop de superficie; en 1915, il ordonne de les arracher. A la récolte suivante, un de ses collègues s'aperçoit avec fureur que le sucre aurait été un aliment précieux et qu'il manque; il fait restreindre le sucre employé dans les bonbons ou les gâteaux.

La Société centrale d'achats, la Z. E. G., a rapidement

---

1. Gazette de Francfort, 18 août 1916.

suscité des attaques analogues. On a été jusqu'à accuser son directeur d'être vendu à la France. On lui a reproché avec véhémence ses erreurs commerciales, les affaires qu'elle laissait échapper, au profit des Anglais, faute de souplesse, les hauts prix auxquels elle vendait : prix souvent supérieurs à ceux du marché libre, malgré toutes les restrictions apportées à l'activité de celui-ci.

Quant à la vie en commun réalisée par les cuisines collectives suivant les principes du socialisme, elle a, le premier enthousiasme patriotique une fois passé, abouti à l'insuccès qu'on pouvait prévoir. On a vu, par exemple, le *Vorwærts,* journal socialiste, gémir sur ce qu'à Cologne on avait fait des installations pour 40 000 personnes, où il n'est pas venu plus de 3 500 participants. De même à Dusseldorf, le chiffre n'a pas dépassé 3 500 et à Essen 2 000. Et les défenseurs du système ont été réduits à se consoler en pensant que, puisqu'on ne venait pas à leurs cuisines, il ne devait pas exister réellement de misère.

Ces critiques ne prouvent pas qu'on eût pu faire mieux ; elles montrent seulement que l'État ne possède nulle part des pouvoirs magiques et, suivant le proverbe allemand, que, « là où il n'y a rien, l'Empereur perd ses droits ».

A défaut de magie, qu'a-t-on essayé administrativement? Les efforts ont pu être maladroits. Ils n'en ont pas moins, de tâtonnements en tâtonnements, fini par porter fruit et, si l'on admet, question douteuse, qu'en matière de politique l'expérience d'un temps ou d'un peuple puisse être ailleurs utilisée, celle-là mérite qu'on la retienne.

L'histoire de la Législation économique allemande

pendant la guerre actuelle [1] nous entraînerait trop loin. Résumons-la en disant qu'elle a commencé par manquer son but, tant qu'elle n'a pas eu recours à la seule mesure susceptible d'équilibrer la consommation avec la production : à savoir, le rationnement individuel et universel par les cartes de pain, de viande, de graisse, de savon, etc... Ce n'est pas, bien entendu, que la Législation ait manqué de textes successifs et contradictoires [2], ni la Bureaucratie d'organes savants. On peut se fier à nos voisins pour concevoir tout ce qu'ils ont inventé dans ce genre : « Sociétés de guerre » des céréales, des textiles, des métaux, du cuir, etc. ; Syndicat Central du bétail ; Offices Impériaux des céréales, des fourrages, de la viande, des pommes de terre ; Office Impérial de répartition ; Union d'approvisionnement des agriculteurs allemands ; Commission de guerre pour les graisses et les huiles ; Office de répartition du sucre pour l'industrie allemande des confiseries, etc., etc., sans compter le K. A. K. J. (Comité pour la sauvegarde des intérêts des consommateurs) qui essaye de se défendre contre l'État. La plaisanterie serait facile sur les noms allemands que cela entraîne, dont la « Trockenkartoffelverwertungsgesellchaft » est un des plus courts. Leur besoin naturel de se mettre en troupeaux syndicalistes et leur vénération innée pour quiconque porte une casquette de fonctionnaire se sont librement manifestés. On a déchaîné la « Zwangsgemeinwirtschaft »,

---

1. Voir, sur ce sujet, un travail de M. Théodore Reinach. (Imprimerie Nationale, 1916.)

2. Citons seulement les ordonnances du 25 janvier 1915, du 28 juin 1915, concernant la réglementation du commerce des céréales à pain et de la farine.

c'est-à-dire l'organisation de la Communauté forcée, ou, si l'on préfère, le Socialisme d'État. L'État s'est arrogé tous les monopoles. Il a supprimé tous les droits individuels. Il a nommé, révoqué et remplacé des dictateurs. Quoiqu'on ait employé le grand procédé ordinaire des révolutions sociales, celui des « tours de vis » successifs en promettant chaque fois que ce serait le dernier, ces tours de vis ont été trop rapidement renouvelés pour donner le change. Le résultat, qu'on devait prévoir, s'est traduit par un mécontentement à peu près général.

Il est impossible, en effet, d'organiser la Société idéale de guerre, plus que la Société idéale de paix, sur le pied d'une égalité chimérique. Les ressources diffèrent, comme les besoins, suivant les régions, suivant les métiers, suivant les hommes. Les bureaucrates ne sont pas toujours omniscients ou même intègres et, le croirait-on, les statistiques ou inventaires officiels ne sont pas toujours exacts. L'arbitraire se donne donc libre carrière, avec tout le cortège de suspicions plus ou moins justifiées qu'il ne cessera de comporter tant que les hommes seront des hommes. Le principe appliqué à tous les besoins humains étant la réquisition et le rationnement, la mise en pratique entraîne nécessairement les perquisitions policières. Toute femme commençant à cuisiner un repas, tout consommateur s'asseyant pour le manger sont exposés à voir un agent de police sortir de la muraille, comme dans la Venise des mélodrames, pour leur dresser procès-verbal.

Il y a pis. Pour surveiller et réglementer la vie paysanne, même un fonctionnaire allemand serait impuissant. Il a fallu donner des pouvoirs très étendus, des droits régaliens à des pouvoirs locaux, à des municipalités qui, même dans un pays où l' « électeur » n'est pas le maître suprême, ont leurs amis et leurs adversaires, leurs intérêts indépendants de ceux de l'État. Les communes peuvent (25 septembre 1915) édicter, pour les commerçants et les industriels, des prescriptions relatives à l'exercice de leur négoce, exiger d'eux des relevés précis de leurs approvisionnements et de leurs contrats, réquisitionner leurs marchandises à des prix fixés par l'administration supérieure, enfin se substituer à eux ou leur substituer d'autres commerçants privilégiés. Une fois pris dans un semblable engrenage, il ne faudrait pas très longtemps pour arriver au régime des suspects et des « hors-la-loi » de la Terreur. Le jour où l'on connaîtra l'état d'esprit réel des Allemands pendant la troisième année de guerre, les haines accumulées contre les Agrariens, ou contre les enrichis trop nombreux des fournitures militaires et civiles, on pourra juger plus exactement d'une expérience socialiste, qui se présentait cependant cette fois dans des conditions idéales, puisque tout le monde en reconnaissait d'avance et continue à en admettre la nécessité inéluctable pour sauver le pays.

SECONDE PARTIE

LE TRAITÉ DE PAIX ET L'APRÈS-GUERRE

CHAPITRE IV

LA NÉCESSITÉ DE L'APRÈS-GUERRE.
SON PROGRAMME ET SON PLAN

En guerre, le programme est simple à énoncer, sinon à réaliser. Il s'agit uniquement d'abattre l'ennemi. Quant aux conséquences accessoires, « on verra plus tard ». L'après-guerre qui va suivre et qui se prépare, très âpre, très directement liée à la guerre, participera encore un peu de la même simplicité. L'Allemagne abattue, il faut la garder assez longtemps étendue à terre pour lui ôter l'envie et la force de recommencer. Nous y réussirons évidemment d'autant mieux que la lutte aura été prolongée jusqu'à une victoire plus complète. L'écrasement absolu de la puissance militaire allemande peut supprimer bien des problèmes. La fermeture d'un cercle hostile entourant l'Allemagne pour longtemps de haines ineffaçables doit également rendre certaines mesures de prohibition plus faciles et plus efficaces. Mais, quelles que soient nos espérances, il faut prévoir l'avenir sans aveuglement. L'Allemagne constituera toujours un bloc compact accolé à la France : un bloc économique dont nous aurons besoin et qui aura besoin de nous par le fait seul que nous occuperons deux territoires contigus, avec des ressources différentes, surabondantes en certains cas d'un côté de la frontière, déficitaires de l'autre. Nous sommes tous d'accord pour réduire de notre mieux l'emprise germanique sur notre commerce ; nous n'en trouverons pas moins intérêt à demander au delà du Rhin, ce que les Allemands pourront nous fournir économiquement : à commencer par le charbon, matière première indispensable de toutes les industries. Surtout nous ne pourrons songer à réduire nos importations en Allemagne, qui étaient la meilleure part de notre commerce étranger ; nous serons plutôt portés à les accroître pour le fer. Un mouvement d'échanges énorme sera refroidi, mais non annihilé ! En un mot, le front de combat ne gardera pas sa rigueur actuelle ; des conversations s'engageront d'une tranchée à l'autre ; des intermédiaires offriront leurs bons offices.

Depuis que l'humanité est divisée en groupes belligérants, c'est-à-dire depuis la première famille humaine, il en a toujours été ainsi. Même la guerre de Cent Ans a eu un terme suivi progressivement d'oubli, comme s'était effacée la haine vigoureuse des Gaulois contre Rome, comme s'étaient fondus les Gaulois avec les Francs. Si l'on ajoute, sans insister, que l'organisation de l'après-guerre se posera dans le réseau déplacé des nouvelles frontières, entre concitoyens de demain contraints hier encore à se combattre par la loi, que les intérêts des nombreux alliés actuels ne resteront pas en tout concordants, qu'en se réveillant d'une opération douloureuse prolongée pendant trois ans les combattants trouveront le reste du monde changé avec des renversements de situation insoupçonnés, on entrevoit la complexité des problèmes, parfois très délicats, très embarrassants, auxquels il est sage de réfléchir.

Ces questions ardues, la foule veut les ignorer et les

journaux dont elle est l'écho, les tiennent sous silence, ou les résolvent par des affirmations brutales, en sorte qu'on étonne et qu'on scandalise dès qu'on y fait allusion. La foule voit simple. Les problèmes lui apparaissent comme une face plane, comme un miroir sur lequel ses idées préconçues se reflètent. Pour qui veut embrasser toute la vérité, celle-ci se présente plutôt sous la forme d'un polyèdre aux multiples faces, dont chacune réfléchit des rayons aux origines divergentes. Mais, en France tout au moins, il suffit de manifester qu'on a entrevu plusieurs faces de ce polyèdre pour être traité de sceptique ou pour être accusé de dissimuler une arrière-pensée. Une infinité de braves gens, qui se payent de mots, poussent des cris furieux dès qu'en politique on ne va pas droit devant soi comme un boulet de canon jusqu'à l'obstacle contre lequel on se brisera. C'est pourquoi une certaine étroitesse de vues convient aux politiciens de métier, dont la carrière se fait par l'assentiment des foules. Les décisions leur sont facilitées par les œillères du préjugé, de la tradition, du parti. Leur temps les juge alors d'après l'adresse et l'énergie avec laquelle ils réussissent à obtenir, sur le chemin adopté, quelques succès provisoires. Quant à savoir si ce chemin mène le pays à son but plus lointain, c'est affaire de l'avenir qui, lorsque le hasard les a bien inspirés, les consacrera grands hommes.

Nos désirs de Français sont simples, je le veux bien. Nous voulons le rétablissement de la justice et du droit, la réparation des crimes commis, la libération des nations opprimées, la paix future assurée par l'encagement des bêtes fauves derrière de solides barreaux.

Oublierons-nous cependant qu'il va falloir, pour cela, décider, tantôt seuls, tantôt d'accord avec nos alliés, comment on découpera l'Europe à nouveau, rédiger les volumes où s'inscriront des traités de commerce entre tant d'ennemis et d'amis, assurer une organisation prospère à l'Alsace-Lorraine, démanteler ou reconstituer l'Autriche, distribuer les dépouilles de la Turquie ?... Il ne suffit pas de se nouer un bandeau sur le visage pour supprimer les difficultés en cessant de les voir, et les problèmes politiques ne se résolvent pas par le sentiment. Je laisse de côté le plus brûlant de ces problèmes, celui de l'Alsace-Lorraine, auquel je dois consacrer un chapitre en terminant ce livre. Mais je viens d'en citer deux autres qui, si on s'engage mal, peuvent compromettre pour longtemps l'avenir de notre pays. Au sujet de l'Autriche-Hongrie, on a lu des articles éloquents proclamant qu'il fallait anéantir, disperser aux vents la monarchie dualiste parce qu'elle fut abominable. Les horreurs commises ne sont pas douteuses ; mais notre intérêt à les punir par cette annihilation d'un puissant groupement humain, ces articles ne songeaient ni à l'établir ni à le discuter ; et c'est pourtant toute la question. Il s'agit de savoir si nous allons rejeter vers l'Allemagne tous les Allemands d'Autriche et réaliser la Mittel-Europa rêvée par les pangermanistes, ou si une autre combinaison ne permettrait pas, au contraire, de revenir à la politique traditionnelle de la France en opposant au groupe prussien et protestant un groupe catholique du Sud, comprenant tout ou partie de l'Autriche, qui lui ferait contrepoids. Voilà un point d'interrogation auquel on ne répond pas en vingt lignes ; un Congrès ne serait pas de trop pour l'examiner. De même pour le sort de la Turquie, pour cette question d'Orient devant laquelle l'Europe recule avec angoisse depuis plus d'un siècle. Croit-on que cette vieille difficulté soit aujourd'hui simplifiée par la trahison des Bulgares, par les lâchetés déloyales du gouvernement grec, qui permettront difficilement de donner à toutes les nationalités leur légitime part?

Sans vouloir traiter incidemment des questions aussi graves, il est cependant un point à peu près évident, c'est qu'un très sérieux danger nous menace quoi qu'en disent les optimistes, un danger difficile à parer et contre lequel il faut d'autant plus employer toutes nos forces à nous prémunir : à savoir la constitution de l' « Europe Centrale » allemande. Les défaites de l'Autriche ont ici une fois de plus servi la Prusse, en faisant de la monarchie dualiste, déjà agenouillée devant ses vainqueurs depuis Sadowa, une vassale de plus en plus soumise et obéissante. Si nous n'y prenons garde, demain l'Autriche allemande ira grossir contre nous le noyau de cristallisation prussien. La guerre de 1870 avait unifié l'Allemagne et groupé contre la France 68 millions d'hommes ; celle de 1914 peut aboutir à en coordonner plus de 100 millions... Ne recommençons pas, pour nous illusionner, le raisonnement de 1870 sur l'impossibilité d'associer des Bavarois et des Prussiens, en l'appliquant aux Hongrois et aux Allemands, aux agrariens et aux industriels, etc. Le nouveau Zollverein économique aura beau paraître discutable et rester discuté : menacées d'être mises en quarantaine ensemble, l'Allemagne et l'Autriche-Hongrie peuvent se trouver conduites à s'unir politiquement. La menace est redoutable et s'impose à l'attention des plus distraits. Il faudrait se boucher les yeux pour ne pas la voir. Ce n'est pas en parlant de châtiment, de droit, de justice, ou même de nationalités, qu'on la résoudra. Toutes les mesures de défense que nous pourrions prendre par ailleurs deviendraient vaines si nous devions voir se dresser, au milieu de l'Europe, un ensemble homogène de 100 millions de Germains, gardant plus ou moins leur emprise sur leurs colonies européennes de Bulgarie et de Turquie.

Mais, bien que l'imminence de ce péril m'ait amené à le rappeler ici, ce n'est pourtant pas de lui que je veux parler et nous allons aborder un point de vue beaucoup plus restreint pour envisager la paix future et l'après-guerre. Fidèles à notre programme, nous nous bornerons à ce qui concerne la richesse minérale et son emploi. Nous voulons, en deux mots, rechercher dans les chapitres suivants quelles conditions de paix il convient d'imposer, quelles mesures d'après-guerre il faut prendre pour nous assurer la houille indispensable à toutes nos industries, pour utiliser les minerais de fer dont nous allons disposer largement et pour concurrencer l'Allemagne sur les divers marchés mondiaux des métaux, où elle tendait à prendre une place encombrante. Nous traiterons plus spécialement, dans un dernier chapitre, les questions minières, posées par le retour à la France de l'Alsace-Lorraine.

Ces problèmes miniers à eux seuls, sont déjà assez compliqués et susceptibles de solutions assez diverses pour mériter toute notre attention. Dans l'examen de ce programme limité, nous ne serons pas sans éprouver quelques-uns de ces scrupules, de ces hésitations, que les vrais politiques, heureuses gens, ignorent et qui paralysent souvent d'autres esprits moins prédisposés à la politique, quand il s'agit de passer à l'action. L'organisation de l'après-guerre ne se fera pas sans toute une série de mesures « jacobines » ou tout au moins fortement protectionnistes, auxquelles il est dur, pour un « libéral », de sembler participer. Je crois avoir, dans ce livre, suffisamment exprimé mon opinion sur l'étatisme, le fonctionnarisme, les Commissions, les polices douanières et, d'une façon générale, sur le régime de contrainte, d'inquisition, de réquisition, de perquisition qu'entraîne l'intervention de l'État dans l'industrie, le commerce et la vie individuelle, pour qu'on puisse me suspecter de jacobinisme économique. Mais qu'y faire ? Comme disent les Allemands, « la guerre est la guerre » et l'après-guerre immédiate sera encore la guerre. De même qu'on est amené à prendre un fusil et à tirer sur d'autres hommes en ayant horreur de l'assassinat, de même il faut, je crois, nous résigner à organiser un régime artificiel, en nous efforçant seulement de permettre sa transition ultérieure à la véritable paix d'un âge futur.

La nécessité fatale de cette après-guerre éclate, ce me semble, à tous les yeux. Il ne sera pourtant pas inutile de rappeler avec quelle prévoyance et quelle minutie nos ennemis s'y sont préparés depuis le premier jour. Tout nous favorise contre eux, puisqu'ils tendent de plus en plus à être seuls. Mais nous fier à cette situation avantageuse pour ne rien organiser d'avance serait nous exposer demain à une défaite plus irrémédiable que celle de Charleroi.

Ces préparatifs des Allemands ont pu subir des modifications successives, à mesure que la guerre se prolongeait et que les événements tournaient dans un sens imprévu pour eux : ils n'en ont pas moins été poursuivis avec continuité.

Le premier plan, dévoilé publiquement dans les premiers mois de la guerre, était tout politique. Il s'agissait d'annexer à l'Ouest les gisements de fer de Briey pour assurer la suprématie mondiale de la métallurgie allemande et de prendre le port d'Anvers avec la Hollande pour disputer bientôt victorieusement à l'Angleterre la suprématie des mers ; d'annexer à l'Est les provinces Baltiques et la Courlande pour en faire des territoires de colonisation agricole. L'absorption de nos principales colonies africaines devait compléter le programme.

Les dangers de conquête ont été écartés par le sort des batailles. Mais il reste à nous prémunir contre d'autres périls, non moins sérieux, dont l'Allemagne, même vaincue, nous menace, si nous ne réussissons pas à l'enchaîner par de dures conditions de paix.

La guerre a été, pour les Allemands, une « affaire ». Ayant gardé, par un retard de plusieurs siècles sur nos civilisations modernes, la mentalité de leurs ancêtres barbares, ils sont partis pour une entreprise de pillage après avoir cru calculer que les bénéfices dépasseraient largement les dépenses et les risques. De même, ils arrêteront la guerre le jour où nous leur aurons suffisamment démontré que les chances de bénéfices ne peuvent plus compenser en aucune façon les risques à courir. D'une paix conquérante, ils se sont rabattus sur une « paix énergique », sur une « paix blanche », enfin sur une « paix boiteuse ». Mais, dans ce cas-là même, ils gardent la prétention de récupérer leur mise par des bénéfices accessoires, dont l'évaluation prématurée n'a nullement été tenue secrète. Convaincus que leur forteresse économique était imprenable, ils ont vaniteusement étalé leur système qui est le suivant.

« Pendant la durée de la guerre, disent-ils, les Alliés usent leurs finances en achats à l'étranger, usent leurs flottes marchandes en courses sur les mers, laissent user par nos dévastations les ressources et les richesses des pays envahis. Les Allemands, au contraire, gardent leurs finances intactes puisque toutes leurs dépenses ont lieu à l'intérieur; leurs usines restent indemnes derrière leurs frontières intangibles; leur flotte reposée, remise à neuf, attend des jours meilleurs dans des ports fermés par le blocus. En même temps, l'armée des Allemands mobilisables que ce même blocus a retenus outre-mer combat efficacement pour la patrie, non seulement en faisant sauter des usines ou des bateaux américains, mais en multipliant les achats, les constitutions de stocks, en accumulant dans tous les ports neutres des matières premières de tous genres, prêtes à partir au premier signal. Comparez, dès lors, la situation au lendemain de la paix. Aussitôt, du jour au lendemain, l'immense machine commerciale allemande, arrêtée pendant trois ans, se remet en branle sans frottement, sans secousse et remplit de nouveau le monde de son bourdonnement. Le pavillon allemand flotte sur toutes les mers, les marchandises allemandes regorgent sur tous les marchés; les voyageurs allemands pullulent partout, le sourire aux lèvres, au besoin dans les premiers temps avec un faux nez suisse ou scandinave. Cependant, les Français manquent de fret, manquent de matières premières, manquent d'usines. En rentrant dans leurs villes du Nord, ils ont trouvé le vide ; toute la machinerie savamment démontée par ceux-là mêmes qui l'avaient fournie autrefois, est retournée à son lieu d'origine, où, en dépit de quelques préjugés, on se verra contraint de la racheter une seconde fois, directement ou indirectement, parce qu'il sera impossible, dans les premiers temps, de s'en procurer ailleurs. Ajoutez la disette de houille qui continuera à grever la France après comme avant la guerre et le doublement, le triplement des impôts qui achèveront de l'écraser. Ce serait bien étonnant si, avec le caractère français, ce malaise économique, succédant à trois années de souffrances endurées dans les tranchées, n'amenait pas quelque crise révolutionnaire susceptible de l'aggraver ?... » Voilà de quoi nous sommes prévenus ; à nous de nous tenir en garde !

Dans ce programme allemand, on aperçoit aussitôt quelques fissures. Comme le premier plan politique d'annexions que le gouvernement allemand laisse rappeler bruyamment de temps en temps pour amuser le peuple par des illusions de victoire, ce plan économique, déjà moins ambitieux, suppose pourtant encore que les Alliés s'arrêteront trop tôt pour tirer parti de leur victoire. Nous avons le droit d'espérer qu'il en sera autrement. Et, pour ce qui concerne la flotte ou les machines, la parade, avec un peu d'énergie, apparaît alors aisée. Tout d'abord nos ennemis semblent oublier que, s'ils ont coulé des navires alliés par leurs sous-marins, le bilan de la guerre maritime se traduit, pour eux aussi, par quelques pertes. Les Anglais ont perdu 1 450 000 tonnes en vingt et un mois sur un total de 21 millions ; mais les Allemands en ont perdu 1 100 000 sur un total de 6 millions et le pis pour eux, c'est que les navires allemands, capturés et non coulés, sont venus grossir le tonnage de leurs adversaires :

de 490 000 tonnes pour les Anglais. Si, comme il est élémentaire de le supposer, les marines alliées exigent le remboursement au moins tonne par tonne de leurs navires coulés, par des navires allemands équivalents, les 1 730 000 tonnes de navires coulés qui enorgueillissent les gens de Hambourg ou de Brême achèveront de réduire leur flotte environ à la moitié de ce qu'elle était avant la guerre.

On peut admettre également, pour les usines détruites ou pillées, une indemnité en nature par réquisition dans les usines allemandes de l'intérieur et on ne voit pas pourquoi on ne poserait pas comme condition que ces usines allemandes, concurrentes des usines alliées, devront rester fermées, ou du moins restreintes à la consommation nationale, pendant un délai de trois mois.

Toutes les combinaisons sont possibles si notre victoire est absolue et complète. Leur appréciation dépend d'événements militaires encore inconnus. Il n'y a pas lieu de discuter à ce sujet tant que « la bataille continue ».

Mais, dans tous les cas, nous n'imaginons là que des mesures de guerre, derniers grondements d'une artillerie lourde aux obus plus lents. Il faut bien, pour un avenir ultérieur, envisager le retour à un état de paix apparente et nous tenir en garde contre le danger latent de l'infiltration commerciale allemande qui (fort habilement, il faut le reconnaître) allait, si la guerre n'avait ouvert tous les yeux, conquérir le monde. Notre politique étrangère française, très heureuse dans le groupement de nations qu'elle a réussi à réaliser, est, quand on descend aux contingences commerciales, parfois un peu trop abstraite et idéaliste. Il nous manque, dans les pays étrangers, à côté de l'agent diplomatique, un agent commercial spécialisé, auquel les efforts de nos consuls, très zélés mais souvent incompétents, ne suppléent pas assez. Pour tout dire, si les Allemands exagèrent la discipline, on se fie un peu trop chez nous aux initiatives privées, dont je n'ignore pas, d'ailleurs, les très louables efforts actuels. C'est toujours le système qui consiste à « se débrouiller » au dernier moment.

Les Allemands s'y prennent autrement et nous gagnerions sur ce point à nous inspirer d'eux pour la préparation de l'après-guerre. Il existe d'abord, chez eux, des groupements privés mais officieux, tels que les diverses « Unions des Importateurs » qui fonctionnent à Berlin, à Hambourg, à Brême, etc. ; les Centrales des Marchands de Céréales, de Textiles, de Métaux. L'on peut répondre que nous avons, nous aussi, des associations nationales d'expansion économique, un groupement général des industries françaises, etc. Mais il a été constitué de plus, en Allemagne, un organe officiel centralisateur, inconnu en France : le « Commissariat Impérial pour le passage de la gestion de guerre à la gestion de paix », ou, plus brièvement, le « Ministère de l'après-guerre », créé en août 1916 avec des pouvoirs très étendus. Le Ministre qui en est chargé, un Hambourgeois, M. Stahmer, gouverne ces matières avec énergie, comme M. von Batocki gouverne l'alimentation du pays. Il a, dans ses attributions, trois grosses questions techniques : le change, le fret et la répartition des matières premières.

En citant cet exemple, je ne demande pas, qu'on me comprenne bien, la création d'un portefeuille supplémentaire au Conseil des Ministres, ni même celle de quelques belles Commissions où l'on appellerait à **bavarder en commun de trop nombreux fonctionnaires,** professeurs ou savants. Mais il existe, en France, des hommes qui connaissent les questions industrielles et commerciales, qui en connaissent chacun une à fond parce que tous leurs intérêts sont concentrés sur ce point particulier ; parce que, souvent depuis leur enfance, leur fortune a dépendu de l'adresse, de la persévérance, de l'intelligence avec lesquelles ils arrivaient à la connaître. Je voudrais qu'on fît un peu plus appel officiellement à ces hommes, avec plus de sympathie et de confiance, ainsi qu'on le fait en Angleterre et en Allemagne, au lieu de les considérer comme des contribuables à rançonner ou comme des suspects. Combien de fois, quand il s'agit de discuter un tarif douanier ou une mesure intéressant l'industrie, n'entend-on pas, « en haut lieu », faire cette objection : « Un tel est très compétent sur cette question ; mais on ne peut s'adresser à lui parce qu'il y est intéressé. » Vaut-il donc mieux consulter un fonctionnaire, qui, n'ayant aucun intérêt personnel dans la question et l'étudiant quelques heures par hasard, apporte, au lieu de l'omniscience demandée, des heures régulières de bureau avec de la bonne volonté ?

Assurément la décision d'une affaire délicate ne peut appartenir à celui qu'on supposera influencé par un intérêt trop personnel et trop localisé. Mais laissez-le plaider à fond sa cause, qui souvent est déjà celle d'un nombreux groupement : il saura recueillir et grouper ses arguments. Entendez ensuite l'industriel dont les intérêts sont adverses (il y en a toujours au moins un). Vous connaîtrez par lui tous les points faibles de l'argumentation précédente. Après quelques confrontations de ce genre, un juge impartial et de bon sens (fonctionnaire, si vous le voulez) n'aura plus besoin d'aucune commission savante pour trancher la question.

Le rôle naturel de l'État est de concilier, dans la mesure du possible, les divers intérêts contradictoires, sans sacrifier l'un à l'autre et de rassembler autour d'un drapeau commun des tendances trop aisément individualistes, en leur imprimant un mouvement homogène.

C'est en quoi, malgré tous les défauts connus de l'État, je crois son intervention nécessaire pour l'après-guerre. Des Allemands, chez lesquels l'État est tout, pourraient plus aisément s'en passer que nous. Ils éprouvent instinctivement le besoin de s'agréger, de se rassembler ; désireux de commander, ils savent commencer par obéir. Le Français, en moyenne, préfère suivre sa route seul, en étant son propre maître. Les syndicats d'industriels ont du mal à se développer chez nous. Il est difficile de localiser chaque industriel dans une spécialité, où son monopole lui assurera une supériorité. On n'arrive qu'avec peine à constituer les types de produits uniformes et constants (les « standards ») aux parties interchangeables, qui sont particulièrement nécessaires dans le commerce d'exportation. Mais, si l'État donnait une direction vraiment impartiale, on l'écouterait sans doute, pourvu qu'il n'eût pas commencé par déclarer la guerre aux industriels, aux commerçants, aux « capitalistes ».

Nous avons besoin de nous grouper. Que l'État veuille bien ne pas décourager ceux qui proposent de se rassembler autour de lui ! Nous allons être amenés nécessairement, au moins sur un des points que je vais spécialement étudier, celui du fer, à faire de l'exportation intensive. Les exportateurs ne seront pas sans connaître quelques déboires et sans recevoir bien des horions, entre des chauvins de toutes nuances politiques qui crieront à la trahison en les voyant négocier avec l'ennemi, des représentants du peuple qui appelleront leurs syndicats et cartels des « accaparements », des ministres des Finances qui guetteront leurs bénéfices pour s'installer comme un coucou dans le nid d'autrui. Nous venons tous de constater à nos dépens la formidable puissance économique qu'avait acquise l'Allemagne. Elle tenait probablement en partie à ce que, au lieu d'être honnies comme en France, les grandes compagnies de navigation, les puissantes sociétés métallurgiques, les principaux groupes exportateurs pouvaient compter en tout et partout sur l'appui du glaive germanique, comme le citoyen romain, d'un bout à l'autre du monde antique, se faisait protéger en criant : « Civis Romanus sum. »

CHAPITRE V

LE PROBLÈME FRANCO-ALLEMAND DE LA HOUILLE

I. Le rôle de la houille. — II. Développement historique de sa puissance. — III. Cas de la Grande-Bretagne. — IV. Cas de l'Allemagne. — V. Cas de la France.

I. — Le rôle de la houille.

Les nations sont comme les individus. Les unes naissent favorisées, les autres disgraciées par la nature et, comme chez les individus, les pauvres de naissance ne peuvent rétablir l'égalité à leur profit que par le travail, l'adresse, la persévérance, l'énergie. Ces inégalités sont bien diverses : climat, fertilité du sol, distribution des fleuves, développement des côtes. Mais nulle n'apparaît plus grave et plus difficilement remédiable dans notre monde moderne que le manque de houille. Une telle pauvreté en combustibles était malheureusement, comme nous allons le voir, le cas de la France avant la guerre. Mais la guerre actuelle est une de ces circonstances décisives qui peuvent permettre à notre pays d'atténuer le désavantage tenant moins à la nature elle-même qu'au tracé des frontières depuis un siècle.

Faut-il rappeler d'abord cette puissance qui appartient à la houille ? Il est des richesses inépuisables que la terre voit se renouveler chaque printemps et fructifier chaque été. Ce sont celles pour la production desquelles son rôle réel est simplement celui d'un intermédiaire et d'un support, et que la plante d'abord, puis l'animal par le moyen de la plante, empruntent aux réserves illimitées de l'atmosphère. La terre, quand elle possède à un degré supérieur une telle fécondité, fixe, nourrit et développe une population nombreuse et durable. Elle ne l'attire que lentement ; car elle ne lui distribue chaque année qu'une portion renouvelable de sa fortune. Toute richesse minérale est, au contraire, un trésor dans lequel l'homme peut puiser à pleines mains, sauf à l'épuiser très vite. Au lieu de recueillir à chaque moisson l'intérêt d'un capital enfoui, on dépense là, presque à volonté, le capital lui-même ; mais cette faculté d'épuiser le capital et d'en jouir à son gré prête à la richesse minérale une force d'attraction supérieure et en fait un merveilleux instrument de peuplement, grâce auquel les villes se créent, les moyens de communication se développent, la population s'entasse surabondante, en quelques mois, quelques semaines parfois, jusque dans les pays les plus déshérités et les plus déserts du globe.

Cette vertu vivifiante appartient à des minéraux très divers. Nous avons pu en observer les effets de nos jours pour l'or de l'Australie Occidentale, du Transvaal et du Klondyke Canadien, pour le cuivre de l'Arizona ou de la Sonora, pour les nitrates chiliens du désert d'Atacama, pour les phosphates d'Algérie ou de Tunisie. Souvent le peuplement qui en résulte est rapide ; avec la plupart des minerais, il est éphémère : une fois le gisement épuisé, le camp minier disparaît presque aussi vite qu'il s'est construit. Pendant une courte période d'abondance, la substance extraite de terre rassemble seulement des mineurs ou des métallurgistes; destinée à être exportée au loin, elle ne suscite sur la mine que l'industrie restreinte nécessaire pour séparer un métal de sa gangue et pour l'élaborer sommairement. La prospérité ainsi créée par un coup de baguette n'acquiert donc un caractère relativement durable que dans la mesure où l'établissement de voies ferrées, de ports, de centres commerciaux qui en est résulté, a pu amener d'autres industries, a permis la mise en valeur du sol, a préparé une colonisation agricole, destinée elle-même à se perpétuer d'une façon indépendante. Le cas de la houille seul est différent : d'abord, parce que la mine de houille renferme très généralement un tonnage de matière utile incomparablement supérieur à celui d'une mine métallique ; ensuite et surtout parce que la houille, au lieu d'être le but définitif de l'effort accompli comme l'or, l'argent ou le cuivre, ou de n'exercer du moins son action efficace qu'à longue distance, est elle-même un instrument, un agent de travail, une énergie prête à revivre.

Dans le pays privilégié où la présence de la houille se trouve révélée, tendent aussitôt à se développer avec elle et par elle toutes les industries d'élaboration, de fabrication, de transport, qui vivent de la houille et qui, dans les conditions industrielles modernes, ne peuvent pour ainsi dire pas vivre sans elle, malgré l'appoint fourni dans ces dernières années par d'autres énergies, la houille blanche ou le pétrole. L'une après l'autre, et l'une par l'autre, les industries bourgeonnent alors en se multipliant, comme peuvent le faire les cellules dans la vie d'un être organisé. Comparer un pays qui possède la houille à un autre qui en est privé, c'est faire une expérience analogue à celle de Franklin répandant du plâtre sur certains points d'un champ de trèfle : on voit immédiatement la croissance se produire là où est tombée cette rosée fécondante.

La houille est notre pierre philosophale; elle est le magique talisman des temps modernes, grâce auquel nos héros de légendes pénètrent dans les châteaux féeriques où des trésors brillent amoncelés. Par sa vertu mystérieuse, par cette énergie condensée dans toute sa substance à une époque préhistorique, les palais endormis se réveillent, et l'éclosion qui se produit n'est pas seulement un symbole : il semble qu'au sens littéral la vie soit créée, entretenue, développée par ces fragments noirâtres, où les chimistes ne voient que du carbone, de l'hydrogène et de l'azote. Ainsi naissent des villes qui peuvent, comme la mine de houille elle-même, durer des centaines d'années et qui, le jour où celle-ci disparaîtra par épuisement, trouveront encore souvent, dans les facilités commerciales longtemps perpétuées et enracinées, des raisons de survivance. L'humanité a connu peut-être, en des temps très lointains, un âge d'or; son âge de fer dure toujours; mais cet âge de fer s'associe aujourd'hui avec un âge de la houille.

Car le charbon n'est pas seulement un instrument de paix; il est aussi, nous le constatons chaque jour, une formidable machine de guerre. C'est lui, c'est lui seul qui permet la fabrication intensive des canons et des obus. Dans le gueulard des hauts fourneaux, sur la grille des fours Martin, il alimente la production de l'acier; par ses goudrons, il donne les phénols et les benzines, les acides picriques et les toluènes; par sa puissance appliquée aux dynamos, il aide à transformer l'air pacifique en nitrates meurtriers. Associé avec le fer, il fournit, sous mille formes, la force belliqueuse qui, trop longtemps sans doute, si elle ne réussit plus à primer le droit, sera du moins nécessaire au droit pour triompher.

Il y a là, remarquons-le bien, un état de choses qui n'est nullement nécessaire en lui-même, malgré le caractère presque fatal qu'il affecte aujourd'hui. Les hommes ont vécu de longs siècles sans que cette tyrannie moderne de la houille s'imposât le moins du monde à eux. Le temps où l'on ignorait pratiquement le « charbon de pierre » est à peine éloigné de deux ou trois siècles ; l'époque où il est devenu l'agent indispensable de l'industrie remonte à quelques générations seulement. Son intervention toute-puissante dans une guerre devenue elle-même industrielle date d'hier. C'est encore un jeune souverain que ce maître actuel du monde. Et quand, dans un millier d'années, tout le charbon emmagasiné sous la terre pendant la longue durée des âges géologiques aura été dissipé en fumée, quand cette énorme réserve de force empruntée jadis au soleil pendant des millénaires évanouis se sera évaporée dans l'atmosphère, il faudra que l'homme s'adresse, comme le faisaient le monde antique et le moyen âge, à des sources d'énergie différentes : sources anciennes ou sources nouvelles révélées par sa physique et sa chimie ; il faudra que son outillage se transforme ; après s'être concentrés démesurément, il faudra que ses ateliers se déplacent et se dispersent. Alors les pays industriels seront sans doute ceux qui pourront utiliser plus directement l'activité présente du soleil par le mouvement des eaux courantes, par la chaleur équatoriale, par les forces radio-actives essaimées en d'invisibles rayons dans l'espace. Longtemps avant ce délai fatal, mais encore bien lointain, une évolution analogue, à laquelle il faudra bientôt songer, ruinera l'un après l'autre les pays européens, dont s'épuiseront les champs houillers. A notre époque, un pays ne peut pas plus vivre sans houille qu'un corps vivant ne peut se passer de sang.

Ce pouvoir fécondant de la houille dans la forme provisoire de notre civilisation est connu de tous, et l'on me reprochera peut-être de le célébrer ici avec moins de nouveauté que d'emphase ; mais il est des moments où certaines banalités sont bonnes à redire. Je voudrais, dans ce chapitre, essayer d'analyser cette force qui n'a plus rien de mystérieux, en rappeler brièvement l'évolution historique, d'abord d'une façon générale, puis sur quelques exemples particuliers. C'est une analyse nécessaire pour mettre en évidence toute la portée du phénomène. Mon but est de montrer par là en pleine lumière quelle était, avant la guerre actuelle, la situation de notre pays manquant de charbon, manquant d'hommes, en face d'un ennemi qui en regorgeait. Hier déjà, nous ne produisions pas les deux tiers de notre consommation ; c'est la moitié à peine de ce qu'il nous faudrait pour devenir, comme nous le pourrions, comme le développement de nos côtes, comme l'habileté de nos marins, comme notre richesse en minerais de fer nous le permettraient, résolument exportateurs. En comparaison, l'Allemagne, qui avait depuis longtemps à cet égard une richesse surabondante, l'a encore doublée dans les vingt dernières années par d'heureuses découvertes géologiques sans contre-partie chez nous. Il n'y a pas de culture, ou de Kultur, capable de tenir avec une telle infériorité. Mais il dépend de nous maintenant que cette infériorité soit reléguée dans le domaine du passé. Demain, par le traité qui récompensera la vigueur indomptable avec laquelle a combattu notre pacifisme, nous pouvons conquérir le moyen de développer nos industries, d'ouvrir un large champ à nos initiatives et, disons-le, la possibilité aussi de provoquer par là cet essor de notre population qui nous sera indispensable, non pas seulement pour prospérer, mais pour vivre.

II. — Développement historique du pouvoir de la houille.

Quelques mots d'histoire d'abord pour bien montrer, et l'ampleur du sujet et la généralité des conclusions que nous voulons appliquer au cas de l'Allemagne et de la France. Nul besoin de rechercher dans le passé quel emploi restreint l'antiquité ou le moyen âge ont pu faire de la houille comme combustible. Ce ne sont pas ces débuts médiocres qui nous intéressent. En brûlant du charbon au lieu de bois, les foyers domestiques ou industriels ne changeaient pas de caractère. Le pouvoir réel de ce minéral n'a commencé que le jour où l'on imagina d'utiliser la vapeur d'eau comme force motrice, substituant pour la première fois cette énergie souple, remuante et toujours renouvelable aux immobiles forces hydrauliques, aux agents animés trop vite las. Quand on eut inventé ce levier nouveau, la force élastique de l'eau amenée à l'état de vapeur, on fut conduit, pendant un siècle, à l'employer de plus en plus exclusivement, et la petite expérience physique de Denis Papin devint, pour quelque temps, le principal, presque l'unique moyen d'obtenir de la force en dépensant de la chaleur par une transmutation dont on fut longtemps à soupçonner la généralité et, par conséquent, la loi. Le retour partiel à la houille blanche est bien jeune, l'électricité n'est guère qu'un intermédiaire, l'activité des réactions chimiques garde des emplois très restreints. Depuis cent ans, nous empruntons à peu près toute notre puissance mécanique à des rayons de soleil fossilisés qui nous redisent la chaleur des étés carbonifères, comme résonnaient aux oreilles de Panurge, en se dégelant, les paroles des Arimaspiens et des Néphélibates.

La découverte de Papin date de 1687 et la première machine à vapeur de 1705; mais le premier bateau à vapeur de Fulton ne remonte qu'à 1803 et l'application de la chaudière tubulaire Seguin à la locomotive par Stephenson qu'à 1827. C'est de l'histoire presque contemporaine. Puis, déjà tout-puissant par la vapeur, le charbon de pierre a étendu ses conquêtes. Il est devenu l'élément essentiel de la métallurgie, où il a refoulé peu à peu le bois. Avec la fabrication du gaz, il a conquis l'éclairage. Par tous les sous-produits que donne sa distillation, il s'est emparé de l'industrie chimique et il a remplacé le règne végétal dans la fabrication des matières colorantes, des produits pharmaceutiques, des explosifs. Qui sait, si un jour, il ne nous fournira pas, aussi bien que du caoutchouc, du coton et de la laine ? Quand les tablettes d'azote de Berthelot figureront sur nos menus, il nous donnera peut-être aussi notre nourriture de carbone. En dehors de ses vertus propres, il exerce une action de présence qui vivifie. Dans le monde matériel comme dans le monde moral, un système de connexions et d'engrenages attire la force vers la force, l'industrie vers l'industrie, le succès vers le succès.

Ce qu'a été, pendant le XIXᵉ siècle, cette prise de possession du monde industriel par la houille, chacun le sait dans l'ensemble. Mais les proportions précises de ce grand phénomène sont-elles bien connues? Au début du XIXᵉ siècle, le monde employait quelque dix millions de tonnes de houille à se chauffer; il en absorbe aujourd'hui, en chiffres ronds, un milliard. En cent ans on a centuplé. La France seule utilise aujourd'hui six fois plus de houille que le monde entier n'en employait en 1800, et cet accroissement continue à subir de jour en jour une accélération comparable à celle qui précipite la chute des corps. En millions de tonnes, la production mondiale de 1800 étant représentée par 10, celle de 1875 par 280, on a atteint 770 en 1900, 1 052 en 1908, 1 186 en 1912. Ces chiffres mêmes font voir comment une question, qui pouvait paraître insignifiante il y a un siècle, secondaire il y a cinquante ans, tend à devenir prépondérante aujourd'hui. Il semble toujours que cette progression va se ralentir; elle trompe, au contraire, les prévisions d'avenir, en apparence les plus exagérées, par un nouveau bond en avant. Tous les continents y contribuent, et même ceux qui ont été le plus récemment mis en valeur interviennent l'un après l'autre : la Chine, la Sibérie, l'Afrique Australe. Mais, dans les vieux pays, c'est une fièvre. L'Allemagne, pour prendre l'exemple le plus typique sur lequel je vais bientôt revenir, a passé, dans les cinq dernières années qui ont précédé la guerre actuelle (1908 à 1913), de 215 à 279 millions de tonnes. La juxtaposition de ces deux chiffres représente une formidable victoire qui fut remportée sur les alliés actuels en pleine paix.

Comment une industrie houillère naît, se développe et devient à son tour source de vie, nous le verrons bientôt dans quelques cas particuliers. Cet enseignement que nous allons acquérir, tirons-en tout de suite des conclusions, sans oublier la comparaison des deux ou trois pays voisins à laquelle va être consacrée notre étude.

Les villes industrielles, qui représentent la principale force agissante et le grand élément enrichissant d'un pays moderne, peuvent être divisées en deux groupes principaux. Les unes sont anciennes, depuis longtemps fameuses, fières de leur passé, fortes de leur richesse acquise, parfois un peu endormies. Des conditions favorables (qui, pour certaines, ont cessé de l'être autant) y ont provoqué jadis un développement, entretenu depuis par la vitesse acquise, par la tradition, par les capitaux accumulés. Elles ont au moins possédé autrefois, si elles ne possèdent plus maintenant, des combustibles, des minerais, un accès rapide et sûr, le plus souvent par eau, vers la source de leurs matières premières et vers le débouché de leurs fabrications. Les autres, dont le nom même est souvent à peine connu, tant elles sont jeunes, se sont développées d'hier, logiquement, systématiquement, par l'application spontanée ou factice d'une nécessité économique : presque toujours sur un bassin houiller ou, parfois, à proximité simultanée de la mine et de la mer ou des voies navigables qui y conduisent. Les vieux pays, tels que la France et l'Angleterre, ont beaucoup de villes appartenant au premier groupe ; l'Allemagne d'autrefois en avait aussi qui subsistent ;

mais l'Allemagne moderne, qui vise à prendre une allure américaine, tend à se conformer de plus en plus au second type, et c'est sa force.

Il est facile de comprendre pourquoi les deux systèmes peuvent subsister côte à côte, pourquoi, suivant les cas, on peut défendre l'une ou l'autre des deux solutions. C'est un peu l'éternel conflit que l'on retrouve dans tous les domaines entre les conservateurs et les avancés, entre les anciens et les modernes, entre le capital et le travail.

Toute ville industrielle du passé a eu sa raison d'être logique autrefois. Mieux fournie ou mieux située pour vendre, quelquefois mieux défendue, elle est née de circonstances naturelles favorables qu'ont su mettre à profit des initiatives laborieuses, intelligentes et persévérantes. Si les mêmes circonstances se sont perpétuées, son avantage reste immense. De par sa fortune même, les moyens de communication y abondent ; les maisons d'affaires y ont l'autorité d'une réputation bien établie ; la population nombreuse y fournit, avec les producteurs, une partie des consommateurs également nécessaires. Un faisceau d'industries et de commerces s'y est créé qui se prêtent un mutuel appui. Même si les circonstances premières se sont modifiées, pourvu qu'elles ne se soient pas retournées en faveur d'un concurrent trop proche, une ancienne ville profite encore quelque temps de survivances facilitées par les traditions de famille, par un milieu favorable à l'apprentissage des enfants. Elle peut se survivre en raffinant des produits de plus en plus perfectionnés, où la part de la matière première s'affaiblit de jour en jour.

Les autres villes, les villes d'hier ont, pour l'abondance et le bon marché de la production, des facilités singulières. Où ont-elles grandi ? On pourrait presque, sans les connaître, l'établir d'avance par le calcul. Toute industrie d'élaboration ou de fabrication consomme de la houille, utilise des matières premières, expédie des produits. S'il ne lui faut que de la main-d'œuvre courante et commune, on peut admettre que cette dépense humaine est partout, dans une même région, analogue. Additionnons les trois prix de transport calculés pour les trois groupes de substances énumérées plus haut en raison de leurs poids respectifs et de la distance à franchir, nous obtenons une dépense totale qu'il s'agit de réduire à son minimum, en laissant au besoin s'accroître un des trois éléments, s'il en résulte une réduction plus forte pour les deux autres. Le plus souvent l'avantage restera à la houille parce qu'il en faut beaucoup, parce qu'elle est lourde, parce qu'elle donne des sous-produits dont l'utilisation complète n'est possible que dans un centre d'activité, parce que son gisement est localisé, tandis que les autres matériaux arrivent parfois de tous les coins du monde, comme les produits manufacturés s'y dispersent. La ville industrielle moderne est donc presque toujours une ville houillère, surtout si cette ville houillère a pu, comme un Newcastle, un Liverpool, un Cardiff, bénéficier de la mer, ou du moins si elle est facilement reliée avec un port comme le sont les cités prospères de Belgique, du Nord français, de la Westphalie.

Et cette nécessité de la houille s'impose même aux villes anciennes dont je parlais tout à l'heure. On voit de grandes usines métallurgiques garder leur valeur en se transformant après avoir perdu les minerais qui les ont provoquées. Sheffield n'utilise plus guère les minerais du Hallamshire, le Creusot ceux de Saône-et-Loire, Montluçon ceux du Berry, Liège ceux des Ardennes, Essen ceux de la Ruhr ou de Siegen, pas plus que la Vieille-Montagne ne fabrique aujourd'hui son zinc avec ses gisements épuisés d'Altenberg ou de Welkenraedt; mais elles ont toutes du charbon sur place et, de même, le vieux Manchester, le vieux Birmingham, le vieux Saint-Étienne ne se survivraient pas, si la campagne n'y était pas souillée de noir par le terrain carbonifère. Des industries métallurgiques viennent de se créer dans tout le Nord français en concurrence avec celles de Meurthe-et-Moselle, sachant dès le premier jour que les minerais de fer leur feraient défaut, mais pouvant néanmoins engager la lutte, parce qu'elles bénéficieront de leur situation sur la houille.

Il serait oiseux d'insister sur ces généralités. Mieux vaut montrer maintenant, par l'exemple comparé de la France et de ses voisins immédiats, quel rôle essentiel doit être attribué à cette question de la houille dans l'histoire économique, financière et, par conséquent, — car tout s'enchaîne, — politique de ces derniers temps. Je pourrais également parler des États-Unis, et j'y trouverais des exemples particulièrement typiques en faveur de ma thèse. Ceux que je citerais ne nous touchent pas encore bien directement; leur poids se fera sentir demain sur l'Europe, quand les Américains mettront à profit les résultats fatals d'une guerre exterminatrice entre Européens qui leur apparaît de loin fratricide. Mais les trois cas de la Grande-Bretagne, de l'Allemagne et de la France me suffiront amplement pour montrer comment les grandes prospérités récentes, — et les décadences qui leur font contraste, — ont eu pour raison d'être principale l'existence ou l'absence purement fortuites de vastes champs houillers. La grandeur croissante de l'Angleterre jusque vers le dernier quart du xixe siècle n'a pas tenu seulement à sa position insulaire, à son splendide isolement qui la libérait de nos charges, ou à certaines qualités morales très réelles de ses habitants. La Belgique n'avait pas atteint sa richesse d'hier par la seule sagesse laborieuse des Flamands. Félicitons les hommes d'avoir mis à profit les armes qui leur étaient données pour combattre ; mais commençons par regarder sur une carte géologique le passage de ce vaste sillon houiller qui traverse toute l'Europe du pays de Galles au Donetz. Partout où il passe souterrainement, il amène la richesse à la surface comme ces invisibles cours d'eau atteints par les puits artésiens, le long desquels une vaste traînée d'oasis jalonne le désert. C'est le Nord français, le Bassin belge de Charleroi, Namur et Liège, la région rhénane, la Westphalie et, après une longue interruption, la Silésie. Je dirai bientôt comment, depuis vingt ans, la puissance houillère, déjà énorme, de l'Allemagne, s'est trouvée doublée depuis la Westphalie jusqu'au Rhin. Cherchons dans cet accroissement, bien plus que dans le prestige dû à ses victoires et à son organisation militaire, plus même que dans sa souplesse et son esprit de méthode commercial, le secret de ce prodigieux essor, sous lequel le monde allait succomber écrasé, quand cette loi paléontologique qui a toujours fait disparaître les races arrivées à une taille démesurée, lui a suscité un dernier accès désastreux de mégalomanie morbide. On prouverait aisément par des exemples inverses que si, dans le monde contemporain, les nations latines, autrefois privilégiées, n'occupent pas toute la place à laquelle leur supériorité intellectuelle et une longue antériorité de civilisation leur donnent droit, c'est parce que l'Italie manque totalement de charbon, parce que l'Espagne en est mal pourvue, parce que la France en a trop peu.

En examinant ce côté unique de problèmes très complexes, je pourrai sembler parfois en exagérer l'importance. Ce n'est pas que je méconnaisse en aucune façon la valeur des facteurs humains, l'initiative, le travail, la science, l'esprit d'organisation, la patience même et l'endurance devant les échecs. L'homme peut beaucoup pour utiliser ou pour laisser perdre les forces de la nature. Le nier contre toute évidence serait décourager bien à tort ceux que la nature a déshérités et dont la volonté n'en est pas moins ferme. Il y sera fait d'ailleurs plus d'une allusion dans les pages qui vont suivre. Mais le soldat le plus brave reste impuissant, s'il n'a un fusil ou un sabre, le général le plus habile, s'il manque de canons, de munitions et de voies ferrées. Le machinisme moderne accroît chaque jour, au lieu de le diminuer, le poids des fatalités qui pèsent sur l'homme primitif, et dont un Lucrèce pouvait croire la civilisation bientôt affranchie. La science qui devait nous libérer n'a fait que nous remettre sous le joug. Elle a beau multiplier nos forces, transformer les éléments que la terre lui jette en pâture, entrer même timidement dans la voie des transmutations rêvées par les alchimistes. Notre ambition croît encore plus vite que notre ingéniosité. L'esprit, qui se joue à travers les transformations, ne parvient encore, ne parviendra sans doute jamais à créer ni force, ni matière ; et la part de la valeur humaine ne grandit pas aussi vite que les poètes l'avaient rêvé, dans un monde de plus en plus soumis aux concurrences vitales, aux avidités et aux faims.

*
* *

III. — Cas de la Grande-Bretagne.

La première application que nous allons faire de ces idées portera sur la Grande-Bretagne. L'exemple est instructif, parce que c'est assurément le pays où le rôle de la houille et du machinisme amené par la houille est le plus ancien, en sorte que son évolution y est particulièrement avancée et que l'essor industriel a semblé même, depuis quelques années, y dépasser son point culminant. Un autre enseignement très frappant nous viendra ici de ce que la géologie a nettement divisé l'Angleterre en un pays charbonnier et un pays sans charbon : d'où une coupure correspondante non moins nette pour la politique et pour l'industrie, qui montre la relation de cause à effet comme dans une expérience systématique.

La richesse moderne de la Grande-Bretagne est avant tout fondée, chacun le sait, sur deux privilèges naturels : sa position insulaire et sa richesse en houille. Le jour où Fulton combina ces deux forces en utilisant le charbon anglais à la propulsion d'un navire anglais, a marqué l'essor définitif de cette merveilleuse fortune[1]. De ce jour, la Grande-Bretagne a

[1]. C'est à Birmingham que Watt a asservi la vapeur, que Murdock a inventé le gaz et la locomotive. C'est à Glasgow que fonctionna le premier bateau à vapeur, à Liverpool qu'un de ces bateaux se hasarda pour la première fois à traverser la mer.

eu tendance à devenir, ce qu'elle était récemment encore, le transporteur général pour les pays d'outre-mer : exportant, non seulement le charbon, mais les produits élaborés grâce à ce charbon et rapportant en échange, comme fret de retour, les matières premières nécessaires à son industrie. L'île tout entière n'a pas participé à ce mouvement ; et c'est ici que commence à éclater le phénomène dont nous poursuivons la démonstration facile. Je viens de faire allusion à la division que marquent à la fois les cartes géologique, industrielle, agricole et politique d'Angleterre. La limite des deux pays forme une ligne à peu près Nord-Sud allant de Newcastle à Birmingham, Bristol et Dartmouth. A l'Est, nous avons l'Angleterre verte, la contrée agricole, le pays conservateur, le domaine des lords ; à l'Ouest, l'Angleterre noire, le pays des syndicats ouvriers et du socialisme. La carte géologique nous l'explique. L'Angleterre verte s'étend jusqu'à la limite des sédiments secondaires et tertiaires aux alternances régulières de blancs calcaires, de sables et d'argiles, où suintent les sources, où poussent les pâturages, où croissent les moissons. L'Angleterre noire, qui lui succède à partir de la chaîne pennine et de la Severn, c'est la région des terrains primaires plus durs et plus foncés, des schistes et grès mêlés de granits, au milieu desquels s'étendent les taches noires des bassins houillers. Longtemps l'Est, où s'étaient établis les vainqueurs, a dominé l'Ouest plus pauvre, où s'étaient réfugiées les races vaincues. L'Angleterre était alors un pays agricole, où la richesse et, avec la richesse, le pouvoir appartenaient aux conquérants, aux lords qui tenaient la terre. Les pays plats et fertiles de la Tamise et du Trent, l'Angleterre normande de

Durham, d'York, de Salisbury, dominaient en ce temps-là. Mais, il y a environ un siècle, l'usage du charbon fit jaillir, dans tous les pays déshérités de l'Ouest, des cités ouvrières où les populations entassées décuplèrent et centuplèrent. A partir de ce moment, on a vu, de plus en plus, en dépit de quelques retours momentanés, l'Ouest élever la voix ; puis, à partir de 1832, imposer sa volonté, la volonté de la foule, aux pays de l'Est. Les avantages et aussi les défauts du système anglais, que les événements récents ont mis avec quelque cruauté en évidence, sont nés de là. L'Angleterre est gouvernée par les hommes du charbon, du fer et de la toile : tantôt par le nombre, toujours aveugle, quand il lui faudrait voir au delà de ses intérêts immédiats ; tantôt par les fils ou petits-fils de ceux qu'ont enrichis leur travail ou leur initiative, trop souvent disposés à profiter sans peine des résultats acquis et à s'endormir sur les lauriers de leurs parents. Et cette transformation, qui domine l'histoire politique anglaise, est bien liée directement à la présence du charbon dans le sol ; car, là où ce charbon n'apparaît pas, à l'Ouest, dans ces îlots du Pays de Galles et du Cornwall que contourne, sans les recouvrir, la marée industrielle, les vieilles races ont conservé leurs idées et leur caractère ancien.

Si nous laissons de côté ces régions celtiques, les villes de l'Ouest sont, ou simplement des villes minières, ou des villes du fer, ou des villes qui se sont spécialisées dans telle ou telle branche d'industrie favorisée par la proximité des champs houillers et plus spécialement déterminée par quelque vieille circonstance locale. Les bassins de Newcastle, du Lancashire et du Yorkshire ont fait Newcastle-on-Tyne, Liverpool,

Manchester et Sheffield. Au centre est Birmingham ; au Sud, Swansea et Cardiff. L'association des minerais de fer du Cumberland a produit Barrow-in-Furness ; celle des minerais du Cleveland, Middlesbrough. Les deux grands ports de Newcastle et de Liverpool, l'un regardant vers l'Est, l'autre vers l'Ouest, sont aux deux extrémités du principal champ houiller, sur des embouchures de rivières qui en font d'immenses ports. Swansea et Cardiff, sur le canal de Bristol, se sont édifiées, l'une pour traiter les minerais de cuivre et de plomb arrivant de toutes les parties du monde, l'autre pour exporter ses charbons à tous les continents. Manchester, Sheffield et Birmingham, moins favorablement situées pour l'exportation, plus centrales, ont gardé chacune leur spécialité qui remonte à leur passé : Manchester, le coton, grâce à sa liaison avec Liverpool par canal et par voies ferrées ; Sheffield, l'acier ; Birmingham, les petits objets, plumes, armes, chaudières, les machines et les rails.

Sans faire un cours de géographie, nous n'avons qu'à parcourir quelques grandes villes, du Nord au Sud ; nous y retrouverons partout l'influence vivifiante de la houille.

Voici, en Écosse, Glascow. La seconde ville des Iles Britanniques doit sa prospérité à sa position sur le bassin houiller écossais et sur la Clyde, près des anciens minerais de fer du Lanarkshire. D'où les chantiers de construction et les manufactures de tous genres qui présentent ici une diversité particulière. Glascow avait 80 000 âmes en 1801 ; elle en a près de 800 000.

Au Sud-Est, Newcastle fut des premières à exploiter la houille dès le XIIe siècle. En 1739, elle dirige déjà une grande exportation de charbon qui s'étend jusqu'à Paris et Marseille. Bientôt, toute la Tyne, sur 19 kilomètres de long, devient un immense port, le long duquel se succèdent les usines : un vaste quai d'embarquement pour les charbons et pour les fers. Dans les dix dernières années encore, de 1901 à 1911, le nombre des habitants a grandi de 215 000 à 267 000.

Manchester est une très vieille ville ; mais, si l'industrie cotonnière, introduite au xiv° siècle par des ouvriers flamands, y a pris le développement que l'on sait, c'est parce que la vapeur, produite économiquement par les charbons du voisinage, a pu y être appliquée aux filatures. De 454 000 âmes en 1901, elle a passé à 715 000 en 1911.

Sheffield était un bourg féodal qui se livrait à l'industrie du fer. Sa suprématie dans le domaine de l'acier tient une fois de plus au voisinage des mines de houille. De 1801 à 1871, sa population avait sextuplé. Elle a atteint 380 000 âmes en 1901, 455 000 en 1911.

De Sheffield à Birmingham, dans les Midlands, c'est partout le royaume du charbon. Sur 25 000 kilomètres carrés, plus de 40 000 manufactures et ateliers déversent leurs torrents de fumée.

Liverpool enfin n'est pas seulement une ville de la houille, mais aussi un centre de gravité pour les îles sœurs de la Grande-Bretagne et de l'Irlande, un point de départ pour les échanges internationaux. Néanmoins, ces avantages naturels n'ont fructifié que parce qu'elle a pu se relier directement aux villes industrielles, nées elles-mêmes des bassins houillers. Elle était tout indiquée pour connaître le premier chemin de fer et le premier bateau à vapeur. De 5 000 âmes en 1700, elle est montée à plus de 750 000.

J'ai peut-être trop multiplié ces exemples. Ils se résument en quelques chiffres d'ensemble. Au début du XIXᵉ siècle, l'Angleterre, qui avait pris les devants dans l'industrie charbonnière, produisait plus de la moitié de la consommation mondiale : 7,5 millions de tonnes sur 13, les États-Unis n'intervenant pas alors. En 1911, la proportion sur la production européenne est restée presque la même : 264 millions de tonnes sur 666. Comme on le verra bientôt, les chiffres eussent même été plus favorables, il y a une dizaine d'années. Cela suffit pour expliquer le rôle mondial qui est échu à ce pays. S'il a paru décliner depuis quelque temps, la politique intérieure y a sans doute contribué ; mais l'extension des exploitations houillères en Allemagne, outre ses effets directs sur le commerce anglais, a été pour beaucoup dans certaines innovations malheureuses de cette politique.

C'est parce que l'Allemagne a rudement engagé la concurrence, grâce à sa richesse en houille, brusquement accrue, que les Anglais, un peu endormis jusqu'alors sur les avantages de leur fortune, ont commencé à trouver la vie moins facile, à perdre leurs forces en luttes intestines propres à aggraver le mal et se sont enfin lancés dans un impérialisme qui, pour quelques politiciens, sembla le remède. L'impérialisme cher à Manchester, le protectionnisme connexe si contraire aux vieilles traditions anglaises avaient pour but d'assurer à l'industrie anglaise les immenses débouchés sur lesquels elle s'était habituée à compter, grâce au bon marché de son charbon entraînant celui de ses frets et que l'Allemagne, industriellement plus jeune, donc plus entreprenante et techniquement mieux armée, commençait à lui disputer. Ces temps nous apparaissent déjà dans un recul si lointain qu'on peut bien se hasarder à en rappeler l'histoire. Avouons donc la vérité. Quand, après avoir failli réconcilier la France avec l'Allemagne à Fachoda, Joë Chamberlain engagea cette entreprise du Transvaal qui nous semble aujourd'hui marquer un tournant fatal de l'Angleterre, il obéissait au sentiment de malaise causé par l'entrée en jeu du concurrent germanique, alors que tant de débouchés se fermaient déjà par l'émancipation progressive des pays neufs. L'Angleterre a été, depuis ce moment, comme un malade qui s'agite et se retourne dans son lit. L'enchaînement des événements a pu être dissimulé par leur complexité, mais on a le droit de les énoncer dans l'ordre suivant : développement des charbonnages allemands ; tendance allemande à utiliser ce charbon pour étendre ses exportations ; visées coloniales et maritimes de l'Allemagne ; bénéfices moindres des manufacturiers anglais concurrencés ; conception impérialiste où le faisceau des colonies britanniques monopolisées devait former une coopérative générale de production et de consommation ; guerre de conquête au Transval dépensant des milliards pour y meurtrir la poule aux œufs d'or ; augmentation des impôts, exigences et désordres des syndicats ouvriers ; accroissement du prix de revient et, par conséquent, de la gêne industrielle ; d'autre part, pression insensée de la machine allemande lancée à corps perdu par sa richesse en houille dans la surproduction ; besoin allemand de conquérir pour vivre ; enfin, tension telle, sur les deux rives de la Mer du Nord, que l'éternelle question d'Orient a pu déclancher une guerre sans précédents, d'où l'Angleterre, n'en doutons pas, sortira pleinement régénérée.

S'il pouvait y avoir encore des Anglais discutant l'intérêt vital de cette guerre, c'est qu'ils ignoreraient les statistiques. Je rappelais, en commençant ce paragraphe, que la Grande-Bretagne a, pendant tout le XIX° siècle, produit à peu près la moitié de la houille européenne : ce qui comporte un accroissement considérable d'année en année. Or, depuis 1908, cet accroissement a cessé. Dans l'espace de cinq ans, entre 1908 et 1913, tandis que les États-Unis passaient de 370 à 557 millions de tonnes et l'Allemagne de 215 à 256, la Grande-Bretagne restait stationnaire. L'année 1914, restée normale, aurait été marquée par cet événement industriel, qui est à lui seul tout un symbole : la production germanique de charbon (en y comprenant, il est vrai, les lignites) dépassant pour la première fois la production britannique. Cette année-là, le rapide germanique, lancé dans sa course de bolide, a rattrapé l'antique express anglais courant pacifiquement devant lui sur la même voie et l'a tamponné. L'Allemagne enlevant ainsi de vive force le rôle industriel de l'Angleterre, l'Allemagne voulant prendre également, après s'être débarrassée de la France, la suprématie maritime : voilà l'expansion qui a fait éclater automatiquement les obus, plus que tous les picrates et les chlorates inventés par la chimie.

IV. — Cas de l'Allemagne.

En étudiant l'Angleterre, je viens de me trouver amené à parler de l'Allemagne. C'est que le lien entre les deux sujets est, on l'a déjà vu, très direct. La rivalité commerciale et, par contre-coup, l'hostilité politique de l'Allemagne et de l'Angleterre tiennent une place capitale dans les événements contemporains.

Le grand développement de l'Allemagne a commencé peu après 1871 : non pas immédiatement après la victoire, car il y eut, en 1875, une crise violente qu'il est permis d'appeler une crise de croissance, mais pourtant en rapport de date presque direct avec la formation de l'Empire allemand. Ce développement a été énorme. Sans doute, les Allemands l'ont encore exagéré dans leurs publications et leurs discours, d'après leur méthode de vantardise habituelle et en vertu du proverbe que la fortune vient aux riches. Le fait est néanmoins indéniable, et la guerre actuelle en aura donné la sensation trop nette à ceux qui l'ignoraient ou qui le niaient obstinément. D'où l'idée très répandue que cette fortune est due au prestige de la victoire et à la forte organisation militaire de l'empire allemand. C'est ce que l'on a beaucoup dit, et les Allemands, tout les premiers, se sont prêtés à le laisser croire Il était naturel, à leur sens, que le peuple élu fût aussi le peuple dominateur et exploiteur de l'univers. Je ne tomberai pas dans l'excès inverse et je n'essaierai pas de faire croire que l'Allemage moderne est sortie automatiquement et fatalement, sans aucune intervention humaine, des profondeurs noires où des kobolds extraient patiemment un Or du Rhin, moins brillant, mais plus utile que celui de la légende. Il est certain tout au moins que la victoire a donné aux Allemands cette foi en eux-mêmes et cet esprit entreprenant qui sont un élément essentiel du succès. Elle les a débarrassés de toutes les luttes inutiles, destinées auparavant à constituer leur unité. Depuis ce moment, ils ont vu grand en toute chose, parfois jusqu'à l'excès, et ils ont eu confiance dans un gouvernement qui avait préparé leur triomphe : gouvernement disposé à encourager puissamment, méthodiquement, par tous les moyens, les développements de l'industrie. Ce ne sont pas là des facteurs négligeables. Néanmoins, rien de ce que nous avons vu n'aurait pu se réaliser sans l'abondance extrême et le bon marché de la houille. Ici encore, il suffit de laisser parler les chiffres. Sans remonter plus loin, en 1870, l'ensemble de l'Allemagne produisait 24 millions de tonnes ; en 1880, 50 ; en 1890, 90 ; en 1900, 150. En 1908, elle a atteint 215 millions ; en 1912, 255 millions ; en 1913, près de 279 millions. Ces chiffres comprennent, il est vrai, les lignites, qui sont des combustibles inférieurs. Mais, en les laissant même de côté, nous avons, pour la période 1901-1905, une moyenne annuelle de 113 millions ; de 1906 à 1910, 142 ; en 1911, 156 ; en 1912, 172 ; en 1913, 191. Et ce n'était là que le point de départ d'un essor interrompu par la guerre : l'effet des dernières découvertes houillères ayant à peine commencé à se faire sentir.

L'intervention directe de l'industrie houillère sur le développement de tout le pays apparaît aussitôt quand on regarde d'où sort la houille et où s'est produit l'afflux de la population. Les deux tiers de la production houillère allemande (lignites exclus) viennent de la Westphalie (102 millions de tonnes en 1912, 110 en 1913) ; l'autre tiers, de la Silésie (environ 50 millions) et de la Sarre avec la rive gauche du Rhin (24 millions en 1913, dont 17,1 pour la Sarre). Les charbons de la Silésie et de la Sarre donnent peu de coke. Presque tout le coke consommé par la métallurgie provient donc de la Westphalie. Or, où s'est opéré le surpeuplement? Beaucoup sans doute dans les anciennes villes déjà importantes qui continuent à exercer l'attraction de leur masse, à Berlin, Leipzig, Munich, Dresde, etc. ; mais, avant tout, dans ce bassin houiller westphalien, ou, à son voisinage, dans les villes industrielles et maritimes qui bénéficiaient directement du mouvement houiller. Rien nulle part de comparable à ces 1 500 kilomètres carrés de la Ruhr, où s'entassent déjà plus de onze millions d'âmes et où chaque année en amène près d'un demi-million. Dans cet étroit espace, il tient douze villes de plus de 100 000 habitants, qui sont, par ordre d'importance décroissante : Cologne, Dusseldorf, Essen, Dortmund, Duisburg, Elberfeld, Barmen, Gelsenkirchen, Aix-la-Chapelle, Crefeld, Mulheim, Hamborn. Et tout cela résulte de la houille dont la production a décuplé depuis 1870. C'est donc sur ce coin de la Westphalie qu'il convient de porter une attention particulière : d'abord, parce que son importance domine depuis longtemps tout le reste; ensuite, parce que cette importance a, comme possibilités d'avenir, au moins doublé dans ces dernières années ; enfin, parce que la position géographique de la Westphalie, comme le caractère fiscal de nombreuses mines, en font un gage tout indiqué pour nos exigences futures.

J'ai déjà donné les chiffres de l'extraction houillère westphalienne. Les graphiques qui la représentent sont effrayants quand on les regarde en concurrent, suggestifs si l'on espère en prendre sa part. Tout s'y enchaîne. Aux 111 millions de tonnes de houille correspondent, en 1912, 22 millions de tonnes de coke, 550 000 tonnes de goudron, 244 000 tonnes de sulfate d'ammoniaque, 14 millions de tonnes de fonte. Quatre sociétés ont un capital de plus de 200 millions de francs ; cinq sont comprises entre 100 et 200 millions de capital, et le bilan de ces entreprises fait ressortir des dividendes supérieurs en moyenne à 10 pour 100 des capitaux-actions engagés. La connexion des diverses entreprises a pour point de départ la houille, mais entraîne les industries les plus diverses. La plupart des sociétés minières possèdent, en même temps, des hauts fourneaux et des aciéries ; des ateliers de grosse mécanique et de chaudronnerie se sont établis au voisinage. Parmi les sous-produits, le sulfate d'ammoniaque fournit les engrais ; les goudrons donnent les matières colorantes ; les gaz hydrocarburés servent, dans des centrales, à produire la force, qui, transformée en énergie électrique, alimente tout le pays. Et toute cette puissance économique est monopolisée entre les mains de syndicats qui, pour la houille, pour l'acier, pour les goudrons et les benzols, pour les sels ammoniacaux, dominent le marché, en agissant sur des valeurs de marchandises atteignant des milliards.

A cette industrie colossale, le Rhin et les canaux qui y aboutissent fournissent des artères vivantes apportant la nourriture et les moyens de vivre aux ouvriers, emportant les produits bruts ou fabriqués au dehors. La moitié du charbon, par exemple, est consommée sur place, l'autre exportée. Tout le Rhin en aval de Mannheim est un immense port, presque continu, dont les aboutissants naturels sont moins encore Hambourg que Rotterdam et Anvers.

Rotterdam, relié au Rhin et à la Meuse navigable par le Dordksche Kanal, a passé de 1 900 000 tonnes en 1883 à 18 millions en 1913 et de 72 000 habitants en 1830 à 450 000 aujourd'hui. Anvers a atteint

302 000 âmes. C'est pourquoi Anvers et Rotterdam sont apparus à tout esprit allemand comme devant être nécessairement des ports allemands.

Que l'on ne s'y trompe pas, en effet, la puissance de la Westphalie est énorme et nourrit l'Allemagne. Je vais montrer tout à l'heure à quel point elle s'est encore accrue récemment. Mais il lui manque pourtant deux éléments de prospérité indispensables : l'accès à la mer en territoire national et les minerais de fer que nous avons le tort de posséder en Lorraine. Si l'invasion a suivi le chemin que l'on connaît, si les Allemands ont déchiré le chiffon de papier qui garantissait la neutralité belge, au risque de tourner contre eux l'Angleterre, c'est assurément surtout pour nous surprendre sur une frontière où nous étions moins défendus ; mais c'était aussi, on ne s'en cache plus guère aujourd'hui, pour réaliser l'annexion de la Belgique, qui devait fatalement entraîner celle de la Hollande. Ce n'est pas par hasard que les Allemands ont occupé, et gardent encore, avec toutes les usines belges, les deux tiers de nos charbonnages du Nord et de nos gisements de fer lorrains. Si le malheur nous eût fait succomber, la première « rectification de frontière » qu'on nous eût imposée nous eût dépouillés de nos minerais de fer lorrains, qu'ils regrettent si amèrement d'avoir méconnus en 1871. Ayant tant de charbon, il leur faut du fer pour l'utiliser. Ne serons-nous pas en droit, les événements ayant tourné autrement, de rétorquer l'argument et de dire qu'à tout notre minerai de fer il faut une partie de leur houille ?

Car de la houille, ils en ont maintenant à foison, démesurément et pour des siècles. Ils en ont trop ! Les récentes campagnes de sondages, fondées sur les derniers progrès de la géologie, qui n'ont à peu près rien donné en France, ont sérieusement enrichi l'Angleterre, la Belgique et la Hollande ; elles ont, je l'ai dit déjà, doublé ce que possède l'Allemagne. C'est ce que l'on ne sait pas assez en dehors des spécialistes ; c'est ce qu'il faut dire très haut, parce que, si rien n'est changé à notre avantage dans la situation actuelle, la France, qui pliait déjà sous le faix, va être accablée.

Le bassin westphalien est le prolongement du bassin français et du bassin belge ; mais, en France, le sillon houiller est limité entre deux murs distants au maximum de 12 à 15 kilomètres, et l'on a eu beau chercher, aucune intelligence humaine ne pouvait découvrir ce qui n'existait pas : il a fallu se contenter de glaner entre ces murs. Quand on arrive aux limites de la Belgique et de l'Allemagne, quand on dépasse Aix-la-Chapelle et Maestricht, on entre au contraire dans un immense carrefour souterrain. Les bassins houillers s'étalent ou se branchent en divers sens sur près de 180 kilomètres de long et 100 kilomètres de large. Là se trouvent les nouveaux bassins belges du Limbourg et de la Campine, les bassins hollandais du Limbourg et du Brabant, les bassins allemands de Wurm-Inde, de Bruggen et de la rive gauche du Rhin. A partir de ce moment, au lieu de couches très redressées et rapidement approfondies, on a des couches à pente plus douce, qui s'étendent très loin vers le Nord. Cet état de choses s'accentue encore en Westphalie. Les recherches par des sondages dans le sens du Nord s'y imposaient donc. On ne s'y heurtait qu'à des difficultés purement techniques toujours surmontables : l'approfondissement progressif atteignant une limite d'exploitabilité qui s'élargit d'année en année et la traversée de nappes aquifères qui entraîne quelques difficultés dans le fonçage des puits. Le résultat obtenu de ce côté peut s'expliquer aisément.

L'ancienne zone, depuis longtemps reconnue, allait du Rhin à Hamm, englobant la région classique de Duisburg, Essen, Bochum, Dortmund, etc. Les sondages au Nord et à l'Est ont plus que doublé la superficie houillère sans atteindre encore sa limite Nord qui peut dépasser Munster. C'est, dès à présent, un rectangle de 35 à 40 kilomètres de large sur environ 100 kilomètres de long, sans compter les annexes dont nous avons parlé. Et, en même temps, on a accru le nombre des faisceaux houillers ; car, ceux-ci plongeant du Sud au Nord, on rencontre, en allant dans ce même sens du Sud au Nord, leurs affleurements successifs : en sorte que, plus un puits est placé dans une zone septentrionale, plus le nombre des couches qu'il peut rencontrer se multiplie. Avant ces travaux, on estimait les réserves probables de la Westphalie à 33 milliards de tonnes. Actuellement, sans descendre à plus de 1 500 mètres, profondeur parfaitement accessible, la Westphalie peut fournir 76 milliards de tonnes et l'Ouest du Rhin, 10 ; auxquelles il faut ajouter 4 milliards reconnus en Hollande et 8 milliards dans la Campine belge : ce qui démontre immédiatement, pour un pangermaniste, la nécessité d'annexer la Campine belge et la Hollande. Et, cependant, les 76 milliards de tonnes représentent, au taux actuel de l'exploitation, près de huit siècles assurés. Comme comparaison, j'ajoute de suite, ce que nous verrons tout à l'heure, que le total des réserves françaises a été estimé, lignite inclus et en poussant jusqu'à 1 800 mètres, à un maximum de 17,6 milliards de tonnes. D'après les derniers calculs, l'Allemagne pourrait maintenant compter sur deux fois plus de houille que l'Angleterre.

Mais la quantité n'est pas le seul avantage des charbonnages germaniques. Il faut aussi compter sur le bas prix de l'extraction.

Avec la facilité de travailler en grand sur des couches régulières et étendues, il n'est pas étonnant que les Allemands aient pu d'abord installer les belles machineries admirées de tous les visiteurs et ensuite obtenir néanmoins un prix de revient très bas. Une mine de houille française est, par rapport à une mine allemande, anglaise ou américaine, un peu comme le pré d'un montagnard péniblement accroché sur sa pente pierreuse en comparaison d'une large plaine labourée à la vapeur. Pour tout un ensemble de raisons qui ne sont pas seulement techniques, un mineur allemand fournit en moyenne 268 tonnes de houille par an et un Anglais 244, tandis qu'un Français en donne seulement 200 et un Belge 155. Depuis 1901, la production du mineur allemand a monté de 240 à 269, celle du Français est restée stationnaire (200 contre 196). La houille prise sur le carreau de la mine coûte donc en moyenne (1912) 7 fr. 50 aux États-Unis, 11 fr. 25 en Angleterre, 13 francs en Allemagne, 16 francs en France. Il est tout naturel, dans ces conditions, que l'industriel français doive réduire sa consommation de houille par rapport à l'Allemand. Cette consommation par tête et par an a grandi en Allemagne, entre 1901 et 1913, de 1,69 à 2,12. Celle des Français n'a pu s'accroître que de 1,15 à 1,48. Et, pour une production globale quatre fois moindre dans notre pays, ces chiffres sont en **faveur de nos efforts.**

V. — Cas de la France.

J'en ai assez dit sur nos concurrents pour pouvoir maintenant aborder le cas de la France. Ce ne sera malheureusement pas long, et les constatations actuelles seront peu encourageantes. La France, si grandement favorisée à d'autres égards par la nature, est tout à fait pauvre en houille. C'est ce qui ne lui permet pas d'utiliser convenablement son énorme stock de minerais de fer. Comme nous le verrons mieux au chapitre suivant, que peut-elle faire de ces minerais, faute de charbon national pour les traiter ? Les fondre avec du coke venu du dehors, opération précaire et coûteuse ; et cette fonte à son tour l'élaborer à grands frais ? Ou vendre elle-même ses minerais, solution également peu avantageuse et qui, même avant la guerre, suscitait déjà de légitimes susceptibilités, destinées à s'accroître dans l'avenir après une telle floraison de haines ? Faute de charbon, elle est de même paralysée pour toutes les industries à rendement intensif, comme pour sa marine marchande qui devrait cependant, d'après le développement de ses côtes, l'abondance de ses ports, l'étendue de son domaine colonial, être considérable. Mais comment songer à la grosse production et à l'exportation dans un pays, où l'on produit péniblement 40 millions de tonnes pour une consommation qui, — même réduite au minimum, comme elle l'est par le haut prix du combustible, — monte déjà à 60 millions ? Il nous faudrait, pour atteindre un chiffre convenable, doubler au moins notre production **houillère**.

Pouvons-nous y arriver sur notre propre sol ? Certainement non. Dans un champ limité, avec des sièges d'extraction très coûteux en nombre restreint, les limites pratiques de la productivité sont presque mathématiquement déterminées. Nos mineurs ont beau être comptés parmi les plus habiles du monde : ils sont arrêtés en tous sens par des bornes inéluctables. On arriverait, d'ailleurs, si on voulait augmenter le rendement global de nos mines en multipliant les sièges d'extraction, à un épuisement très rapide. Voici, en effet, quelques chiffres suggestifs donnant, non les certitudes, non les probabilités, mais simplement les « possibilités » auxquelles peuvent atteindre nos réserves de houille jusqu'à 1 200 mètres de profondeur : Bassin du Nord et du Pas-de-Calais : 9,5 milliards de tonnes ; Bassin de Saint-Étienne : 685 millions de tonnes ; Bassin d'Alais : 958 millions de tonnes ; Fuveau : 1.3 milliards de tonnes de lignite ; au total, avec tous les petits gisements du Centre : 13 milliards de tonnes, ou 17,6 milliards en poussant jusqu'à 1 800 mètres. Si la France élevait seulement sa production à 100 millions de tonnes qu'elle consommerait bien aisément, avant un siècle et demi il ne lui resterait plus une tonne de charbon dans des conditions utilisables.

Mais, puisqu'on ne saurait, pour cette double raison, augmenter notablement la production de nos mines actuelles, n'est-il donc pas possible de découvrir, sur l'étendue de notre sol, des gisements nouveaux, comme viennent de le faire précisément les Belges, les Hollandais et les Allemands ? On entend souvent, à cet égard, des affirmations un peu hardies que justifie seule une grande confiance de joueur dans quelque entreprise aléatoire. La vérité est que l'on a déjà beaucoup cherché, à peu près partout où des sondages paraissaient offrir des chances sérieuses, et même souvent là où ces chances pouvaient paraître bien minimes. De tout ce grand effort courageusement et coûteusement poursuivi pendant plusieurs années, il a pu sortir et il sortira encore des résultats ayant une valeur industrielle ; aucun n'a présenté des proportions susceptibles de lui faire attribuer une valeur nationale. Et, là même où on a obtenu quelques demi-succès comme en Lorraine ou dans la plaine de Lyon, l'effet productif en a été, il faut bien le dire, réduit à néant pour longtemps par l'inertie et le mauvais vouloir de ministères successifs incapables d'oser donner les concessions aux inventeurs de ces couches nouvelles. Peut-être y aurait-il encore quelques recherches à entreprendre : beaucoup plus, disons-le, dans un intérêt général que dans un intérêt particulier. Il n'est aucunement impossible, par exemple, que la houille existe en profondeur sous le Bassin de Paris. Qui voudrait se lancer dans une telle exploration après de semblables précédents ?

Ainsi donc, loin que la situation soit destinée à s'améliorer pour nous, elle doit fatalement empirer d'année en année : parce que notre consommation va croître et parce que notre production restera stationnaire ou décroîtra. Nos bassins de Saint-Étienne et du Centre se meurent tout doucement. Dans un temps qui peut être considéré comme bien court pour la vie d'un peuple, nous serons réduits à notre bassin de Valenciennes, où l'effet des dernières lois ouvrières tend à réduire la productivité.

Alors, que peut faire la France sans houille ? Il est inutile de rappeler que le pétrole nous manque totalement. Recourir davantage à la houille blanche ? De tous les côtés on s'en occupe et les centrales électriques s'organisent pour l'après-guerre ; mais ce remède indiqué et nécessaire restera très insuffisant; car l'expérience montre bientôt que la houille blanche est incapable de se suffire et que, là où son emploi développe une industrie, les besoins de la houille noire connexe augmentent au lieu de diminuer. D'ailleurs, la métallurgie électrique du fer n'est pas mûre en dehors de quelques emplois spéciaux ; et l'on n'actionne pas d'habitude un navire avec des accumulateurs ou des piles. Obtenir gratuitement ou à très bon compte du charbon allemand ? C'est l'affaire du prochain traité. Augmenter l'importation du charbon belge ? L'union douanière qui se négocie doit y contribuer ; mais la Belgique a ses industries propres et ne peut combler notre lacune. Faire venir du charbon anglais ? On se heurte là à une question délicate de transports... Sinon, il resterait seulement la voie où l'on s'est engagé de plus en plus depuis quelques années ; il faudrait prendre le parti auquel se résignent toutes les vieilles usines ou les vieilles villes et qui convient aussi aux vieux pays : concentrer de plus en plus ses efforts sur les produits de luxe, les produits très finis, où la matière première joue un rôle insignifiant par rapport à l'invention du fabricant et à l'adresse de l'ouvrier.

De telles résolutions, l'emploi de tels remèdes ne font-ils pas songer à ces injections de sérum ou de caféine, à ces inhalations d'oxygène, au moyen desquelles on s'efforce de prolonger des moribonds ? La France ne doit pas et ne veut pas mourir encore. Elle l'a montré avec assez d'énergie pendant bientôt trois ans ! Et nous devons croire que le résultat d'un si immense effort nous permettra tout au moins de rectifier dans une certaine mesure les injustices du sort à notre égard. On a vu le peu que nous possédions. Il me reste, pour conclure, à examiner ce que nous pouvons obtenir dans l'avenir. Je tâcherai de le faire avec toute la réserve que doit imposer à ses espoirs les mieux justifiés une conscience scientifique, et je n'imiterai pas nos adversaires en rêvant d'absorber toute la Westphalie. Mais, sans présomption excessive, il reste permis de supposer que l'Alsace-Lorraine, terre française, reviendra à la France avec ses annexes naturelles et que, dans la rédaction du traité de paix, nous pourrons faire insérer des conditions économiques avantageuses.

Notre situation, telle que nous venons de l'exposer, s'énonce en deux mots. Nous manquons de charbon, et nous avons beaucoup trop de fer. Chez les Allemands, c'est l'inverse. Ils ont commencé la guerre avec l'intention avouée de nous enlever nos minerais de fer lorrains. Mettons, si nous le pouvons, la main sur quelques-uns de leurs gisements houillers. On va voir que cela ne suppose pas l'écrasement absolu de l'Allemagne. Les plus pessimistes ne sauraient donc voir là une chimère. Il suffit que nos diplomates, le jour où ils traiteront pour nous, se montrent renseignés sur nos besoins industriels les plus urgents, comme l'ont été en d'autres temps les négociateurs allemands, et qu'ils comprennent la nécessité d'un effort énergique dans un sens où ces besoins sont absolus.

Ne craignons pas de devancer les événements pour attirer l'attention publique sur ce point ; car, à la dernière heure, nous devons logiquement prévoir l'intervention possible de certains intérêts privés en contradiction naturelle avec l'intérêt général. Sans mettre en doute aucun patriotisme, chacun comprendra que la disette du charbon, nuisible à la communauté, profite, en revanche, momentanément à quelques-uns, patrons et ouvriers, par la hausse de prix qui en résulte et qui accroît les bénéfices de nos mines. On peut donc s'attendre à l'antagonisme plus ou moins ouvert d'individus fortement agissants parce que directement intéressés, tandis que les intérêts trop vastes de la généralité seront, comme toujours, défendus par les seuls théoriciens, peu disposés à l'action. S'il arrive qu'il faille annexer quelques kilomètres carrés, ne se heurtera-t-on pas aussi à l'intervention de ces incorrigibles sentimentaux, pour lesquels une lutte à mort contre une bête enragée demeure, jusqu'au bout, un duel correct entre gens du monde ? Et, comme une solution négative tente toujours les indécis, ne risque-t-on pas, si l'on n'y prend garde, de voir, après quelques discussions, la force d'inertie imposer ses lamentables arrêts à des esprits non avertis ?

*
* *

Au point où nous en sommes arrivés, il faut donc regarder, au delà de frontières trop étroites, dans la direction des bassins houillers allemands qui, sous une forme ou sous une autre, peuvent, dans l'avenir, comme ils l'ont déjà fait à prix d'or dans le passé, remédier à notre manque de charbon et de coke. L'un d'eux a déjà été étudié, c'est celui de Westphalie ; l'autre a été volontairement laissé de côté, c'est celui de la Sarre. Je parlerai d'abord du second, pour lequel la solution qui s'impose est relativement simple ; nous **passerons ensuite au premier.**

La question de la Sarre est simple parce que ce bassin est une ancienne terre française qui nous a été enlevée seulement en 1815 et pour la reconquête de laquelle aucune objection de sentiment ne peut se poser, du moment que le sort des armes nous aura été favorable. La Sarre forme une annexe naturelle de l'Alsace-Lorraine, à laquelle elle est contiguë. Et, comme une grande partie de ses mines ou de ses terrains concessibles sont des propriétés domaniales, leur retour à l'État français ne présentera, dans la même hypothèse, aucune difficulté. Bornons-nous donc à examiner ces deux points de fait.

Le rattachement du bassin de la Sarre à la France remonte presque à la même époque que celui de l'Alsace. Dès le traité de Ryswick, en 1697, la partie méridionale du bassin nous était attribuée et, quand fut constitué le département de la Moselle, en 1790, les exploitations en activité dans la région de Sarrelouis y furent comprises. En 1793, on y ajouta toute la région située plus au Nord, sur laquelle les princes de Nassau-Sarrebruck avaient organisé des exploitations plus importantes, qui furent alors incorporées dans notre domaine national et travaillées, pour ce domaine, pendant vingt ans, jusqu'en 1814. Le traité de Paris de 1814 nous laissa, en grande partie, la région septentrionale, riche et utile, où le terrain houiller affleure au jour, et c'est seulement en 1815 que nous en avons été dépossédés. Mais, encore en 1870, nous possédions plus au Sud, onze concessions qui produisent aujourd'hui 4 millions de tonnes.

Quant à l'étendue du domaine fiscal dans ce bassin, elle est considérable et comprend, notamment, toutes les mines de la Prusse rhénane qui, en 1913, ont donné au fisc prussien 12,5 millions de tonnes, beaucoup d'autres dépendant du fisc bavarois et une autre région, non encore concédée, qu'une loi spéciale a réservée à l'État.

La valeur de ce bassin pour la France doit s'évaluer, non seulement par le tonnage qu'il donne déjà, mais par celui qu'il est susceptible de fournir. Son extraction de 1913 a été de 17,1 millions de tonnes. Il serait sans doute facile d'augmenter ce chiffre. Car cette extraction relativement faible provient d'une superficie utile de 220 000 hectares, alors que notre bassin de Valenciennes, pour 28 millions de tonnes, a seulement une superficie utile de 105 000 hectares. Le bassin possède, comme réserves certaines, jusqu'à 1 500 mètres, 12,5 milliards de tonnes, dont 8 au-dessus de 1 000 mètres. C'est, il est vrai, du charbon assez médiocre, par rapport aux beaux charbons de Westphalie ou du Nord et qui fournit du coke encore plus médiocre. Mais il est néanmoins parfaitement utilisable et, comme quantité, sinon comme qualité, ce bassin suffirait à remplacer nos importations actuelles.

Le problème de la Westphalie, auquel j'arrive, est plus complexe ; car il ne saurait être question d'annexer ce bassin, quoiqu'il puisse y avoir lieu de l'occuper provisoirement, si l'Allemagne est contrainte à nous payer par annuités une forte indemnité de guerre. Là, c'est le traité de commerce futur qui doit surtout intervenir, dans des conditions difficiles à indiquer d'avance, parce qu'elles dépendent trop complètement des événements militaires, mais pour lesquelles des combinaisons multiples, destinées à être discutées plus tard, se présentent néanmoins à l'esprit. Fût-ce même à titre d'échange contre des minerais de fer, on pourrait stipuler des livraisons annuelles de houille et de coke qui seraient, ou gratuites, ou du moins facturées à la frontière suivant un tarif destiné à mettre nos usines sur un pied de supériorité par rapport aux usines allemandes. On peut également concevoir la cession à l'État français ou à des Compagnies françaises des mines domaniales ou des terrains encore concessibles. A cet égard, l'organisation de Syndicats puissants et le rôle directeur que s'est attribué le gouvernement allemand sont de nature à donner toutes facilités. Le socialisme d'État a tout au moins cet avantage, en cas de guerre, qu'il supprime bien des inquiétudes et des embarras, auxquels pourraient donner lieu des atteintes à la propriété privée. L'Allemagne s'est, par la richesse de son domaine public en mines, chemins de fer, etc., placée dans des conditions particulièrement favorables pour être rançonnée le jour où elle sera vaincue.

Dans l'extraction totale du bassin rhénan-westphalien, en particulier, le fisc prussien intervient pour 4,13 p. 100 (1913), soit près de 5 millions de tonnes dans ses mines Ibbenbüren, Ver. Gladbeck, Bergmannsglück, Waltrop, Zweckel et Scholven. Les privilèges qu'il s'est réservés en outre pour l'avenir accroissent considérablement la valeur de ce domaine. Si le domaine de l'État ne suffit pas, rien n'empêche de pratiquer des expropriations de sociétés particulières que l'on chargerait l'État allemand d'indemniser.

Ainsi donc, ce grand conflit qui va appauvrir l'Europe pour un quart de siècle peut du moins, si nous montrons une volonté assez ferme, assurer à la France quelques compensations partielles de ses pertes, avec un peu plus de sécurité pour l'avenir. Ce n'est pas seulement en nous réservant des positions stratégiques sur la frontière que les négociateurs nous prémuniront contre le retour trop prochain de semblables surprises, c'est aussi en nous fournissant cette force militaire que constitue la houille et que les Allemands ont possédée surabondamment dans la guerre actuelle. Par là nous ferons mieux que de nous enrichir : nous tendrons vers ce résultat désiré de tous qu'une telle convulsion reste longtemps sans se renouveler. Il serait vain de fonder un tel espoir sur les illusions d'un socialisme international. Car, si paradoxale que puisse sembler cette assertion, le socialisme, qui se croit un instrument de paix, est peut-être aujourd'hui, sans le vouloir, le principal agent de la guerre. Né du machinisme qui lui-même a été provoqué par le charbon, il synthétise, sous le masque de doctrines inapplicables, une lutte pour la vie qui s'est engagée, avec une acuité croissante, entre les ouvriers et les patrons, entre les patrons concurrents, entre les nations. On tournera longtemps encore dans ce cercle vicieux que les efforts les plus légitimes pour améliorer les conditions de la vie ouvrière augmenteront les prix de revient, nécessiteront, par suite, pour y remédier, l'extension extrême des débouchés et rendront, en définitive, les rivalités économiques de plus en plus âpres. J'ai rappelé comment la puissance croissante des charbonnages allemands avait, en suscitant le pangermanisme et, par contre-coup, l'impérialisme anglais, contribué à ce choc qui nous épuise. C'est la nécessité de développer démesurément leur industrie pour mettre à profit leurs richesses en houille, c'est le besoin d'étendre leurs exportations pour produire à bon marché, qui ont conduit les Germains à tout voir « colossal. »

L'équilibre du monde a été rompu par cette mégalomanie dont eux-même pouvaient à peine réprimer les effets : d'abord dans l'ordre économique, puis dans l'ordre politique et militaire, auquel les nécessités économiques imposent de plus en plus leur suprématie. Le problème du charbon est l'un des plus importants que nous devions résoudre si nous voulons assurer à nos petits-enfants les avantages durables de la paix.

CHAPITRE VI

LE PROBLÈME FRANCO-ALLEMAND DU FER

I. Importance du problème. — II. L'évolution historique de la sidérurgie française. — III. La valeur du gisement lorrain. — IV. Le sort du gisement lorrain dans l'après-guerre.

I. — Importance du problème,

Dans le chapitre précédent, j'ai essayé de montrer combien le problème de la houille est une question capitale, économiquement et militairement, pour la France. Il faut, à la France, sous peine de s'étioler et de s'éteindre, des champs houillers nouveaux : il faut l'annexion (ou plutôt la reprise) du bassin de la Sarre, qui doit être notre *delenda Carthago,* puis une mainmise commerciale sur une partie des charbonnages westphaliens. Je voudrais faire voir maintenant comment se pose, entre les deux nations, un autre problème minier qui, dans une certaine mesure, est connexe du précédent et au sujet duquel il est peut-être bon également que le public français commence à se former une opinion raisonnée pour savoir, à l'heure des négociations définitives, ce qu'il doit exiger, quelles seront les conséquences futures de ses exigences, et aussi quelles résolutions extrêmes celles-ci pourraient entraîner chez l'adversaire. Avant même que cette heure ait sonné, la question du fer lorrain peut se poser sous une autre forme, plus immédiatement passionnante. Pour abattre définitivement l'Allemagne, il n'est pas nécessaire de pénétrer très loin sur son territoire, pas même d'atteindre Essen et Dortmund : il suffirait presque d'entrer à Thionville. Une douzaine de kilomètres au delà de notre frontière de 1871, la simple reprise d'un territoire cédé alors un peu vite pour élargir le « rayon » de Belfort[1], nous livreraient ses mines de fer lorraines. A partir de ce jour-là, l'Allemagne pourrait se débattre encore ; n'ayant plus de quoi alimenter ses hauts fourneaux, ses aciéries, ne pouvant plus subvenir à l'insatiable appétit de ses usines Krupp, malgré ce qu'elle tirerait encore du pays de Siegen, de la Franconie ou de la Suède, elle serait blessée à mort. Je semblerai peut-être grossir démesurément un des côtés très nombreux par lesquels on doit envisager la lutte actuelle ; mais on verra bientôt que cette opinion est partagée par les Allemands eux-mêmes ; et, quand on en est prévenu, on s'aperçoit que la bataille décisive de Verdun n'a pas été seulement une tentative suprême de ruée sur Paris, un assaut sur un saillant supposé faible de notre front, un effort tardif pour reprendre les grands projets d'août 1914, une sortie de garnison assiégée, un essai de réconfort apporté à l'opinion allemande, une manœuvre sanglante en faveur des Hohenzollern, mais qu'elle a été aussi « la bataille des minerais de fer[2]. » Car Verdun et Nancy sont, du côté français, les portes

1. Voir plus loin page 204.
2. Longtemps après la première publication de ces lignes, cette interprétation a été donnée officiellement en Allemagne pour nier l'échec de l'entreprise.

qui y donnent accès, comme Metz et Thionville les défendent trop solidement du côté allemand. Nous refouler de Verdun, c'eût été nous ôter, pour longtemps, l'espoir de reprendre nos propres mines et, par conséquent, prolonger la gêne dont souffre notre métallurgie ; c'était plus encore nous enlever toute possibilité d'atteindre les mines allemandes, pourtant si proches, et détourner ce coup mortel que l'État-major allemand, très familier avec ces contingences économiques de la guerre, doit, par-dessus tout, redouter.

II. — L'évolution historique de la sidérurgie.

Je n'ai pas besoin d'insister sur le rôle du fer dans notre civilisation moderne, en temps de guerre comme en temps de paix. Nous vivons dans un âge de fer ; nos guerres sont un échange de fer à travers l'espace ; et nos batailles, prolongées pendant des années sur un même front, doivent apparaître aux habitants de la planète Mars, qui supposent peut-être tous les Terriens raisonnables, sinon comme des signaux destinés à frapper leur attention, du moins comme un moyen de créer, pour les générations futures, des gisements de fer nouveaux, faits d'obus, de balles et de machines brisées. La France et l'Allemagne ne peuvent se passer de fer pour leurs canons et leurs projectiles. Les voies ferrées, les ponts, les convois d'automobiles accumulés à l'arrière du front consomment aussi du métal. Il en faut beaucoup aux deux nations. D'où le tirent-elles ?

Et d'abord, quelles sont les ressources en fer de la France ? Quelle a été l'évolution passée de leur emploi ?

Quand j'ai traité plus haut le problème de la houille, j'ai pu causer une désagréable surprise à des lecteurs qui ignoraient l'acuité de notre pénible situation à cet égard. Fort heureusement, pour le fer, il est permis d'être singulièrement plus réconfortant ; tandis que nous manquions de houille avant la guerre, nous abondions en fer au point de ne pas entrevoir, d'ici bien longtemps, l'épuisement de nos réserves ; le jour où l'Alsace-Lorraine sera redevenue française, nous en regorgerons.

Il n'en a pas toujours été ainsi, et c'est là un des exemples les plus remarquables de la révolution prodigieuse que peut produire, pour tout l'avenir d'un grand pays, une découverte scientifique ayant pris une application industrielle. Si la France possède aujourd'hui cette merveilleuse richesse en fer, si, à la condition de se procurer de la houille, elle peut reconquérir une place industrielle de premier ordre, cela tient à ce qu'on a trouvé le moyen d'éliminer dans la fonte de fer un petit élément chimique, le phosphore, que les minerais contiennent souvent en quantités infimes, par millièmes, et dont la présence suffit pourtant, comme un bacille d'Eberth ou de Koch dans un organisme contaminé, à gâter irrémédiablement le fer obtenu. Le procédé de déphosphoration basique, auquel on donne le nom de Thomas Gilchrist, a permis d'utiliser des minerais de fer qui existaient par milliards de tonnes en Lorraine et qui y semblaient, jusque-là, sans valeur.

L'histoire de notre industrie ferrifère, dont c'est là seulement la dernière phase, est bien connue. Rappelons-la pourtant avant de décrire l'état présent ; cela nous servira à montrer comment, avec le temps, une industrie aussi essentielle que celle du fer se déplace, se concentre ou se dissémine et recourt tour à tour à des minerais changeants qui, la veille, étaient méprisés et qui pourront l'être demain. La leçon est bonne à retenir pour l'avenir. C'est pourquoi je vais remonter d'abord un peu loin.

La France celtique et gallo-romaine a été un pays de minières et de petites usines à fer dispersées de tous côtés sur l'étendue du territoire. Les auteurs anciens font fréquemment allusion à la richesse en fer des Gaulois et à leur habileté d'armuriers. César, dans un passage qui pourrait être écrit d'hier, montre les Bituriges utilisant, pour la guerre de tranchées et de contremines autour d'Avaricum, leur talent connu de mineurs. Des restes d'exploitations celtiques ou romaines, avec des outils, des lampes, des fours de fusion, ont été retrouvés un peu partout dans le Bourbonnais, le Berry, le Nivernais, le Mâconnais, la Bourgogne, la Lorraine, le Jura, l'Anjou, le Tarn ou les Pyrénées. Sur notre grand gisement lorrain, en particulier, des restes de travaux certainement antérieurs au VIe siècle existent à Chavigny, Ludres, Messein, etc. Quelques-uns de ces gisements antiques, en Lorraine, dans les Pyrénées, dans l'Anjou, se trouvent dans des régions encore exploitées actuellement; mais on y utilisait des minerais d'une autre nature. Il ne s'agissait pas alors, comme aujourd'hui, d'opérer sur de grandes masses, avec des moyens puissants permettant de traiter des minerais pauvres et d'épurer des minerais impurs. On recherchait, avant tout, les facilités de fusion et les substances donnant spontanément de bonnes qualités de fer.

Ce dernier point était particulièrement important

alors qu'on ignorait la chimie et qu'on ne pouvait deviner à quoi tenaient les défauts ou les qualités d'un métal. Le fait même que l'on traitait au hasard des minerais de surface fusibles conduisait à obtenir souvent des fers phosphoreux et cassants, auxquels on préféra longtemps avec raison le bronze. Il y avait donc des réputations locales, dont quelques-unes ont traversé les siècles, comme, en Orient, celle des fameux aciers de Damas. Chaque petit groupe de métallurgistes installait provisoirement un atelier semblable à une forge, avec un bas-foyer dont le type s'est perpétué dans le four catalan, sur un endroit où existaient quelques minerais superficiels, quand ce gisement se trouvait au voisinage d'une forêt pour fournir le combustible (ce qui était alors très général) et de préférence près d'un cours d'eau pour actionner mécaniquement le soufflet destiné à donner le vent. Le gisement épuisé, on transportait aisément les installations un peu plus loin. Ces fondeurs de fer étaient souvent des quasi-nomades, comme ces Chalybes du Pont qui créèrent la métallurgie dans les pays gouvernés plus tard par Mithridate, ou comme les Kabyles antiques dont la légende compliquée laisse deviner des sortes d'alchimistes ayant découvert plus d'un secret chimique qui les rendait redoutables : notamment, celui du vitriol.

Une telle façon d'opérer, qui s'est poursuivie pendant tout le moyen âge et, en somme, jusqu'à la naissance de la métallurgie moderne à la fin du XVIIIe siècle, a couvert notre pays d'innombrables « Ferrières », dont les noms se retrouvent un peu partout, là même où nous ne voyons plus rien d'utilisable, et appellent l'attention sur des minerais, auxquels nous n'attribuons plus qu'un intérêt minéralogique. De ces exploitations anciennes datent aussi, en grande partie, les tas de scories qui sèment tant de nos bois, par exemple en Bourgogne ou dans le Maine, et qu'un an ou deux avant la guerre on s'est avisé tout à coup de rechercher avidement.

Cependant, au bas-foyer provisoire, on avait commencé bientôt à associer un petit four vertical de 2 mètres, ou $2^m,50$ de haut, à fusion plus active et d'un caractère plus permanent. Ayant vite appris à constituer un lit de fusion par des additions de substances diverses, on put fondre, par ce moyen, des minerais plus divers, plus nombreux, et assurer plus longtemps la marche d'une exploitation. Nos minerais pyrénéens correspondent à un type de ce genre qui a traversé les siècles.

Mais, c'est assez parler de ces temps lointains. Pour ne pas me perdre dans l'archéologie, je saute brusquement à la fin du xviii° siècle. La phase qui commence sous Louis XVI s'est continuée, sans grand changement, jusque vers 1860. Elle est caractérisée par le développement des hauts fourneaux, où le coke a remplacé progressivement le bois, et par la prépondérance métallurgique du centre de la France. Le nom du Creusot symbolise cette période. Quand, sous Louis XVI, on voulut édifier les premières usines « à la manière anglaise », une enquête prolongée fit choisir le territoire du Creusot, « aussi abondant en mines de fer qu'en charbon », où se constitua bientôt la « mine-usine » suivant le type moderne, dont on connaît la persistante fortune. Plus tard, l'exemple fut suivi ailleurs. De cette période, datent les usines du Bourbonnais (Montluçon et Commentry), celles de la Nièvre

(Imphy), celles de la Loire (Saint-Étienne, Saint-Chamond, Unieux, Rive-de-Gier). Toutes ces usines ont été constituées suivant le même principe pour utiliser sur place la juxtaposition d'un minerai de fer qui a disparu avec une houille qui est maintenant épuisée ou près de l'être.

La période suivante, de 1860 à 1878, est caractérisée par le grand développement des deux procédés de fabrication de l'acier, découverts : l'un par Bessemer (brevets de 1855, 1856, appliqués en France entre 1862 et 1869); l'autre par Pierre Martin (brevet de 1864, vulgarisé dans les années suivantes). Ces deux procédés nécessitaient alors des minerais riches et purs sans phosphore, peu abondants dans notre pays, et ce fut la phase où l'on rechercha tout particulièrement dans nos usines des minerais d'importation, dits « minerais à acier », tels que ceux de Bilbao ou de Mokta-el-Hadid. La Lorraine, dont les gisements étaient, on l'a vu, connus depuis l'époque préhistorique, ne jouait encore qu'un rôle très secondaire dans cette période, comme producteur d'une fonte impure utilisée au moulage. En 1859, les départements de la Meurthe et de la Moselle, qui comprenaient la totalité du Bassin Lorrain, ne fournissaient que le dixième de la fonte française : 84 000 tonnes sur 864 000. En 1867, on n'atteignait que 321 000. En 1875, la production, réduite par l'occupation allemande qui nous avait pris ce que l'on connaissait alors de meilleur, ne chiffrait que 299 000 tonnes : pas même le dixième de ce qu'elle a donné en 1913 (3 493 000 t.).

Enfin, la phase actuelle a commencé en 1878 quand deux anglais Thomas et Gilchrist, eurent trouvé le moyen de traiter les minerais phosphoreux, si abondants sur notre sol, dans le gisement normand comme dans le gisement lorrain, et son développement a été surtout marqué le jour où le procédé Thomas est tombé dans le domaine public. Grâce à cette découverte, nos minerais cessaient, en effet, d'être dépréciés par leur phosphore et leur valeur accrue permettait d'aller les chercher à des profondeurs dont il n'avait jamais été question auparavant. Dans la période antérieure, on ne s'était occupé en Lorraine que des affleurements situés aux deux extrémités du bassin : soit au Nord vers le Luxembourg et Longwy (Saulnes, Godbrange, Hussigny, Micheville, Villerupt, etc.) ; soit au Sud, vers Nancy. De 1882 à 1896, on entreprit, au contraire, une grande campagne de sondages sur les gisements profonds situés dans la zone intermédiaire de Briey, et les résultats en furent tels que ce groupe nouveau de Briey a déjà pris et va prendre plus encore une prépondérance absolue. Par suite des résultats obtenus, il se produisit alors, dans toute cette région, une transformation qui métamorphosa un pays agricole en un centre industriel, qui amena la création à Briey de 45 concessions (113 au total pour la Lorraine), avec toutes leurs installations d'extraction et de triage, la multiplication des hauts fourneaux, le groupement de 17 300 mineurs (13 300 à Briey), dont 12 000 étrangers, Italiens, Belges, etc. Il s'en est suivi, sinon la ruine de nos industries du Centre, du moins la nécessité pour elles de prendre une orientation toute différente. Auparavant, la région du Centre possédait encore un quart de nos hauts fourneaux et fournissait, pour le fer et l'acier, le tiers de la production française. En 1913, la part de ce groupe est tombée à 3,5 p. 100 pour la **fonte et, tandis qu'il se concentrait dans l'élaboration** des produits très finis, notre élaboration de produits bruts se transportait en Lorraine et celle des produits demi-finis dans le Nord, sur les mines de houille.

C'est de ce moment que date, pour notre sidérurgie française, l'essor énorme sur lequel je vais insister ; mais ce préambule historique n'aura pas été inutile pour rappeler les transformations du passé et mettre en garde contre les transformations de l'avenir. On doit penser que les conditions actuelles ne se prolongeront pas indéfiniment, et de nouvelles révolutions sont à prévoir. Pour n'en citer qu'une seule, le traitement électrique du fer, simple curiosité de l'heure présente, qui se chiffre encore à peine par 30 000 tonnes de ferros électriques et 12 000 tonnes d'acier, peut, dans un avenir relativement prochain, attirer l'attention sur des catégories de minerais inattendues et amener à disperser de nouveau les usines, comme aux temps primitifs, le long des torrents pouvant leur fournir la houille blanche. Nous aurons tout à l'heure à nous en souvenir.

Si nous envisageons maintenant l'étape finale de cette évolution industrielle à la veille de la guerre actuelle, nous voyons qu'en 1913 la France continentale a produit 21,7 millions de tonnes de minerais de fer, dont 19,5 millions, ou, en chiffres ronds, les neuf dixièmes pour le département de Meurthe-et-Moselle. Si l'on tient compte de l'Algérie, la proportion reste des quatre cinquièmes. Ces chiffres seuls sont parlants par eux-mêmes ; ils le deviennent plus encore, si on examine la loi de progression depuis 1890. Cette année-là, Meurthe-et-Moselle produisait seulement 2,6 millions de tonnes, sur 3,5 millions pour l'ensemble de la France continentale. Toutes les autres régions françaises ont donc, dans cet intervalle de vingt-trois ans, passé de 0,9 millions de tonnes à 2,2 millions, tandis que la Lorraine seule montait de 2,6 millions de tonnes à 19,5. Quant aux réserves d'avenir, nous allons voir que la Lorraine compte pour 3 milliards de tonnes et tout le reste pour 300 millions.

On a beaucoup parlé, dans ces dernières années, et avec raison, des minerais de Normandie ou de l'Anjou. Ils constituent un appoint annuel d'environ 1,2 millions de tonnes, qui est destiné à s'accroître. Ils nous sont précieux, comme le sont, par leurs qualités spéciales de pureté et de richesse, les 370 000 tonnes fournies par le groupe pyrénéen ou les 1,2 millions de tonnes d'Algérie. Actuellement surtout où le bassin lorrain est réduit pour nous par l'invasion à la seule région de Nancy, nous sentons l'avantage de posséder tous ces autres gisements qui nous permettent de réduire nos importations coûteuses d'acier étranger, anglais, américain ou suisse. Il n'en est pas moins de la dernière évidence que les mines de Lorraine constituent, pour le fer, notre richesse principale, et c'est elles qui nous ont permis, dans ces dernières années, d'augmenter, dans une très large proportion, nos exportations de minerais, sinon encore de produits fabriqués. C'est ainsi qu'en 1912 nous en avons exporté 8 millions de tonnes, dont 2 millions en Allemagne et Luxembourg, alors que, cette même année, l'Allemagne, malgré ce qu'elle possédait du même gisement en territoire annexé, était obligée d'importer (balance faite des importations et exportations) 11 millions de tonnes de minerais.

En même temps, notre production de fonte passait en dix ans (1902-1912), de 2,4 millions de tonnes à

5 millions : la part proportionnelle de Meurthe-et-Moselle sur ce total s'accroissant pourtant de 60 à 74 p. 100. En 1912, le département de Meurthe-et-Moselle a produit 3,4 millions de tonnes de fonte : le Nord et le Pas-de-Calais 0,8 ; tout le reste de la France 0,8. Du même coup, notre production d'acier s'élevait de 1,6 millions de tonnes à 4,4 et il serait facile de constater des progrès analogues dans toutes les industries de construction ou d'élaboration qui utilisent le fer. Il y a longtemps qu'on a comparé la métallurgie du fer à un baromètre de la prospérité industrielle.

Cet essor, dont nous sommes fiers, nous laissait encore loin en arrière de nos voisins, puisque nous atteignions seulement 5 millions de tonnes de fonte, quand ils arrivaient à 16 et bientôt à 19 millions. Il n'en est pas moins vrai qu'ils étaient déjà et allaient devenir de plus en plus les tributaires de leurs vaincus pour une matière première aussi essentielle que le minerai de fer. Le remède à une telle situation paraît simple, quand on se croit le plus fort et que l'on n'est arrêté par aucun scrupule. Ce ne fut naturellement pas la seule cause de leur agression criminelle ; mais ce fut, comme la suite va mieux le montrer, un des éléments qui y contribuèrent, et leur juste châtiment doit être de tout perdre pour avoir voulu tout gagner. Ils se sont jetés sur nous, par avidité gourmande ; comme punition, il faudra les faire jeûner.

Si, en effet, nous laissons un instant de côté la Lorraine française, vers laquelle notre étude nous ramènera bientôt comme vers un point central, et si nous passons en Allemagne pour examiner rapidement comment s'y répartit la production ferrifère, nous allons voir que le même gisement, prolongé au delà d'une frontière momentanée, joue, chez nos adversaires, un rôle comparable à celui qu'il tient dans notre pays. Cette constatation faite, nous pourrons alors l'envisager dans son ensemble, en faisant abstraction d'une limite politique que les Allemands prétendaient supprimer à leur profit, mais que nous espérons bien maintenant pouvoir effacer au nôtre.

Pour l'Allemagne, les chiffres sont les suivants. En 1913, la Lorraine allemande, avec ses 30 000 mineurs, a produit plus de 21 millions de tonnes de minerai de fer sur 28,6 millions pour tout le pays. Si l'on ajoute les 6,5 millions de tonnes du Luxembourg, que l'on peut considérer comme une annexe économique et politique de l'Allemagne, on voit que le bassin de ce qu'ils appellent la « minette », c'est-à-dire le minerai oolithique de Lorraine, leur fournit (indépendamment des pays envahis) entre les trois quarts et les quatre cinquièmes de leurs besoins : à peu près la même proportion que nous venons de trouver en France sur un total un peu moindre.

A côté de la minette lorraine, les autres districts allemands tiennent une place bien secondaire, quoique certains d'entre eux se distinguent par des qualités de minerais supérieures. Le principal est de beaucoup celui du pays de Siegen en Westphalie, dont les 62 mines fournissent environ 2,7 millions de tonnes de minerais à 35 p. 100 de fer, traités, pour la plupart, dans les hauts fourneaux du pays. Puis vient, un peu plus au Sud, le district de la Lahn et de la Dill (Nassau, Hesse) avec 1 million de tonnes. Après quoi, on trouve le district dit sub-hercynien de Peine, Salzgitter, dans **le Hanovre au Nord du Harz**, avec **0,8 millions de** tonnes, le Vogelsberg avec 0,5 millions et un certain nombre de districts produisant environ 300 000 tonnes annuelles, comme la Bavière, le Taunus, Osnabruck, la Silésie et la Thuringe.

Si nous anticipons sur l'avenir et si nous considérons l'Autriche-Hongrie comme devenue la vassale de l'Allemagne, suivant les grands projets que l'on cherche actuellement à réaliser, nous ne trouvons également de ce côté qu'un faible appoint. La production de la monarchie dualiste, en voie d'accroissement très lent, n'atteint pas 3 millions de tonnes de minerais pour l'Autriche (Styrie, Carinthie et Bohême), 2 millions de tonnes pour la Hongrie (Banat et Transylvanie). Ces chiffres sont faibles et conviennent tout juste pour les usines austro-hongroises.

Nous sommes donc ramenés à considérer que la Lorraine est la grande ressource de minerais pour l'Allemagne, comme elle l'est pour la France. Sans elle, la situation de nos ennemis serait, en temps de paix, ce qu'est momentanément la nôtre en temps de guerre. Et cela est d'autant plus frappant que, malgré cet appoint essentiel, l'Allemagne était arrivée, dans les derniers temps, à importer environ un tiers du tonnage traité : surtout des minerais riches de Suède, auxquels s'ajoutaient quelques minerais également riches d'Espagne, mais aussi des minerais calcaires de Briey en Meurthe-et-Moselle. C'est en partie parce que les catégories de minerais correspondantes lui manquaient pour ses lits de fusion (car il n'y a rien de plus différent que deux minerais de fer, décorés du même nom sur les statistiques). Mais c'est encore plus parce que l'Allemagne témoignait, pour le fer, d'un appétit **formidable et sans cesse croissant. On peut en juger** par sa production de fonte qui, dans la période décennale 1900-1910, avait doublé, comme celle des États-Unis, et dépassé celle de la Grande-Bretagne, à peu près stationnaire. En chiffres ronds, les productions de 1912 se chiffraient : pour les Etats-Unis, par 30 millions de tonnes ; pour l'Allemagne, par 16 ; pour la Grande-Bretagne, par 9 (moins qu'en 1908) ; pour la France, par 5 millions de tonnes et la proportion était à peu près la même pour l'acier. En 1913, l'Allemagne dépassait 19 millions de tonnes. Cela explique comment, tandis qu'en 1907 l'Allemagne exportait encore, en resumé, 600 000 tonnes de minerai de fer vers la France, elle était arrivée en 1913 à en importer de France 3 millions de tonnes et 9 millions de tonnes d'autres pays.

Depuis la guerre, cette importance du gisement lorrain pour l'Allemagne n'a fait que s'accentuer, puisque nos ennemis l'occupent presque totalement. Nous en voyons une affirmation catégorique dans le manifeste des six grandes associations industrielles et agricoles d'Allemagne qui a paru en septembre 1915. Là se trouve ce passage qu'on ne saurait trop méditer : *Si la production de la minette (minerai de fer) lorraine était troublée, la guerre serait quasiment perdue.* Et ils l'expliquent en ajoutant : « Il est certain que, si la production de fer brut et d'acier n'avait pas été doublée depuis le mois d'août 1914, la continuation de la guerre eût été impossible. » Je ne m'attache pas à ce dernier chiffre ; car, même en statistique, on ne peut se fier à une parole allemande ; mais le fait en lui-même est indéniable et du plus haut intérêt.

C'est là le côté actuel du problème, auquel j'ai fait allusion au début de ce chapitre. L'impression s'accentue encore quand on envisage l'avenir, en considérant les réserves de minerais. En 1910, le congrès géologique international de Stockholm a procédé à une vaste enquête pour évaluer les ressources en fer mondiales, avec le concours et sous la responsabilité de tous les pays exploitants, afin d'apprécier sur quoi pourrait compter l'humanité future. On est arrivé alors à des chiffres intéressants comme première approximation. D'après ces chiffres, la Lorraine allemande renfermerait 1 830 millions de tonnes, auxquelles les ingénieurs allemands chargés du rapport annexaient tranquillement 270 millions de tonnes appartenant au Luxembourg, comme faisant partie du Zollverein. En regard de ces 2 100 millions de tonnes, tout le reste de l'Allemagne ne représentait que 700 millions de tonnes. La Lorraine française, de son côté, était estimée à 3 000 millions de tonnes.

Mais ces chiffres ne sont pas rigoureusement comparables entre eux. Il y a bien des manières de procéder à de semblables estimations, dont les nombres, riches en zéros, sont ensuite trop facilement acceptés et reproduits comme parole d'évangile. On peut, par exemple, compter ou négliger les minerais descendant au-dessous d'une certaine teneur en fer, trop chargés de silice, ou s'enfonçant à une trop grande profondeur : minerais actuellement inexploitables avec profit, mais pouvant se prêter à une exploitation fructueuse dans quelques années, par un accroissement du prix de vente ou par une réduction du prix de revient. Dans cette enquête d'apparence toute scientifique, les Allemands se sont montrés très curieusement préoccupés de forcer les chiffres en ce qui les concernait et de les réduire pour nous. Étant donnée leur intention nettement affichée d'annexer un peu plus tard nos minerais français, on a le droit de supposer qu'en agissant ainsi ils n'étaient pas seulement mus par l'amour-propre, mais qu'ils tenaient surtout à diminuer notre part, en prévision des débats ou des estimations auxquelles aurait pu donner lieu cette annexion espérée. Il m'est peut-être permis de rappeler à ce propos un minime incident qui caractérise les méthodes allemandes d' « avant-guerre » et cette préparation minutieusement obstinée, dont les fils plus ou moins adroitement tendus sont apparus peu à peu dans le monde entier. Les rapports avaient été publiés et on pouvait y lire une petite note insidieuse allemande évaluant à 1 300 millions de tonnes des réserves françaises que nos ingénieurs, cependant beaucoup plus prudents et plus sincères, estimaient à 3 milliards de tonnes. Les Allemands se firent charger, toujours à titre scientifique, de continuer et de perfectionner l'enquête. Ayant eu alors à m'occuper de la partie française, je fus assailli de lettres et de télégrammes laissés volontairement sans réponse, jusqu'au jour où, de guerre lasse, un délégué berlinois vint me relancer à Paris pour me suggérer, « en confrère, » une base de calcul qui aurait notablement diminué notre apparente richesse.

En nous bornant, avec ces restrictions, aux chiffres publiés, on voit que les réserves françaises sont aux réserves allemandes dans la proportion de 3 à 2, et, comme l'Allemagne en dévore près de deux fois plus par an, notre avenir au taux actuel serait trois fois plus long que le leur.

III. — La valeur du gisement lorrain.

Ainsi donc le gisement lorrain domine toute la sidérurgie franco-allemande, et l'on peut même dire qu'il domine toute la sidérurgie européenne ; car le plus grand gisement anglais, de beaucoup, celui du Cleveland, ne dépasse pas, comme réserves, 3 milliards de tonnes. Nous pouvons maintenant, pour l'Allemagne comme pour la France, négliger tous les autres gisements, quelle que soit leur importance accessoire, pour ne considérer que le gisement de la « minette » lorraine, qui est, en même temps, le seul auquel s'appliquent directement les préoccupations et les hasards changeants de la Grande Guerre.

Ce gisement, il n'y a pas lieu de le décrire ici, même succinctement ; une telle étude a déjà été faite à bien des reprises ; elle a été suffisamment vulgarisée pour les lecteurs que touchent les détails techniques et elle semblerait fastidieuse aux autres. Je me borne à en rappeler quelques traits principaux dont nous aurons besoin pour discuter. La caractéristique géographique (et, par suite, politique) du gisement lorrain est de constituer un gisement de frontière, exposé, par sa situation, à changer de mains et à être disputé. Si Briey, au lieu d'être à 5 kilomètres de la frontière, s'était trouvé dans le Berry ou dans l'Anjou, il n'aurait pas attiré de si redoutables convoitises. Mais les derniers traités qui ont dessiné nos frontières ont laissé le bassin lorrain divisé entre trois pays : la France, l'Alsace-Lorraine et le Luxembourg, à proximité d'un quatrième, la Belgique, qui en possède une extrémité. C'est un cas singulier, dont on ne peut guère rapprocher que celui de l'ancienne Pologne, où les charbonnages sont découpés de même entre la Prusse, l'Autriche et la Russie. Quant à la caractéristique industrielle du gisement, elle est de renfermer un énorme tonnage de minerais pauvres et phosphoreux. L'histoire passée de ce bassin, le rôle qu'il joue dans la guerre actuelle et celui qu'il pourra jouer dans l'avenir, tout dépend de ces observations essentielles, sur lesquelles il convient d'insister.

Et d'abord, revenons sur la complexité politique d'un découpage géographique, qui ne s'est pas produit par hasard, dont le hasard ne déterminera pas non plus les changements futurs. Ne l'oublions pas. Thionville a été en 1871 la rançon de Belfort. Les préliminaires de Versailles nous laissaient, en sa totalité, le bassin de fer lorrain ; mais les Allemands étaient très bien renseignés par leur ingénieur des mines Hauchecorne qui, dès le 18 août 1870, leur avait rédigé un rapport sur cette question du fer et qu'ils avaient eu soin d'adjoindre à la conférence de Bruxelles. Quand vint l'heure du traité définitif, ils réparèrent leur erreur première en nous accordant un élargissement du « rayon de Belfort » contre une bande de 10 000 hectares sur la frontière du Luxembourg, près de Longwy : bande, dans laquelle leurs géologues avaient cru absorber tout le fer lorrain. Thiers, hypnotisé par Belfort, plaida devant le Parlement français que le développement de notre industrie du fer en Lorraine était excessif et momentané. Nous avons failli ainsi perdre la richesse qui nous enorgueillit aujourd'hui. Mais, fort heureusement, les minerais lorrains n'occupaient alors en métallurgie, faute de la déphosphoration, qu'un **rang secondaire** ; on supposait que leur prolongement en profondeur deviendrait très vite inutilisable dans le sens de la France, tant par leur appauvrissement que par les difficultés d'épuisement. Les exigences ennemies portèrent donc seulement sur la région où se trouvaient déjà les grandes usines de Novéant, Ottange, Ars-sur-Moselle, Hayange, Moyeuvre, Styring, avec leurs quarante-huit hauts fourneaux. Et la finesse normande de Pouyer-Quertier réussit à nous réserver, comme une sorte d'aumône, le coin de Villerupt; que Bismarck voulait d'abord prendre avec le reste :

— Vous prétendez donc, dit-il à l'Allemand, m'annexer aussi, moi, l'un des principaux actionnaires de Villerupt?

— Allons, répondit Bismarck avec sa lourde affectation de bonhomie tudesque, ne pleurez pas, je vous laisse Villerupt; mais ne demandez plus rien...

Si on avait alors soupçonné de l'autre côté du Rhin les résultats que devaient donner, d'abord les procédés de déphosphoration, puis les sondages de 1882-1896 autour de Briey, on nous aurait dépouillés plus complètement, et c'est cette erreur géologique que les industriels d'outre-Rhin ont tenté de réparer par la guerre actuelle.

Peut-être, en France, n'a-t-on pas compris assez vite, au début des hostilités, que le sort de la guerre, ou du moins sa rapide issue, pouvait se décider là. La place forte de Longwy, insuffisamment défendue, succomba comme on le sait et, sur les trois subdivisions du bassin, les deux plus septentrionales, celles de Longwy et de Briey, nous furent pour quelque temps soustraites; la belle défense de Nancy sauva seulement le troisième groupe, le plus méridional, où se trouvent les mines de Maron-Val de Fer et les usines de Neuves-Maisons et dont la production atteint environ 2 millions de tonnes (contre 3 à Longwy et 15 à Briey). On a vu alors, dans la période où Berlin se pavoisait à toute occasion, les pangermanistes étaler leurs prétentions sur tout ce bel ensemble de mines : notamment sur le groupe de Briey qui constituait, pour eux, une proie bien tentante. De notre côté, nous n'avons jamais, depuis le moment où on nous a contraints à nous défendre, cessé, même aux heures les plus douloureuses, de revendiquer les territoires entièrement français de Thionville, où se trouvent toutes les mines devenues allemandes en 1871. La possession totale du bassin lorrain apparaît ainsi comme un des principaux enjeux de la lutte.

Cet enjeu, nous en avons déjà vu l'importance ; mais il faut maintenant additionner des chiffres qu'une frontière avait momentanément divisés en deux et tenter d'évaluer le total. On peut le faire de deux manières : soit en considérant les réserves, environ 5 milliards de tonnes ; soit en partant des résultats actuels, une extraction de 47 millions de tonnes représentant 16 millions de tonnes de fonte. Mais ce serait un procédé très inexact que de multiplier le chiffre d'extraction par le bénéfice moyen obtenu sur une tonne et de capitaliser le résultat, ou encore que de faire un calcul analogue en partant des réserves. On arriverait peut-être ainsi à apprécier la valeur marchande des mines, on ne se ferait aucune idée de ce que peuvent représenter ces mines pour la fortune d'un pays. L'erreur serait analogue à celle que commettrait l'État en voulant apprécier l'utilité d'une voie ferrée projetée, uniquement d'après le produit net prévu. Dans un cas comme dans l'autre, il faut faire entrer en ligne de compte tout le mouvement industriel et commercial qui va résulter de l'exploitation minière ou de la voie ferrée. La tonne de minerai de fer lorrain ne vaut guère en moyenne sur la mine que 5 francs. Mais il en sort 350 kilogrammes de fonte brute valant une trentaine de francs, puis environ 60 francs de rails d'acier, et l'élaboration ultérieure continue à accroître une valeur, dont le minerai de fer a été le point de départ nécessaire. Un acier qui, grossièrement élaboré, vaut 150 francs la tonne, permet de fabriquer des machines, des navires, valant 1500 francs la tonne. La source d'un fleuve n'est pas tout le fleuve, mais elle détermine le large cours futur de l'eau. Si l'on voulait calculer la valeur totale du gisement lorrain (Briey et Thionville) d'après son rendement industriel, on ne dépasserait pas 2 à 3 milliards de francs; mais ces 2 à 3 milliards doivent aboutir à une richesse créée de près de 300 milliards.

Pour apprécier ce que représentent nos mines lorraines, il ne suffit pas d'aller visiter ces mines elles-mêmes, il faut encore voir toutes ces usines dont elles ont provoqué la création à Longwy, Mont-Saint-Martin, Senelle, Rehon, Micheville, Jœuf, Homécourt, Pompey, Neuves-Maisons. Il faut ensuite aller dans le Nord et le Pas-de-Calais vers ces autres usines qui ont trouvé préférable de se construire sur le combustible, mais également pour utiliser la fonte lorraine. Il faut enfin constater ce que deviennent les produits bruts dont la fonte lorraine est la base essentielle dans nos vieilles usines du Centre, au Creusot, à Saint-Étienne, à Montluçon. Et une visite semblable en Lorraine annexée nous montrerait les usines de Thyssen à Hagondange, les Rombacher Hüttenwerke, les aciéries de Wendel à Hayange, celles de Moyeuvre-Grande, Uckange, Ottange, etc. ; elle nous ferait voir les usines de Westphalie alimentées en grande partie par la minette lorraine.

Mais alors, devant ce bel ensemble si florissant des deux côtés de la frontière, on est conduit à se poser une question qui revient sans cesse à l'esprit quand on cherche par quelle folie les industriels allemands ont pu pousser à la guerre actuelle. Avec leurs 21 millions de tonnes d'extraction annuelle en Lorraine, avec leurs 2100 millions de tonnes de réserves qui leur assuraient à ce taux un siècle d'extraction, qu'avaient-ils besoin de nous piller? Un siècle, c'est quelque chose en industrie, quoique ce soit une courte période dans la vie d'un peuple. S'il leur fallait des minerais de plus, n'avaient-ils pas, jusqu'à l'excès, toutes facilités de se procurer les nôtres ? Pour comprendre cet état d'esprit singulier, ou plutôt pour s'expliquer comment leur outrecuidante présomption de maîtriser le monde a pu se particulariser sur ce point, il faut faire deux observations sur la nature des minerais allemands et sur le calcul des réserves.

Tout d'abord, en ce qui concerne les minerais, remarquons qu'un chiffre de tonnage n'est pas tout. Un minerai de fer ne peut pas toujours en remplacer un autre. Il se trouve que tous les minerais des Allemands et tous ceux qu'ils peuvent faire venir de Suède ou de Norvège sont siliceux. Ce n'est pas s'attacher à un simple détail de chimie, c'est faire une constatation essentielle que d'en tirer la conclusion logique : l'addition de minerais calcaires lorrains, tels que ceux de Briey, était pour eux une nécessité.

Quant au temps que peuvent durer les réserves

allemandes, ce temps n'est en aucune façon calculable en se fondant sur l'exploitation de la dernière année. Il faut tenir compte d'une progression analogue à celle qui double les grains de blé de case en case sur un échiquier. Reportons-nous en arrière et comparons les productions de la Lorraine allemande à dix ans de distance : 3 millions de tonnes en 1880, 4,5 en 1890, 7,5 en 1900, 14,8 en 1910, 21 en 1913. Traçons maintenant la courbe représentative et prolongeons-la par continuité ; nous arriverons à cette conclusion que l'Allemagne s'était mise sur le pied d'épuiser ses mines lorraines vers 1950 à 1960, c'est-à-dire dans un délai extrêmement bref ; ou bien alors il lui aurait fallu interrompre ce développement incessant qui était à base fragile de toute sa prospérité. Je ne connais pas les chiffres des prévisions allemandes en métallurgie ; mais on peut bien, d'après les habitudes de leurs industriels, supposer qu'ils avaient dû former des ambitions supérieures à celles des nôtres. Or, en France, on comptait, avant la guerre, avoir atteint, dès 1920, un tonnage d'acier supérieur de moitié à celui de 1912. C'est cette nécessité de grandir toujours, avec une vitesse croissante, c'est cette course effrénée vers la fortune qui a grisé des cerveaux, d'ordinaire froidement calculateurs et qui, bientôt, les précipitera dans l'abîme.

IV. — Le sort du gisement lorrain dans l'après-guerre.

Au point où nous en sommes arrivés de cette étude, on voit comment, des deux parts, pour les deux pays ennemis, va se poser le problème du fer, si le développement des opérations militaires se poursuit conformément à nos espoirs les plus justifiés. Il est un point, entre tous, sur lequel la France est unanime et ne peut pas ne pas se montrer intransigeante : c'est la réoccupation totale de l'Alsace-Lorraine. La monstruosité commise en 1871 doit être réparée et il n'est pas possible qu'un seul village français reste en esclavage sous le joug allemand. Cette nécessité de droit et de sentiment ne semble, à première vue, avoir aucun rapport avec le sujet qui nous occupe ici. Néanmoins, j'en ai assez dit pour avoir fait comprendre que la réparation nécessaire d'une iniquité nationale va entraîner fatalement pour le fer la situation suivante. Demain, la France possédera la totalité de l'énorme gisement lorrain, et l'Allemagne, qui nous en avait ravi une partie, n'en gardera plus rien. Nous détiendrons du fer pour des siècles, presque à n'en savoir que faire, et l'Allemagne ne trouvera plus, sur son propre sol, les matières premières nécessaires pour alimenter son industrie métallurgique et les industries d'élaborations diverses qui en sont solidaires, pour fournir le fer indispensable sous toutes les formes à sa défense militaire. Une partie de son commerce d'exportation sera supprimée, ses facultés d'offensive seront paralysées et étranglées...

Voilà qui semble fort bien et l'on ne peut qu'applaudir à des prévisions semblables ; mais nous sommes à deux de jeu et, par le fait même que les conséquences seront aussi graves pour l'Allemagne, il va de soi que celle-ci résistera, sur ce point, jusqu'à l'extrême limite de ses forces. Dans la rétrocession de l'Alsace-Lorraine, il ne se pose pas seulement, pour elle, une question de chauvinisme national, ou une difficulté stratégique de défense ultérieure : il y a une considération d'ordre industriel, importante en temps de paix, peut-être vitale en temps de guerre. Nous devons donc prévoir, dans un cas où notre sentiment national est irréductible, une résistance obstinée. La question lorraine serait beaucoup plus simple, ce qu'on ne doit pas ignorer, si les minerais de fer lorrains n'existaient pas.

Comme ces minerais existent, il se pose à nous un certain nombre de questions graves, parfois angoissantes, qui s'enchaînent les unes aux autres et que nous devons aborder en face, sans réticences; car elles vont se poser à nous, à nos négociateurs, et l'attitude qui sera adoptée à leur égard entraînera des conséquences lointaines pour l'avenir de nos descendants. Ces questions, que j'énumère d'abord pour en montrer la succession et dont la succession même fera suffisamment prévoir mes réponses, sont les suivantes : Devrons-nous nous montrer inflexibles dans les discussions économiques relatives aux minerais de fer lorrains : sujet d'apparence secondaire pour nous, vital pour nos adversaires ? Si nous repoussons l'idée de toute transaction, si nous nous réservons tout le fer, devrons-nous ensuite le conserver avec économie, avec parcimonie, pour un avenir lointain, ou le dépenser le plus vite et le plus avantageusement possible ? Enfin, si nous nous décidons à cette utilisation rapide, quels en seront les moyens ?

La première question est assurément la plus délicate : c'est aussi la seule qui sorte du domaine économique pour se lier étroitement aux opérations militaires et, par conséquent, à un développement de faits encore incertains. Il ne faut pas ici nous placer dans l'absolu, mais dans le relatif et, puisque nous parlons industrie, il faut raisonner en industriels, c'est-à-dire envisager toutes les éventualités, peser tous les arguments, prévoir toutes les objections, sauf à les négliger ensuite de propos délibéré, mais en connaissance de cause, pour adopter la solution de tout le monde, si nous jugeons y avoir avantage.

Actuellement, la guerre se déroule avec ses hasards journaliers et, quelles que soient notre certitude raisonnée de vaincre, notre conviction sans cesse accrue de réduire un jour l'ennemi à subir toutes nos exigences, nous ne pouvons savoir dans quel délai, par quelle progression, après quelles vicissitudes nous y réussirons. Ce n'est pas du jour au lendemain, par un brusque cataclysme irrémédiable, que toute la puissance allemande s'effondrera. Nous n'entrerons pas à Berlin en aéroplane, sans avoir franchi bien des étapes qui nous donneront chaque fois le loisir de calculer et de réfléchir. On s'est quelquefois demandé si la capitulation de l'Allemagne ne se ferait pas, comme celle d'une ville assiégée, sur les tranchées actuelles. Mais, dans toutes les hypothèses, la rédaction d'un traité entre deux belligérants implique des négociations. Qui dit traité, dit marchandage, dit transactions, dit compromis. Je rappelais tout à l'heure comment, en 1871, la cession consentie par nous des minerais lorrains avait contribué à nous conserver Belfort. Le vaincu se débat. Le vainqueur lui-même peut trouver un intérêt d'avenir à modérer ses prétentions. Il serait donc un peu puéril de nous déclarer, tout d'abord et sans examen, décidés, coûte que coûte, à tout obtenir. Le premier point, en pareille matière, est trop évidemment de savoir si on le peut. C'est le côté **militaire de la question, que je n'ai pas à envisager**. Mais le second est aussi de juger si on a un intérêt majeur à le vouloir. Cet intérêt est-il tel qu'il nous fasse prolonger la lutte jusqu'aux extrémités, après avoir obtenu déjà de l'Allemagne les concessions principales?... Jamais aucune négociation n'a été engagée entre nous et nos adversaires. Mais on se comprend souvent sans se parler et, en diplomatie, tout l'intéressant s'écrit entre les lignes. Implicitement, sans qu'il ait été besoin d'aucune précision officielle, des avances ont été faites, des concessions admises par nos ennemis, et ce ne seront pas les dernières. Deux commerçants avisés qui discutent un marché se devinent l'un l'autre et chacun d'eux a d'avance réfléchi aux points, importants pour lui, du marché futur, sur lesquels il ne cédera jamais, puis à ceux qui lui semblent secondaires. Il est vrai qu'il se garde de penser tout haut, comme je le fais ici ; mais, dans notre cas actuel, ce que je puis dire est trop directement déterminé par les circonstances pour ne pas être aussitôt prévu ; et, d'ailleurs, en le disant, je ne fais qu'exprimer l'opinion d'un « laïque » irresponsable. Je n'apprends rien à aucune personne compétente en Allemagne et j'apprendrai peut-être quelque chose à quelques-uns en France.

Quand donc, on réfléchit que chaque journée de guerre supplémentaire entraîne une perte de vies humaines et une dépense d'argent, on est conduit à penser qu'il doit arriver un moment où l'essentiel étant acquis, les bénéfices supplémentaires à espérer, fussent-ils même assurés, ne compenseront plus les frais supplémentaires nécessaires pour les obtenir. A ce moment, la continuation ou la cessation de la guerre se résume en une balance commerciale qui penche vers la paix et c'est le cas de dire, comme les Anglais : *business are business* ou *no sentiment* (les affaires sont les affaires ; pas de sentiment). Nous pouvons être assurés d'avance que les Allemands, très calculateurs, très commerçants et pour lesquels cette entreprise manquée ne fut au début qu'une vaste opération de piraterie mercantile, sauront établir longtemps d'avance ce bilan, et qu'ils céderont ou continueront, suivant que le fléau de la balance s'inclinera dans un sens ou dans l'autre : un certain poids supplémentaire étant introduit par leur amour-propre militaire ou par les préoccupations dynastiques. C'est le même calcul que nous devons faire nous-mêmes, afin de juger, en deux mots, s'il faut admettre la possibilité, tout en reprenant le territoire lorrain qui englobe les minerais de fer, de laisser aux Allemands, sur une partie de ce territoire, tel ou tel avantage économique...

Que le lecteur, arrivé là, ne s'indigne pas trop vite, en me voyant me faire ainsi l'avocat du diable ! Le sujet vaut la peine d'être froidement examiné. A cette question technique, s'il ne s'agissait que des industries du temps de paix, je répondrais sans doute, au risque de scandaliser, en prêchant la conciliation et j'admettrais, dans une certaine mesure, le raisonnement que plus d'un pourra faire alors. Ce raisonnement, le voici : « Chaque jour de guerre nous coûte actuellement, à nous seuls, indépendamment de toute autre considération moins matérielle, sans compter le manque à gagner et l'atrophie de notre commerce, simplement en dépenses de l'État, environ 70 millions. Un seul mois d'hostilités supplémentaires représente une bien grande quantité de minerais vendus avec bénéfice, de rails, de tôles, de poutrelles, de machines, de produits quelconques fabriqués avec ce fer et exportés fructueusement à l'étranger. Une indemnité de guerre chiffrée par autant de milliards pourra-t-elle être imposée, pourra-t-elle être touchée? Va-t-on sacrifier du sang français et accroître la charge écrasante de nos impôts futurs pour le bénéfice de quelques industriels et constructeurs? Encore la plupart de ceux-ci ne seront pas très flattés de voir s'augmenter le nombre des mines et usines concurrentes... C'est donc pour fournir plus de travail à nos ouvriers?... Mais, des ouvriers, nous en manquons déjà et nous en manquerons de plus en plus. Donc, cédons sur ce détail et finissons-en. »

Ce raisonnement spécieux, si on ne le fait pas tout haut en France, les Allemands nous le suggéreront abondamment par l'intermédiaire des neutres, qui, tout en trouvant profit à la guerre, voudraient mettre ce profit « au sec » et consolider des créances sur les belligérants, exposées à être compromises par leur irrémédiable faillite. Et certains compères d'Allemagne soi-disant dissidents, des Liebknecht, Haase ou autres, chargés par le gouvernement allemand de jouer le rôle d'agents provocateurs, trouveront bien le moyen de faire parvenir l'idée à nos naïfs socialistes. Mais c'est ici qu'il faut nous tenir en garde ; car l'enjeu réel est beaucoup moins l'avenir immédiat de notre industrie pendant la paix, que l'assurance de cette paix future (dans les limites de temps où l'on peut prétendre assurer l'avenir). Discutable pour le temps de paix, le problème se pose avec une clarté lumineuse pour le temps de guerre. Laisser la sidérurgie allemande florissante, c'est lui permettre, après la guerre, de reconquérir aussitôt le marché mondial en écrasant la concurrence débile de nos usines ruinées et pillées, de nos flottes fatiguées et amoindries ; c'est lui fournir le moyen de préparer une prompte revanche. La détruire, ou tout au moins charger au-dessous d'elle une mine prête à sauter comme on mine d'avance un tunnel ou un pont, c'est, je l'ai dit déjà, mais j'y insiste, empêcher nos ennemis de nous attaquer plus tard. Or, quand on réfléchit à cela, toutes les considérations commerciales, que j'ai cru devoir exposer tout à l'heure, se retournent entièrement. Ce que coûte une guerre, nous le savons..., ou plutôt, malheureusement, nous ne pouvons encore en donner qu'une évaluation minima, c'est 50, 80, 100 milliards : ce sera, après la paix, le prix de la vie doublé. En excluant même toute considération sentimentale (chose presque impossible à un Latin, à un Français), le bilan d'une opération incomplète apparaît désastreux. Il semblait tout à l'heure que les Allemands eussent seuls intérêt à résister sur ce point jusqu'à la dernière extrémité ; on s'aperçoit maintenant que notre intérêt pratique à nous est plus grand encore, si ce que l'on va débattre, en parlant minerais et concessions, c'est la possibilité d'une guerre future. Rester intransigeants pour les minerais, c'est assurer la paix ; car c'est empêcher une agression des Allemands, suivant l'expression de nos communiqués, par « un tir de barrage ; » et il est bien évident que l'agression ne viendra jamais du côté de la France. Les Français ont assez montré qu'ils savaient se battre quand on les attaquait : mais ils forment un peuple pacifique ; et les Allemands le savent, ils le croyaient même exagérément. Les commerçants, les industriels d'Outre-Rhin peuvent donc compter, si le militarisme prussien qui les a si follement compromis et ruinés est pour jamais anéanti, sur une longue période de développement pacifique et, par conséquent, de prospérité. Ils manqueront un peu de fer, c'est vrai ; mais avec leur surabondance extraordinaire de houille, ils feront des échanges. Céder, au contraire, c'est exposer l'Europe entière et les Allemands travailleurs aussi bien que nous, à ce que, dans dix, dans quinze ans, la crise actuelle recommence plus épouvantable encore... Je paraissais, en commençant, admettre que l'Allemagne entière se dresserait pour obtenir ce qui lui apparaîtra comme une nécessité vitale. Non, l'Allemagne vaincue, comme nous le supposons ici, se réveillera peut-être de ses illusions militaires et finira par comprendre que le meilleur moyen de s'enrichir n'est pas de construire des 420 et des sous-marins ; elle sera aussi intéressée que nous à se débarrasser de ce cauchemar. Ses gouvernants résisteront ; son peuple, qui commence à faire entendre sa voix, acceptera, supposons-le, de céder.

Je reviens donc à l'hypothèse élémentaire et que la plupart des Français admettent de prime abord, sans tant de controverses et de phrases ; au lendemain de la paix, l'Alsace-Lorraine sera à nous tout entière, économiquement aussi bien que politiquement, avec son annexe de la Sarre ; aucune restriction n'aura été admise et nous pourrons utiliser tous ses minerais ; nous pourrons, dès le premier jour, employer à nos reconstructions la fonte et l'acier de belles usines restées intactes, qui, ne l'oublions pas cependant (car ce sera là un autre danger à éviter), appartiendront à des particuliers, à des actionnaires allemands. Mais alors la seconde question va se poser. Quand on a hérité, il faut s'occuper de gérer sa fortune. Pouvoir produire beaucoup de fonte, c'est à merveille ; mais il ne faudrait pas, faute d'acheteurs, nous trouver bientôt dans la position de l'apprenti sorcier qui avait envoyé un balai magique lui chercher de l'eau et, ne sachant comment l'arrêter, courait risque d'être inondé. D'autant plus que les balais magiques de l'industrie marchent en dépensant de la houille, cette houille dont nous manquons ! Ici encore quelques précisions de chiffres sont nécessaires.

Voyons d'abord ce qui va se passer pour la houille. A la veille de la guerre, la Lorraine restée française produisait 19,5 millions de tonnes de minerais, dont elle exportait plus de 8. Il est vrai que nous en importions, d'autre part, 1,5 millions : mais ce sont des minerais riches et purs que la Lorraine ne peut nous fournir. A ces 19,5 millions de tonnes vont s'ajouter les 21 millions de la Lorraine allemande (en laissant de côté le Luxembourg) : soit, au total, sur le pied d'extraction actuel, 40,5 millions, au lieu de 11,5 précédemment utilisés. Je suppose que la France ait la prétention de tout traiter et élaborer elle-même, qu'elle ferme ses frontières à toute exportation de minerais, comme le réclament des voix très fortes qui parlent volontiers de trahison, dès que l'on veut commercer avec l'étranger, qu'arrivera-t-il ? Sans entrer dans des calculs techniques dont ce n'est pas la place, on peut admettre que chaque tonne de minerai traitée en France demande, pour arriver à des produits finis, environ 1 300 kilogrammes de charbon (sous la forme de coke ou de houille). 29 millions de tonnes de minerais supplémentaires exigeront donc 37,7 millions de tonnes de houille. Admettons que l'on autorise les exportations en Belgique et en Angleterre (5 millions de tonnes de minerais), il faudra encore 31,2 millions de tonnes en supplément. Or, actuellement, nous produisons 41 millions de tonnes de houille (chiffre stationnaire) et nous en consommons 62 millions. Notre déficit, qui est déjà de 21 millions de tonnes. passerait donc à près de 53. Quand même nous obtiendrions les 17 millions de tonnes de la Sarre (ce dont on voit ici l'intérêt majeur), il en resterait 36 à trouver. Sur les 21 millions de tonnes que nous importions avant la guerre (au lieu de 36), l'Angleterre en fournissait 10 millions et la Belgique 4 millions. Près de 7 millions de tonnes venaient d'Allemagne, en augmentation rapide d'année en année, et, si nous les y prenions, c'est que nous y avions économie. Avec la meilleure volonté du monde, nos alliés ne peuvent exporter chez nous un tonnage beaucoup plus fort ; les charbons anglais ont un long trajet coûteux à faire pour venir en Lorraine ; l'Amérique est plus loin encore ; il faudra donc, de toute nécessité, acheter quelque 22 millions de tonnes de houille en Allemagne. L'Allemagne seule a de telles richesses en houille et ces richesses sont géographiquement placées de telle sorte qu'elle peut nous vendre beaucoup de charbon, surtout si sa sidérurgie décroît. On voit aussitôt combien est vaine la prétention de cesser toute relation industrielle avec les Allemands après la guerre.

Et encore, je n'ai envisagé que les chiffres actuels, sans tenir compte d'un accroissement dans la production industrielle qui se manifeste d'année en année. Pour le traitement du fer, ce gros mangeur de charbon, on s'était outillé, des deux côtés de la frontière, en vue d'un développement intensif. Particulièrement dans notre bassin de Briey, une vingtaine de mines nouvelles devaient atteindre bientôt chacune plus de 2 millions de tonnes de minerais, soit, au total, 40 millions de tonnes, alors que l'extraction de 1913 a été seulement de 19,5. Ce serait quelque 26 millions de tonnes de charbon en plus à acheter. Nous retrouvons donc ici, à l'état aigu, cette difficulté de la houille, sur laquelle j'ai insisté dans le chapitre précédent.

Il y a lieu de considérer aussi, mais, je crois, avec moins d'inquiétude, les possibilités de vente. Sur le marché intérieur, il est certain que l'on peut augmenter notablement la consommation d'acier. Ainsi la consommation de poutrelles, par tête de Français et par an, est seulement encore de 8 kilogrammes, tandis qu'elle a dépassé 12,4 en Allemagne, malgré l'accroissement rapide de la population, qui multiplie ces chiffres par 68 millions d'habitants. La France s'outillait, avant la guerre, pour produire 6 millions de tonnes d'acier en 1920 (dont 2 millions de tonnes dans le Nord), et comptait en trouver aisément le placement. Sur le marché international également, nous avons à reprendre notre place. Tout est à faire dans cet ordre d'idées, comme le montre cette seule observation que le pourcentage de la France dans le syndicat international du rail est le tiers de celui de la Belgique. Mais un marché ne se conquiert pas du jour au lendemain, et, au début, avec les prix que nous serons forcés de demander pour nos produits fabriqués, nos minerais trouveront plus facilement acheteurs que nos aciers.

De toutes façons, on arrive à cette conclusion que, le jour où nous disposerons de la Lorraine allemande, il nous faudra, ou vendre des minerais et de la fonte à l'étranger, ou acheter beaucoup de charbon et de coke en Allemagne, en risquant, chez nous, une crise métallurgique de surproduction, ou fermer des mines. La dernière solution a ses partisans, et c'est pour y répondre d'avance que je me suis attaché à rappeler les évolutions passées de la métallurgie. Il peut sembler sage et prudent, si on a trop de minerais pour le présent, de les réserver pour l'avenir et d'assurer l'alimentation de nos descendants. Cela rentre bien dans les habitudes françaises.

Nos sociétés industrielles, comme nos gouvernants, nous traitent volontiers en enfants. Quand nous avons pris un intérêt dans une affaire prospère, on nous en dissimule les résultats et on ne nous en distribue que très partiellement les bénéfices, de crainte que nous ne soyons tentés de gaspiller. On stabilise autant que possible nos dividendes à un chiffre modique, de manière à pouvoir les accroître progressivement sans nous causer de déceptions. On pense beaucoup aux générations futures, aussi bien quand il s'agit de ne pas amortir les emprunts que lorsqu'on escompte le retour à l'État, dans un avenir éloigné, de concessions diverses ou de voies ferrées. De même encore, nos exploitants s'attachent à tirer tout ce qu'une mine contient de métal et sont choqués par la méthode anglo-saxonne, où l'on enlève le plus vite possible tout ce qui est immédiatement « payant », en négligeant le reste, pour reconstituer un capital qui sera employé à une autre affaire. Le système français a du bon ; mais il ne faudrait pas l'exagérer. En particulier, pour le fer, qui peut savoir ce que nous réserve l'avenir ? Du fer, il y en a partout en abondance. Le premier caillou venu du chemin est un minerai de fer, puisque toute l'écorce terrestre en renferme, en moyenne

5 p. 100, alors qu'un riche minerai de cuivre est un minerai à 2 ou 3 p. 100. La Lorraine est devenue le centre industriel que nous venons d'étudier parce qu'on a appris à se contenter de minerais phosphoreux à 35 p. 100. Qui peut prévoir si, dans trente ou quarante ans, quelqu'autre perfectionnement métallurgique ne dépréciera pas ces minerais par rapport à d'autres encore plus pauvres ou plus impurs, auxquels nous ne songeons même pas actuellement, mais qui offriront alors certains avantages : si, par exemple, les minerais siliceux très abondants, les minerais arsenicaux très décriés ne trouveront pas un débouché économique ? Je ne me hasarde pas à rien prévoir ; je montre, au contraire, la difficulté des prévisions. Dans cette incertitude, il faut se rappeler que cinq francs de bénéfice assuré demain sont bien préférables, par le seul jeu des intérêts composés, à vingt francs de bénéfice problématique dans un demi-siècle.

Je crois donc qu'il y aurait danger à vouloir empêcher toute exportation des minerais : ce qui, d'après les observations précédentes, équivaudrait à restreindre l'extraction. Mais ce n'est pas une raison pour ne pas chercher à retrouver, sous une autre forme, au moins partiellement, les bénéfices supplémentaires que nous devons renoncer à obtenir directement, faute de houille et faute de main-d'œuvre. Cette forme tout indiquée est celle des échanges. Les conditions dans lesquelles va reprendre l'industrie après des années de guerre seront très spéciales. On peut s'attendre à une sorte de protectionnisme fédéral qui coupera l'Europe en deux. D'une part, la communauté des dangers et des sacrifices aura resserré nos liens d'amitié avec l'Angleterre, la Belgique et l'Italie ; d'autre part, nous serons sans doute en mesure de poser des conditions commerciales à l'Allemagne. Sachons en profiter. Puisque nous aurons trop de fer et trop peu de charbon, nous devons nous tourner, avant tout, vers l'Angleterre dont les besoins sont inverses. Il semble possible de réaliser en Angleterre, ce qui est malheureusement presque impraticable en France, une augmentation notable de l'extraction houillère par la mise en valeur rapide de réserves récemment découvertes. Quant au fer, l'Angleterre n'a été, jusqu'ici, qu'un acheteur presque insignifiant de nos minerais. En 1913, elle nous en a pris 327 000 tonnes (dont seulement 69 000 en Lorraine), quand la Belgique en prenait 5 035 000 et l'Allemagne avec le Luxembourg 4 065 000. Très conservatrice, elle s'est montrée rebelle aux procédés de déphosphoration qui ont envahi la sidérurgie sur le continent. Mais la guerre aura eu sans doute pour résultat de dissiper cette sorte de torpeur dans laquelle nos amis commençaient à s'endormir, et l'Angleterre réveillée, guérie de certaines chimères qui lui étaient communes avec nous, victorieuse enfin de l'Allemagne, a toutes les raisons pour reprendre, dans des conditions modernisées, l'essor interrompu de sa métallurgie.

Toutefois, ce ne seront jamais ni l'Angleterre ni la Belgique qui absorberont les stocks de minerais dont nous allons disposer. Il faudra, malgré toute notre hostilité, en vendre à l'Allemagne, non pas dans son intérêt, mais dans le nôtre. Il sera juste et naturel de ne le faire qu'en échange de charbon, dans des conditions dont les bases auront été posées par le traité de commerce annexé au traité de paix, de manière à nous réserver des avantages analogues à ceux que le traité de Francfort avait assurés à nos vainqueurs contre nous. La prudence exigera, d'ailleurs, que ces conditions d'échange pacifique soient remises à un délai assez éloigné, après une période pendant laquelle le charbon devra nous être fourni sans contre-partie, et puissent être interrompues par nous à tout moment. Cela se rattache à tout un ordre de questions dont nous dirons un mot dans le chapitre relatif à l'Alsace-Lorraine reconquise. Il faudra en outre, dans la première période d'après-guerre, fermer entièrement la porte aux exportations de minerais pour paralyser des usines allemandes qui, absorbées par le soin de la défense militaire, n'ont pas dû pouvoir se constituer des stocks bien importants à l'usage du temps de paix (stocks que l'on pourrait, s'ils existent, commencer par réquisitionner eux aussi). Enfin, il va sans dire qu'ultérieurement une mesure semblable devrait pouvoir être prise en tout temps du jour au lendemain et serait, par conséquent, à prévoir pour le moment où l'on apercevrait la moindre possibilité de guerre.

CHAPITRE VII

L'APRÈS-GUERRE MINÉRALE. LE BOYCOTTAGE DES PRODUITS ALLEMANDS. LES TRUSTS ANTI-ALLEMANDS DE MÉTAUX

I. Observations préliminaires. Difficultés politiques et légales. — II. La lutte contre l'accaparement et le dumping allemands. — III. Examen des principaux métaux.

I. — Observations préliminaires. Difficultés politiques et légales.

Nous venons d'examiner, pour les deux grands seigneurs du monde minéral, le charbon et le fer, quelle situation résultera de la paix future, quelles mesures il convient de prendre en vue de l'après-guerre et à quels dangers nous devrons parer. Des problèmes du même genre, quoique moins importants, vont se poser dans la plupart des branches du commerce et de l'industrie. Partout l'Allemagne se dispose à nous attaquer vigoureusement en accumulant d'avance les stocks de marchandises et de matières premières : les unes pour les écouler partout aussitôt, fût-ce à perte, de manière à conserver ou à conquérir les marchés ; les autres pour être en mesure de renouveler rapidement ses fabrications. Dans tous les domaines, nous et nos alliés aurons à engager ou à soutenir la lutte, si nous voulons écarter cette main-mise allemande qui souvent a eu pour effet de préparer industriellement la guerre dans la paix en annihilant chez nous des fabrications indispensables à notre ravitaillement militaire. D'une façon générale, deux méthodes de combat s'offrent à l'esprit : boycotter les produits fabriqués allemands, ou truster les matières premières afin d'en priver nos ennemis et tout au moins afin d'assurer largement nos propres fournitures. Ces deux méthodes sont parfaitement conciliables. Je n'insisterai ici que sur la seconde, la seule applicable pour la majorité des substances minérales, auxquelles est consacré ce volume ; la seule aussi dont le programme exige une discussion un peu serrée. J'ajoute cependant que le premier système me paraît devoir être beaucoup plus efficace, tant par l'action directe que par des tarifs prohibitifs. Il le sera d'autant plus que seront plus nombreux les peuples soulevés par le spectacle de la barbarie allemande et décidés à ne jamais l'oublier. La plus grande difficulté pratique sera alors de dépister, sous un faux nom, le produit « made in Germany ». Mais on doit pouvoir, dans chaque branche de commerce, établir une sorte de liste noire faisant connaître les types de marchandises prohibés ayant une origine germanique, peut-être même, pour éviter les erreurs involontaires, constituer un office où ces types seraient représentés.

Bornons-nous à citer un cas qui se rattache au monde minéral.

Rien ne nous empêchera, par exemple, de traquer vigoureusement à travers le monde les matières colorantes et produits pharmaceutiques allemands, *qui semblaient indispensables à tout l'univers et dont trois* ans de blocus ont appris à tout l'univers la possibilité de se passer. Pour tous ces corps dérivés de la houille, il est d'autant plus urgent de lutter que la même usine peut, par une transformation aisée, produire, en temps de paix, des teintures d'aniline et, en temps de guerre, des explosifs.

Cela ne veut pas dire que, tout particulièrement dans cet exemple, la lutte s'annonce devoir être facilement victorieuse. Les Allemands sont favorisés par le bas prix de la houille, par la déjà vieille installation très perfectionnée de leurs usines, par la discipline de leurs chimistes et surtout par la solidarité très complexe des fabrications qui, dans l'industrie chimique, fait dépendre un produit de beaucoup d'autres en ne permettant d'arriver au bon marché que par l'utilisation simultanée de tous les sous-produits sur une très grande échelle. Les fabriques allemandes de matières colorantes représentent une puissance formidable par leur trust au capital d'un milliard et demi occupant 300 000 ouvriers. Nous les voyons à l'œuvre en ce moment par les millions de projectiles qu'elles permettent de déverser sur nos troupes. L'Angleterre, les États-Unis, la France visent à s'en rendre indépendants pour l'avenir. On dit qu'en France tout est maintenant prévu pour effectuer aussitôt après la paix une transformation inverse de celle qui s'est réalisée à la guerre chez les Allemands, avec faculté, en cas de besoin futur, d'un brusque renversement. Toutes les usines montées pendant la guerre pour nous fournir l'acide picrique ou le toluène se préparent à alimenter un jour le « syndicat des matières colorantes ». Espérons qu'elles réussiront. Le succès de l'opération financière fût-il, même dans le début, inférieur aux désirs, le résultat national pourra être atteint sous la protection efficace des tarifs douaniers.

Si l'organisme en formation réussit à englober dans un accord durable tous les ennemis actuels de l'Allemagne, si les neutres, profitant de la leçon, cherchent eux aussi à rendre leur fabrication de munitions indépendante pour l'avenir, on peut venir à bout du trust colossal qui semblait invincible. Pour plus d'un produit fabriqué, le même résultat est accessible avec de l'union et de la ténacité. Mais, quand nous passons maintenant à la seconde méthode proposée, il semble beaucoup moins simple d'agir sur les Allemands par le blocus pacifique des matières premières en empêchant celles-ci de leur parvenir directement ou indirectement. Et cependant, de ce côté également, ne fût-ce que pour nous défendre, il est urgent d'engager la lutte.

Bornons-nous seulement à étudier les métaux. Que l'on se rappelle la place prise en Europe par la grande Société allemande, la Metallgesellchaft et l'on comprendra le danger. Dans la pratique, pour combien de métaux, nos petits producteurs français n'étaient-ils pas limités au taux de production que daignait autoriser la Metallgesellchaft ! Aujourd'hui nous désirons transformer à notre profit le marché des métaux dans les cas où cet organisme puissant était le maître, nous voulons nous libérer de lui, nous prétendons l'annihiler ; c'est une guerre nouvelle à entreprendre : une guerre qui, elle aussi, demande une organisation forte et persévérante, avec surabondance des munitions destinées à cette forme de bataille, des munitions qui sont ici les capitaux. Il semble bien évident, en effet, que, pour arriver à quelque chose, les Alliés doivent d'abord s'entendre et créer un organisme centralisateur analogue à la puissante Société dont je viens de rappeler la force. D'énergiques efforts s'exercent dans ce sens ; il reste à aboutir.

On a émis, en vue de cette après-guerre, des prétentions très ambitieuses. On s'est demandé si, tout au moins pour certaines substances minérales, les Alliés n'auraient pas la possibilité de s'assurer un monopole presque absolu : un monopole tel qu'il deviendrait possible d'empêcher, de restreindre ou de rendre très coûteux les arrivages en Allemagne, de manière que l'on prendrait nos ennemis à la gorge en paralysant leurs fabrications. L'idée est séduisante et nous allons l'étudier dans ce chapitre. Peut-être est-elle exceptionnellement réalisable. Dans la grande majorité des cas, il faut, je crois, se borner à des espoirs plus modestes. Mais qui veut le plus réussit seul à pouvoir le moins. Il n'y a aucun inconvénient à diriger notre plan d'attaque sur ce programme très vaste. L'étude dont nous allons résumer les conclusions nous restera utile pour arriver à des résultats plus restreints.

Commençons par une remarque essentielle. A peu près partout, il faut bien le dire aussitôt, la bataille offensive, ou même défensive, que nous voulons engager nous serait à peu près impossible sans le concours de nos Alliés. Les circonstances font que l'initiative doit très généralement appartenir aux Anglais ; nous ne pouvons guère que suivre le mouvement avec les risques auxquels doit faire songer (même entre Alliés) une telle dépendance et, restés seuls, nous n'avons même pas la ressource de nous enfermer coûteusement dans une muraille de Chine. Car, en dépit d'illusions que certains spéculateurs trouvent intérêt à entretenir, la France et ses colonies sont, d'une façon générale, pauvres en matières minérales, par conséquent forcées de les demander au dehors : à celui qui les leur vendra le moins cher. Une politique propre à décourager toutes les initiatives a contribué, en outre, à nous appauvrir. De même que nous manquons de houille, nous n'avons, en quantités sérieuses, ni cuivre, ni plomb, ni étain, ni argent, ni manganèse, ni mercure, ni platine, ni pétrole, ni potasse, fort peu de zinc, des traces d'or. Nous ne sommes riches qu'en fer, en nickel et en phosphates. Dans ces conditions, l'idée d'engager à nous seuls une lutte économique, de truster des matières minérales que nous ne possédons pas, de viser à en priver l'Allemagne apparaît, au premier abord, presque outrecuidante.

Il est à remarquer toutefois, que ce qui nous manque fait souvent aussi défaut à nos voisins de Germanie. J'excepte la houille qui leur constitue un privilège capital et le zinc pour lequel ils sont riches, la potasse pour laquelle ils détiennent un monopole. Leur production de cuivre, de plomb ou de pétrole est plus forte que la nôtre, mais encore bien restreinte. Par contre, ils n'ont ni nos phosphates d'Afrique, ni notre nickel de Nouvelle-Calédonie. En moyenne, faute de colonies, ils ne sont pas (la houille exceptée) plus favorisés que nous. Or, l'Allemagne nous a montré la possibilité d'exercer un contrôle européen sur une production mondiale à laquelle on ne contribue que pour une faible part. Mais surtout nous pouvons trouver, dans l'alliance de plus en plus étroite resserrée par la guerre avec l'Angleterre et la Russie, une puissance devant laquelle l'Allemagne devra souvent courber le front. Car l'Empire britannique a presque le monopole de l'étain ; par le Canada, il détient avec nous le monopole du nickel ; par l'Inde, il complète le quasi-monopole du manganèse appartenant à la Russie ; il a le zinc d'Australie, l'argent du Canada, l'unique production actuelle de diamant, en Afrique Australe. Et je ne parle pas de l'or dont il alimente pour plus de la moitié la production mondiale. La Russie, de son côté, outre sa richesse en or, et une production de métaux généralement suffisante pour ses besoins, possède, et en abondance, le manganèse ; elle a les pétroles du Caucase et le monopole du platine. L'Italie produit les soufres de Sicile, les zincs de Sardaigne, les pyrites de Boccheggiano, l'acide borique des Soffioni. La Roumanie nous apporte son pétrole ; le Portugal, le tungstène, l'antimoine et les pyrites cuivreuses. Si une entente économique était réalisée avec l'Espagne, notre groupement pourrait être très fort pour le plomb, les pyrites et le mercure.

Dans l'hypothèse d'une offensive indiquée plus haut, le programme le plus vaste auquel j'ai déjà fait allusion pourrait être le suivant : choisir un certain nombre de matières premières, pour lesquelles les Alliés possèdent, ou peuvent s'assurer, sinon le monopole mondial, du moins un quasi-monopole et constituer, pour ces matières, des trusts qui, en s'organisant, entraîneraient les dissidents par leur intérêt même, de manière à imposer des conditions au marché européen ; puis, cela fait, établir deux tarifs : l'un normal à l'usage des Alliés affiliés au trust, l'autre grevé d'une surcharge à l'usage des Allemands non affiliés. Si cela était réalisable, on paralyserait ainsi, dans les Empires du Centre, le développement des industries qui emploient cette matière première et on remédierait, en ce qui concerne plus particulièrement la France, à l'infériorité dont nous souffrirons toujours par suite de notre pauvreté en houille. Mais est-ce bien réalisable ?

Pour apprécier ce programme attrayant, il convient d'examiner deux questions distinctes. Nous aurons à envisager quelles matières premières on pourrait ainsi truster et quelle est la situation du commerce mondial pour chacune d'elles. Cela, c'est le problème de fait, clairement posé, que l'on peut essayer de résoudre dans chaque cas particulier, comme nous le ferons au paragraphe III. Quant aux moyens d'exécution immédiats, il va sans dire que ce n'est pas le lieu de les discuter ici et qu'il y faudrait de très fortes et très homogènes initiatives privées, probablement appuyées par des mesures législatives. Mais un autre problème de droit, ou si l'on veut, d'économie politique, me paraît devoir être résolu auparavant, attendu qu'il s'agit là d'une question préjudicielle. Ce sont précisément les rapports qu'un semblable trust devrait avoir avec l'État. Si l'État n'intervenait pas, s'il se contentait de faire étudier le sujet par des commissions savantes et d'encourager les particuliers par la voix ou par le geste, ceux-ci manqueraient sans doute d'élan et se rappelleraient fâcheusement les tentatives analogues qui ont abouti, notamment, à ce qu'on a appelé le krach des métaux. Si l'État intervient quelque peu que ce soit, son rôle va être singulièrement scabreux pour lui-même (du moins dans les idées françaises), et, avec les vicissitudes constantes de la politique moderne, avec l'habitude prise de changer décrets ou lois au cours des circonstances, la confiance qu'un trust aura pu mettre dans le gouvernement d'hier, pourra se trouver bien hasardeuse demain. C'est là une question préliminaire touchant de près à la politique et que nous laisserons de côté tout à l'heure quand nous aborderons le domaine technique, mais qui n'en domine pas moins tout le sujet et que nous devons discuter en commençant.

Voyons, plus exactement de quoi il s'agit. L'opération proposée est l'inverse de ce qu'on nomme un « dumping ». Dans le dumping pratiqué en grand par les Allemands, on maintient artificiellement des prix plus élevés à l'intérieur du pays qu'à l'extérieur, de manière à accaparer à vil prix le commerce d'exportation et à tuer les concurrences étrangères. Les consommateurs nationaux se trouvent alors payer une prime aux fabricants : prime, grâce à laquelle ceux-ci peuvent développer outre mesure leur industrie. Cela est relativement facile à réaliser puisque, vis-à-vis de ses nationaux, l'État est maître d'imposer toutes les conceptions qu'il croit utiles à leur intérêt final, même quand leur avantage immédiat se trouve lésé. On peut seulement dire que cela exige une grande confiance des industriels dans la stabilité des vues gouvernementales : une confiance peu compatible avec notre parlementarisme impulsif. Les exportateurs à perte courent, en effet, le risque considérable de voir la bienveillance de l'État, sa complicité, qui leur est indispensable pour prospérer, se retirer d'eux subitement. Alors, ayant monté des usines énormes en vue d'une surproduction que les primes officielles et les tarifs protectionnistes facilitaient, ils peuvent se trouver ruinés du jour au lendemain. D'autre part, l'agencement complexe des diverses industries, qui se commandent l'une l'autre, nécessite une série de trusts enchevêtrés et solidaires. Il faut une protection pour empêcher les nationaux d'aller, malgré de doubles douanes, se fournir à l'étranger. Une telle conception, qui aboutit, tout d'abord, à faire payer plus cher certaines marchandises par le commerce national que par les étrangers, afin d'en tirer ultérieurement un bénéfice pour l'ensemble de la communauté, n'est viable que sous un régime de loi immuable, ou, à la grande rigueur, sous le despotisme du bon tyran rêvé par Renan.

La combinaison, à laquelle on songe en France, est exactement l'inverse et se présente sous une couleur plus démocratique, plus immédiatement avantageuse pour la foule. On veut faire payer aux Allemands des prix supérieurs à ceux que payeront les Alliés. Quoi de plus séduisant et comment tous les pouvoirs publics ne prêteraient-ils par leur appui à une combinaison dont le premier effet visible serait aussi heureux ?...

Oui, mais quels seront les moyens d'aboutir ? Nous admettons qu'on ait choisi une matière dont les Allemands ne puissent se passer, qu'il leur soit impossible de remplacer par une autre, dans les limites de prix qu'on leur impose. Nous supposons, en outre, que le trust ait eu la puissance de dominer le marché, de manière à ce que les prix internationaux dépendent de lui (du moins en Europe) : tous les producteurs étant affiliés à ce trust ou intéressés à ne pas entrer en concurrence avec une puissance qui peut les ruiner définitivement par une baisse momentanée. Nous voulons bien croire également que l'on ait pu éviter le danger de tous les trusts, la surproduction amenée par un renchérissement et, dans le cas présent, la réouverture de nombreuses mines non affiliées... Toutes ces hypothèses, déjà trop nombreuses, étant admises, le trust libre d'imposer sa volonté, établira, dit-on, deux prix : l'un pour les Empires du Centre, l'autre pour les Alliés ; c'est-à-dire qu'il sera interdit aux membres du trust de vendre à des Allemands au-dessous d'un certain cours et, comme ils y auront intérêt, les syndiqués respecteront fidèlement la loi.

Mais, d'abord, n'y aura-t-il plus de neutres ; ou ces neutres seront-ils soumis au régime des S.S.S. ou des N.O.T. ? Et puis, neutres ou non, comment empêcherons nous les acheteurs qui auront bénéficié du tarif intérieur de réaliser un bénéfice en revendant à des Allemands ou aux prête-noms des Allemands à des prix qui, tout en leur assurant une honnête commission, seront cependant au-dessous du tarif que nous prétendrons imposer ?... Allons-nous faire intervenir ici des prohibitions d'exportation et toutes les complications d'une visite douanière à la sortie? Y ajouterons-nous, pour éviter le danger d'un accaparement réel, l'établissement d'un prix maximum à l'intérieur ?... En temps de guerre nous voyons combien il est difficile, ou pour mieux dire impossible de prohiber tout commerce indirect avec les Allemands. Que sera-ce lorsque le patriotisme parlera moins haut et lorsque les croisières ne bloqueront plus les côtes? Ne faisons-nous pas une confusion regrettable entre la politique étrangère et les Affaires ?... On me répond qu'une grande industrie ne peut vivre au jour le jour, sans marchés assurés, en récoltant subrepticement ses matières premières. Le fait seul que cette industrie allemande serait mise à l'index par les grands producteurs du monde entier liés entre eux, provoquerait sa ruine...

Je vais distinguer, parmi les substances minérales, deux catégories. Les unes sont de faible prix, s'exportent par grandes masses, ne stationnent guère en pratique chez des intermédiaires ou du moins ne s'arrêtent que chez des intermédiaires peu nombreux, assez faciles à surveiller par les agents du trust. Tel serait, par exemple, le cas des minerais de fer, des phosphates si on arrivait à les truster. Les commerçants en gros seraient connus et les Allemands n'auraient pas la ressource d'aller chercher ces minerais chez d'innombrables commerçants de détail. Mais ces matières abondantes et de faible valeur sont, par leur nature même, presque impossibles à truster parce que les gisements en sont trop nombreux et trop éparpillés dans le monde entier. En regard, on peut placer des substances de très grande valeur sous un faible volume, des substances rares et, par conséquent, aisément monopolisées. C'est ainsi que le trust des diamants ou celui du platine existent déjà ; l'un est anglais et l'autre russe. On pourrait donc aisément, dans des circonstances analogues, imposer un tarif supérieur aux Allemands. Mais, là même, qui les empêchera d'aller chercher du platine dans les usines de produits chimiques, chez les bijoutiers ou chez les dentistes, d'acheter des diamants chez les innombrables courtiers qui, dans le monde entier, placent des pierres brutes ou des pierres taillées ? Dans le cas du platine, tous ceux qui se sont occupés de la question savent que la moitié de la production réelle échappe à la surveillance, cependant sérieusement organisée dit-on, de la police russe. Pour tous les cas intermédiaires qui sont, par conséquent, ceux sur lesquels nous nous rabattons, des droits de sortie deviennent presque indispensables si on prétend amener un produit, fabriqué sur ce côté-ci de la frontière, à valoir beaucoup plus cher sur l'autre côté.

Assurément notre industriel sera tout prêt à faire payer les Allemands plus cher que les Français, aussi cher que l'on voudra, pourvu que l'on ait pu réaliser à son intention le vide sur le marché germanique. Mais, si les membres du trust liés par leur convention ne peuvent baisser leurs prix à l'étranger pour se concurrencer entre eux, les commerçants, les premiers acheteurs alliés ou neutres ne connaissent, eux, ni la même obligation, ni le même intérêt, ni la même règle.....

Et alors voici où va nous conduire notre grande conception, si séduisante tout à l'heure. Les capitalistes, qui auront placé de grosses sommes dans une semblable opération toujours délicate, vont se trouver à la merci de l'État comme dans le cas du dumping allemand, mais ici d'un état parlementaire plein de bonnes intentions traduites par des manifestations changeantes. Qui voudrait entreprendre une grande affaire durable et hardie, autrement qu'avec l'argent des autres, sans la stabilité politique? Et qui peut espérer qu'un peuple intervenant sans cesse dans le gouvernement, acquière jamais ce fétichisme respectueux de la Loi, de la formule légale, sans lequel il ne saurait y avoir sécurité durable des contrats? Un droit de douane ayant été établi, imaginez que les Chambres votent subitement sa suppression, par une sorte d'oukase démagogique, et toute la combinaison fondée sur une prime payée par l'étranger au profit des nationaux s'effondre. N'est-ce pas ce qui arrivera lorsqu'on verra tout le commerce d'une substance monopolisé par un trust unique, par de « vils accapareurs » ? Si les tarifs établis se sont, pour une cause quelconque, trouvé permettre des bénéfices « scandaleux », n'exécutera-t-on pas les spéculateurs par un brusque changement de tarif ou par un impôt ?...

Sans doute le caractère international de la combinaison, qui nécessite le concours de divers Alliés est de nature à atténuer un peu certains de ces inconvénients et peut assurer quelque fixité à des conventions devenues diplomatiques ; mais il entraîne bien d'autres défauts.

En résumé, des spéculateurs très hardis et appuyés sur un capital très puissant, peuvent bien songer à monopoliser le marché mondial d'une substance. Cela se tente assez souvent. Cela réussit parfois un moment. Les gouvernements alliés peuvent leur rendre le service de les laisser faire (nos spéculateurs ne demandent pas autre chose). Mais, après cette première partie de l'opération, qui n'intéresse point notre patriotisme, quand on veut passer à la seconde partie qui nous touche seule et favoriser les acheteurs alliés aux dépens des Allemands, le problème devient très nuageux...

Je crains donc, en principe, qu'une combinaison, tentante au premier abord, ne soit irréalisable dans la plupart des cas sans gros risques financiers de la part des intéressés et sans un agencement terrible de surveillances douanières ou policières rappelant trop l'état de guerre. Presque dans tous les exemples qui vont être examinés tout à l'heure, il faut, à mon avis, se montrer moins ambitieux et la bonne entente des Alliés doit avoir surtout pour but d'assurer d'abord et par préférence à nos amis et à nous l'ample fourniture des matières premières nécessaires à notre industrie, sans prétendre, pour cela, chercher à obtenir en Allemagne un vide irréalisable. C'est déjà une tâche fort intéressante de lutter simplement contre l'accaparement et le dumping ennemis.

II. — Lutte contre l'accaparement et le dumping allemands.

Les vastes projets discutés au paragraphe précédent embrassent un lointain avenir ; mais le danger auquel je viens de faire allusion est immédiat. Partout les Allemands se préparent, dès aujourd'hui, et étendent leurs ramifications sur le monde entier, absorbant, entassant les stocks des deux Amériques et des rares pays neutres européens, afin d'assurer, au lendemain même de la paix, la reprise immédiate de leurs affaires. Les opérations privées et individuelles se mêlent aux manœuvres officiellement dirigées, les spéculations aux achats fermes, sans qu'il soit toujours facile de distinguer entre un accaparement réel, un simple jeu de bourse, ou une simulation de stocks destinée à dissimuler la contrebande. Mais en dépit de ces réserves nécessaires, la constatation n'en est pas moins générale. Partout l'activité des Allemands se déploie avec une ardeur que ne semble pas toujours égaler la nôtre. Aux États-Unis, le fret de leurs navires internés est entièrement absorbé d'avance par des marchandises entreposées pour être expédiées après la guerre. En Chine, où leur influence demeure considérable, où on s'obstine à les croire victorieux, les affaires allemandes se poursuivent activement, en empruntant au besoin des marques neutres. Là, c'est l'étain, c'est l'antimoine qu'on accapare. Le groupement des principales maisons allemandes vient de s'y compléter en pleine guerre par un consortium nouveau : le « Deutsches Warenhaus Ostasien ». Au Japon, pays ennemi, les Allemands trafiquent en toute liberté. En Espagne et en Amérique du Sud, on les rencontre sur toutes les places. Un jour, ils acquièrent toutes les laines de l'Argentine pour les faire passer au Danemark par les États-Unis. Un autre jour, on apprend qu'ils opèrent au Brésil par l'intermédiaire de Stockholm. Leur pompe aspirante fonctionne pour les cotons, pour les cuirs, pour les métaux; elle s'exerce également sur les frets des pays neutres. Ceux de nos fabricants qui ne se seront pas prémunis ne pourront plus, au lendemain de la paix, ni acheter, ni transporter. En même temps, la tendance allemande au groupement devient de plus en plus active et ingénieuse. Ce ne sont que comptoirs d'achat, cartels, groupements d'entreprises similaires, favorisés, dirigés, arbitrés par le gouvernement. Les charbonnages, déjà associés entre eux, s'entendent avec les aciéries, pour s'unir tous ensemble à des chantiers de construction navale, etc., etc. Que faire contre cet accaparement, contre le dumping qui doit en être la suite ?...

Contre l'accaparement, le meilleur remède est d'acheter soi-même le premier. C'est affaire aux particuliers intéressés. Sans vouloir tout monopoliser, comme dans le programme précédent, il suffit maintenant d'assurer ses propres besoins. Nos industriels, nos commerçants s'en occupent-ils assez ?... Ce n'est pas à moi de leur donner des conseils qui les feraient sourire. Ils ont leurs défauts que nous étalons trop complaisamment; ils manquent de discipline, de souplesse, parfois de hardiesse; mais ils possèdent aussi des qualités dont nous ne parlons pas assez. Ne tombons pas dans le défaut vulgaire d'admirer béatement la force, ou plus souvent le bluff des Allemands, en paraissant nous imaginer que des Français ne sont pas capables de les surpasser. Pour la guerre pacifique comme pour la guerre de tranchées, ce n'est ni le courage, ni l'initiative, ni la persévérance qui manquent à notre pays. Nos compatriotes attendent-ils avec impatience les encouragements de l'éloquence officielle et les rapports documentés des Commissions ? Je ne le pense pas. Ils connaissent assurément beaucoup mieux que nous, chacun dans sa partie, ce qu'ils ont intérêt à faire. Leur abstention apparente, si elle est parfois réelle, a donc un motif...

Pourquoi imiteraient-ils servilement la méthode allemande ? Sans doute cette méthode a conduit l'Allemagne à un développement prodigieux de prospérité momentanée ; mais elle a fatalement déterminé, par une suite rigoureuse d'enchaînements, la guerre actuelle et la ruine. Aujourd'hui encore les Allemands achètent à tour de bras, en se croyant, en voulant se croire vainqueurs. Nos concitoyens, plus modestes, paraissent acheter moins en dépit de leur victoire certaine. Ont-ils tort ? Ont-ils raison ? S'ils attendent l'amélioration des changes ou du fret, la baisse des cours sur le marché, leurs motifs sont probablement excellents et l'on ne peut leur demander de payer une marchandise au-dessus de sa valeur pour le seul plaisir patriotique d'embarrasser nos ennemis.

Je hasarderai toutefois cette seule observation générale que la paix pourrait fort bien amener, dans les prix, au lieu de la baisse escomptée, une hausse nouvelle. Les besoins vont être énormes pour combler les vides amenés par trois ans de guerre. La hâte de tous sera extrême. Le fret fera défaut plus encore qu'aujourd'hui. On se précipitera sur toutes les matières premières ou fabriquées avec l'impatience joyeuse de recommencer une vie normale. La main-d'œuvre manquera. Les impôts abonderont. Et cela dans toute l'Europe à la fois. Ce ne sera probablement pas plus le moment opportun pour acheter que pour construire. Il est très possible qu'un achat de guerre actuel soit, avec une apparence de folie, une mesure de prévoyance réelle.

Sans insister davantage je passe à la seconde question. L'accaparement allemand prévu et commencé que nous venons de voir à l'œuvre, peut encore, nous l'avons dit, se compliquer du dumping. Contre le dumping, ce n'est plus aux initiatives privées de lutter; c'est le rôle des gouvernements.

A ce propos, le Canada et l'Afrique Australe avaient édicté, avant la guerre, des lois excellentes dans leur principe, mais d'une application bien difficile. Ces lois avaient pour objet de percevoir des droits spéciaux sur toute marchandise étrangère vendue dans le pays à un prix plus bas que le prix courant du pays d'origine, de manière à rétablir un équilibre artificiellement détruit. Les droits comprenaient : 1° le droit régulier, calculé, non sur le montant de la facture, mais sur le prix normal ; 2° un droit spécial égal à la différence entre le prix de facture et le prix normal. J'ignore comment ces lois ont fonctionné dans l'application. Les Dominions ont parfois, en matière économique et sociale, toutes les hardiesses de la jeunesse. On sait d'ailleurs que le néo-protectionnisme du Nouveau Monde ne recule pas devant un espionnage policier savamment organisé chez les couturières ou les modistes de Paris pour savoir à quel prix exact les élégantes américaines ont payé robes ou chapeaux rue de la Paix. C'est une inquisition de ce genre qu'un tel système amènerait à établir dans tout l'ensemble des transactions commerciales pour déterminer arbitrairement cette quantité indéfinissable appelée par la loi un « prix normal ». Comment empêcher un commerçant de solder à perte une marchandise dépréciée si l'on ne démontre pas qu'il s'agit chez lui d'une mesure systématique? Quelle surveillance intime ne faudrait-il pas exercer sur des acheteurs pour s'assurer qu'un prix facturé a été réellement soldé en espèces, alors qu'ils ont tout intérêt à payer un prix inférieur à celui mentionné sur la facture et que le vendeur y trouve un avantage de son côté?

Une fois engagé dans cette voie, on ne s'arrête plus et je la crois, en ce qui me concerne, trop funeste pour ne pas écarter avec effroi l'idée d'un tel remède. Mais peut-être n'est-il pas absolument impossible de prévoir le cas du dumping dans les traités de commerce et de se prémunir contre lui autrement. Sans chercher à déterminer le « prix normal » avec une précision irréalisable et sans exercer une inquisition néfaste sur tous les contrats, il ne devrait pas être difficile de prouver dans quelques cas particuliers l'existence de cette manœuvre et d'inscrire les maisons qui l'auraient pratiquée sur une liste noire, en interdisant désormais tout commerce avec elles. Cette leçon sévère dégoûterait probablement les autres de les imiter.

III. — Examen des principaux métaux.

Les observations générales que nous venons de résumer, aussi bien quand il s'est agi de conquérir des monopoles que quand nous nous sommes bornés à assurer notre propre approvisionnement, demandent à être complétées par un examen plus précis des conditions propres à chaque cas particulier. Je vais le faire très sommairement pour quelques métaux ou substances minérales. Précisément parce qu'il s'agit au fond de prolonger l'état de guerre, nous allons nous trouver reprendre sous une autre forme des exemples déjà indiqués au chapitre VI à propos du blocus. Les deux questions sont connexes. J'éviterai le plus possible les répétitions.

En fait de métaux à truster contre l'Allemagne, il va de soi tout d'abord que, lorsque les États-Unis ont une production considérable ou détiennent le marché d'une substance, il n'y a rien à tenter contre eux, ni aucun espoir de s'entendre avec eux. Il ne peut s'agir, dans ce cas, que d'éviter l'accaparement inverse par les ennemis. Cela s'applique tout particulièrement au cuivre, au plomb, à l'argent, au pétrole et aux phosphates. On peut aussitôt ajouter le mercure, dont les Alliés ne détiennent la production que pour une trop faible fraction. Aucun danger réel pour les phosphates où nous sommes riches, bien que les Allemands aient acheté d'avance en Floride un million de tonnes par an. Mais il peut être bon de signaler que les stocks de cuivre entassés par les Allemands aux États-Unis sont déjà considérables : de 100 à 150 000 tonnes; que, pour le mercure, ils se sont assuré le contrôle du marché américain; que, pour le plomb, ils ont opéré très largement de tous côtés. Si l'on veut pousser l'étude plus loin, les cas utiles à examiner pour nous se réduisent très vite à l'étain, au nickel, au manganèse, au tungstène, au platine, au soufre et, dans un autre ordre d'idées, au zinc.

Le cas de l'*étain* se présente assez avantageusement. L'Allemagne n'a pratiquement pas de minerais d'étain. Si elle produit un peu d'étain (900 tonnes) et de sels d'étain (3 000 tonnes), c'est par le désétamage du fer-blanc organisé en grand suivant le procédé Goldschmidt. Cependant elle avait, avant la guerre, accaparé notamment l'étain hollandais et australien. Sa Métallgesellchaft tient un rôle essentiel dans le commerce de ce métal. C'est elle qui fournit le monde de cuillers et de fourchettes d'étain ; elle exporte de l'étain sous toutes les formes. Il apparaît donc là un domaine industriel à attaquer. Les États-Unis ne sont pas producteurs. Si l'on cherche la répartition mondiale de la production, on trouve, en chiffres ronds, que, sur 108 000 tonnes, 75 000 viennent des Détroits, 18 000 de la Bolivie, 15 000, réparties à peu près également par tiers, d'Australie, du Cornwall et du Yunnan. Dans la production des Détroits, les îles Néerlandaises entrent pour un quart, le reste vient des États Anglais de Malacca. On voit donc qu'à l'exception des Indes Néerlandaises, de la Bolivie et de la Chine, les territoires anglais sont seuls en cause et fournissent à eux seuls les trois quarts de la production mondiale. Les nouveaux gisements d'étain africains sont également anglais. L'Angleterre a des moyens d'action sur la Bolivie. Elle pourra peut-être, après la guerre, en exercer sur la Hollande malgré la force actuelle de l'empire allemand dans ce pays. Il ne paraît donc pas impossible de prendre des mesures destinées à rationner les Allemands, bien qu'une difficulté tienne au très grand nombre des petites compagnies et, spécialement, des compagnies chinoises. En fait, il y a deux grands marchés de l'étain : Amsterdam, où la « Société du Commerce » vend l'étain appartenant au Gouvernement hollandais, qui représente 1/6 de l'étain mondial, et Londres. C'est aux Anglais que doit appartenir d'abord l'initiative des mesures à prendre sur le marché hollandais. Mais la France et la Belgique, comme l'Italie, peuvent aisément s'y associer.

Pour le *nickel*, le rôle de la France devrait être plus actif. Il existe, nous l'avons vu, dans le monde, deux grands gisements de nickel : le groupe de Sudbury au Canada qui appartient à l'Angleterre (environ 19 000 tonnes de métal par an) et la Nouvelle Calédodonie qui est française (environ 9 000 tonnes). Le reste de la production mondiale est insignifiant et les Allemands n'ont aucun gisement de nickel présentant quelque valeur. La Norvège, qui les alimente seule actuellement, ne produit que quelques centaines de tonnes. Des groupements d'intérêts existent déjà : d'une part au Canada, de l'autre en Nouvelle-Calédonie. Il reste donc à les unir.

Pour le *manganèse*, les deux grands producteurs mondiaux sont l'Inde et la Russie (Caucase et Nikopol) ; en troisième lieu vient le Brésil, où les Allemands s'alimentent actuellement par la contrebande, mais qui témoigne pourtant de réelles sympathies pour les Alliés. Tandis que la Russie produit à peu près 800 000 tonnes de minerais et l'Inde britannique près de 700 000, le Brésil atteint à peine 250 000 et ne peut guère dépasser 3 à 400 000 d'ici longtemps. Le reste du monde intervient pour très peu de chose, si on laisse de côté les États-Unis dont la production assez forte en minerais de fer manganésifères est absorbée dans le pays : peut-être 80 000 tonnes de mauvais minerais pauvres en Allemagne et des gisements à production très inconstante en Espagne ou en Portugal. Malgré le bluff des Allemands qui prétendent remplacer le manganèse par le carbure de calcium dans la fabrication de l'acier, il est à prévoir que leur sidérurgie en recherchera activement les minerais aussitôt après la guerre. On prétend même que dès à présent, il s'opère une sorte d'accaparement allemand au Caucase. Bien que la propriété des gisements y soit très divisée, le Gouvernement russe a des moyens d'action qui devraient lui permettre de résister. Dans le Sud de l'Espagne ils ont absorbé les neuf dixièmes d'une production assez faible. Ils se sont assuré au moins la moitié de la production brésilienne.

Le *tungstène* n'est qu'un petit métal, mais dont le rôle est pourtant important dans la fabrication des aciers extra-durs et des aciers à ressort. Quand on le remplace, c'est par des métaux également rares tels que le molybdène. Comment se fait-il que les Allemands du Hanovre aient pu s'assurer longtemps un monopole du tungstène et de ses alliages, alors qu'ils n'en produisaient pas ? Quelques-unes des principales mines sont en territoire britannique : d'abord en Queensland, puis en Cornwall. Le Portugal, notre allié, entre également pour environ un dixième dans la production. Le reste vient de l'Argentine (San Luis), gros producteur, de la Bolivie et de l'Espagne. Dans ces derniers pays, les Allemands entassent des stocks d'après-guerre. Si nos industriels reculent devant les prix que leurs concurrents arrivent à payer, il serait du moins logique d'empêcher dans l'avenir les achats germaniques en territoires britanniques ou portugais.

Dans ce groupe des petits métaux, qui ont trouvé récemment des applications imprévues, on peut encore citer le *thorium* utilisé en grand par les Allemands pour l'incandescence. Les sables à monazite d'où l'on extrait ce métal, proviennent du Brésil ou du protectorat britannique de Travancore ; les Allemands avaient réussi presque complètement à les accaparer.

La cas du *platine* est très simple, à la condition de

réprimer une fraude puissamment organisée, puisque tout le platine mondial vient actuellement de l'Oural. Jusqu'au jour où les nouveaux gisements espagnols de Ronda auront répondu à des espoirs encore très récents, il faut, pour obtenir du platine, s'adresser en Russie et passer par l'intermédiaire d'une Société qui détient pratiquement le monopole.

Le *soufre* est nécessaire pour l'acide sulfurique, soit sous la forme de soufre natif, soit surtout sous celle de métaux sulfurés, pyrite et blende. Le pyrite est le minerai essentiel. Le traitement des sulfates de chaux, auquel les Allemands prétendent recourir pour remédier à la disette d'acide sulfurique, a bien des chances pour rentrer dans l'ombre après la guerre. Or le soufre natif n'a que deux grands gisements : la Sicile et la Louisiane. Les chiffres d'importations allemandes ne sont pas considérables (38 000 tonnes de Sicile et 7 000 de Louisiane en 1913). Ils sont tout autrement gros pour les pyrites que les Allemands faisaient venir surtout d'Espagne (850 000 tonnes) et, accessoirement, de Norvège (50 000 tonnes en 1913, près de 300 000 tonnes en 1915). La plupart des grandes mines de pyrites espagnoles appartiennent à des société anglaises ou françaises. L'Espagne peut en outre se trouver amenée à une entente avec nous pour ne pas rester isolée au bout de l'Europe et paralysée dans sa concurrence contre l'Italie. Aussi voit-on actuellement les allemands multiplier les achats d'après guerre partout où de la pyrite apparaît disponible, soit en Norvège, soit à Cassandra en Chalcidique, soit en Espagne.

Quant à nous, nous avons les pyrites de Sain-Bel qui produisent près de 300 000 tonnes par an. Mais, pour développer notre production d'acide sulfurique qui est une arme à ne pas négliger, nous serons amenés à nous assurer la production d'autres gisements pyriteux. Il sera logique de diriger ces achats de manière à rationner en même temps les Allemands.

En parlant maintenant du *zinc*, je ne songe nullement à en priver les Allemands. Ils sont ici trop gros producteurs par eux-mêmes pour pouvoir jamais éprouver la disette. Mais il est peut-être permis de leur enlever une suprématie, qui devenait particulièrement envahissante et qui, si leur conquête avait absorbé, comme ils le pensaient, les usines belges, se serait imposée avec une force irrésistible à toute l'Europe. Le syndicat international du zinc, créé en 1909 à leur profit et sous leur dépendance, doit être remplacé par un syndicat anglo-franco-belge en concurrence avec le syndicat allemand.

Quoique grands producteurs, les Allemands importaient avant la guerre une forte quantité de blendes, parmi lesquelles il faut citer celles d'Australie. C'est ainsi qu'en 1913, ils ont utilisé 560 000 tonnes de blendes, dont 378 000 tonnes de minerais nationaux et 160 000 venant d'Australie. L'importante mine de Broken-Hill en Australie était devenue leur fief et des traités la liaient pour longtemps à la Metallgesellchaft allemande. Mais les Australiens paraissent aujourd'hui particulièrement décidés à rejeter ce joug germanique, qui s'était imposé à eux subrepticement... Au mois d'août 1916, on a annoncé que le Gouvernement britannique, outre ses achats de guerre, avait acheté 100 000 tonnes de zinc australien par an pendant les dix années qui suivront la guerre et qu'il avait avancé une somme de 12 millions pour développer en Australie les usines à zinc. Il est probable que la France et la

Belgique achèteront directement au Dominion australien le reste de sa production.

Dès à présent, les Allemands se retournent vers l'Espagne et tâchent même de faire intervenir des Suisses ou des Norvégiens pour se constituer en Algérie, en Tunisie et au Maroc des stocks exportables après la paix.

CHAPITRE VIII

LE RÉGIME MINIER DE L'ALSACE-LORRAINE RECONQUISE

I. Les problèmes posés. — II. Le sort des populations annexées. — III. Sociétés industrielles et commerciales. — IV. Le régime des mines annexées. Fer. Sel. Potasse.

I. — Les problèmes posés.

Dans ce livre, il n'a été question, jusqu'ici, que de la guerre et de son prolongement immédiat dans l'après-guerre. Je suppose maintenant que la guerre soit finie. J'écarte un moment la pensée obsédante de nos ennemis pour me retourner vers la France : vers la France nouvelle qui comprend de nouveau l'Alsace-Lorraine et la Sarre. Nous sommes triomphants, heureux. Nous imposons nos volontés. Nous les imposons *complètement*... Je n'envisage pas d'autre hypothèse comme possible, comme utile à discuter... Qu'allons-nous faire ?...

Les gens simples répondent : « On repeindra les cartes géographiques et on fera voter 2 millions d'anciens Français redevenus électeurs... » Alors vous traiterez, du jour au lendemain, le Haut-Rhin et le Bas-Rhin comme la Marne et le Loiret ? Vous substituerez sans restriction les lois et les droits français aux lois et aux droits allemands ? Vous tiendrez pour nul et non avenu ce qui s'est passé depuis un demi-siècle, même l'immigration germanique en Alsace ? Vous ferez comme ces troupes un peu naïves qui, dans notre marche sur Mulhouse, oubliaient, en se laissant couvrir de fleurs, que le receveur de la poste allemand demandait des renforts par téléphone... Non, le problème est beaucoup plus compliqué et, sans parler de difficultés dans l'ordre politique ou religieux inutiles à souligner, il en est quelques-unes qui sautent aux yeux, rien que dans le domaine économique.

Ces difficultés sont bien connues, cela va sans dire, de nos gouvernants ; mais on semble s'attacher à les laisser ignorer du public. Elles tiennent à deux faits qu'il est impossible d'oublier. En premier lieu, l'Alsace-Lorraine ne comprend pas uniquement d'anciens habitants restés Français de cœur. Si nombreux, si prédominants que soient ceux-là, il existe, à côté d'eux, des germanisés, des ralliés et une très forte population d'immigrés venus d'Allemagne. En second lieu, par l'établissement d'une frontière douanière entre l'Alsace-Lorraine et la France, l'industrie alsacienne a dû, pendant quarante-six ans, se tourner vers l'Allemagne et y trouver son marché ; l'industrie de la Lorraine française, celle de la France entière se sont habituées à considérer l'Alsace-Lorraine comme un concurrent étranger et se sont développées en comptant de leur côté sur un marché français que leurs voisins ne leur disputaient pas. Suivons un instant les conséquences immédiates de ces deux faits.

D'abord que va-t-il se passer pour la population allemande ou ralliée ? Au lendemain de la paix, on lui laisse peut-être la faculté d'opter comme cela s'est fait en 1871. Quelques-uns en usent pour rester Allemands.

Beaucoup, avec la souplesse d'échine germanique, préfèrent rester cois. Nous nous trouvons alors en présence d'électeurs français qui sont, à notre insu, de purs Allemands, ou pis encore, d'anciens Français ayant, par lâcheté, par intérêt, par ambition, trahi la patrie française : des ennemis que la convention légale va considérer, à tous égards, comme Français, qui possèderont nos usines ou nos mines, qui voteront nos lois militaires, qui séjourneront auprès de nos places fortes... On prendra des mesures spéciales contre eux?... Voilà déjà une première restriction à la réintégration absolue. Ces mesures possibles, nous allons en reparler. Mais où s'arrêtera-t-on ? Qui dressera les listes de suspects ? Qui sondera les cœurs et les reins ?...

Il est à noter que ceux-là mêmes de nos écrivains, pour lesquels l'incorporation sans réserves de l'Alsace-Lorraine au territoire français a pris la valeur d'un dogme, sont les premiers à réclamer la cessation complète de tout commerce, de toute relation avec les Allemands. Une telle proscription ne serait donc levée que pour ces Allemands de l'intérieur, les pires de tous parce qu'indéfinissables et insaisissables. N'y a-t-il pas lieu, tout au moins, de mettre pendant quelque temps ces nouveaux venus « en observation » jusqu'à ce qu'on ait appris à les connaître ?

Je ne cite cette première difficulté qu'un peu incidemment et parce qu'elle concorde avec la seconde, d'ordre industriel, sur laquelle je vais insister.

Dans le domaine industriel, on sait ce que représente l'Alsace-Lorraine : 21 millions de tonnes de minerais de fer (sans parler du Luxembourg, dont la neutralité fictive ne laissera pas que d'être, elle aussi, embarrassante), ou, si l'on préfère, avec la Sarre, 5,5 millions de tonnes de fonte ; 335 000 tonnes de sel ; le second gisement de potasse dans le monde ; 47 000 tonnes de pétrole ; au total, 22 000 mineurs sans parler des mines de charbon déjà étudiées ; 2 millions de broches produisant 100 000 tonnes de produits de filature et de tissage (contre 230 000 tonnes dans toute la France, etc.) Bornons-nous ici aux questions minières et laissons de côté la potasse et le pétrole dont nous ne possédions aucun gisement. Pour la fonte, notre production française va se trouver plus que doublée. Pour le sel, nous étions arrivés péniblement à ne pas dépasser notre consommation de 1 400 000 tonnes ; il nous arrive un quart en plus.

Excès de biens ne nuit pas sans doute. Pourtant, s'il est bon d'être sanguin, il est mauvais d'avoir un brusque coup de sang. Le tout est de ne pas rompre l'équilibre. Sinon, se représente-t-on l'état d'une industrie comme celle du fer qui, du jour au lendemain, gardant à peu près le même marché, aura, pour le satisfaire, une production double ? Une exportation de cette envergure ne s'improvise pas. Quelle concurrence désastreuse, quelle débâcle des prix !... Ou plutôt, après un groupement des intéressés, quel arrêt de nombreuses usines, quelle mise à pied de populations ouvrières, quelle crise sociale vont fatalement en résulter, tandis que les industries allemandes, débarrassées de la concurrence alsacienne et lorraine pour un marché demeuré presque égal, se trouveront joyeusement enrichies ! Il ne s'agit pas, c'est clair, de refuser ni de dénigrer le cadeau parce qu'il est trop beau ; mais les transitions sont à ménager. Et voici un péril plus durable. Des industries comme celles du fer et du sel sont nécessairement syndiquées et, officiellement, on va les pousser à se syndiquer de plus en plus pour développer un commerce d'exportation devenu une nécessité vitale. Dans ces syndicats, vous verrez alors, d'après les chiffres précédents, une majorité d'Allemands : majorité d'autant plus puissante qu'avec les habitudes de discipline allemande, elle restera compacte et homogène, tandis que, suivant leurs habitudes, nos Français se diviseront. Ainsi la direction de notre métallurgie, pour ne parler que d'elle — c'est-à-dire, je crois l'avoir assez montré, de l'engin militaire par excellence — va appartenir aux Allemands ?...

L'objection n'embarrasse pas nos théoriciens égalitaires. « Rien de plus facile, répondent encore ceux pour qui tout est simple, on mettra les Allemands à la porte ». Evidemment, et nous nous proposons précisément dans ce chapitre de discuter quelques procédés auxquels on pourra recourir. Mais il n'y a pas à se dissimuler qu'aucun d'eux ne sera entièrement efficace, parce qu'ils se ramènent tous à empêcher l'accès des Allemands dans nos Sociétés ; alors qu'il sera difficile ou impossible d'en exclure les Allemands devenus Français de droit comme Alsaciens-Lorrains, les véritables Français (il y en a) disposés à servir d'hommes de paille aux Allemands et surtout les neutres, dont l'invasion va se produire au lendemain de la guerre sous toutes les formes. Que ferons-nous contre des Suisses, des Hollandais, des Danois, des Suédois, contre des Juifs de Francfort naturalisés Américains, qui invoqueront bruyamment les secours apportés à nos blessés ou à nos prisonniers pendant la lutte ? En pleine guerre, nous avons continué à les hospitaliser comme neutres. Nos tribunaux les ont protégés. Nos pouvoirs publics les ont comblés de politesses. Après la guerre, nous pouvons nous attendre à les voir pulluler. Il n'y aura plus nulle part d'Allemands : il n'y aura que des Américains profondément dévoués de cœur à la France : peut-être de vrais Américains formidablement enrichis par la crise mondiale, mais dont une filiale, ayant des allures de maison-mère, se trouvera par hasard à Coblentz ou à Berlin.

Le problème, ce me semble, commence à se poser : et le bon sens indique qu'à une situation aussi spéciale doivent aussi, pendant un temps à déterminer, répondre des mesures spéciales destinées à permettre les transitions. Il ne faut pas cette fois encore nous laisser entraîner par cette obsession de l'égalité géométrique qui est, au moins depuis la Révolution, notre maladie française. C'est assez d'avoir imposé nos codes, notre bureaucratie et nos circulaires à des Dahoméens ou à des Malgaches. D'ailleurs, il ne s'agit pas en cette affaire d'innover, mais de continuer ce qui s'est toujours fait dans des cas d'annexion comparables. Les deux plus récents qui nous aient touchés de près sont ceux de la Savoie et de l'Alsace-Lorraine. En Savoie, après un plébiscite presque unanime, on a constitué une administration distincte, pendant une période transitoire. Pour les douanes on a établi là cette zone neutre, encore aujourd'hui si propice aux contrebandiers. Au sujet de l'Alsace-Lorraine, c'est Bismarck lui-même qui, en 1871, a été effrayé de voir l'industrie textile alsacienne venir concurrencer l'industrie allemande assez restreinte à cette époque. C'est à la demande du vainqueur qu'on a établi, pour toute l'année 1871, l'entrée en franchise des produits alsaciens-lorrains en France, puis des réductions de droits de plus en plus faibles l'année suivante. Les négociateurs français ont volontiers accordé cette consolation à des compatriotes ; mais il n'en est pas moins vrai que l'initiative de la proposition était venue de l'Allemand.

Je crois donc que l'on peut écarter les arguments de « sentiment » et, sans mériter le reproche de trahison, étudier froidement les mesures à prendre pour l'Alsace-Lorraine, comme on le ferait pour toute autre question économique. Je vais, d'ailleurs, le faire en toute indépendance et me borner à exposer quelques solutions qui peuvent venir à l'esprit, souvent sans me prononcer avec fermeté : non pas par « peur des responsabilités », mais parce que je ne crois pas le procès encore mûr pour être jugé sans appel, ou du moins parce que trop de pièces me manquent pour avoir l'outrecuidance de m'en constituer le juge.

Reprenons les deux points signalés précédemment : la population et le régime minier.

II. — Le sort des populations annexées.

En ce qui concerne la population, ce n'est pas seulement l'Alsace-Lorraine qui va se trouver en cause (et j'envisage ici bien entendu l'Alsace complétée par son prolongement historique de la Sarre); mais il est possible que, militairement, nous soyons amenés à faire, de plus, en pays réellement germaniques, de véritables annexions si l'établissement d'une zone neutre paraît une solution insuffisante. Quand, il y a quarante-cinq ans, Bismarck — cédant, disait-il, à la pression du parti militaire — a annexé l'Alsace-Lorraine, il a commis un crime, nous le savons tous : on ne force pas des hommes à changer violemment de patrie, comme des bœufs changent de maître au marché ; mais, pour un politique, il a commis quelque chose de plus grave, suivant un mot classique : il a fait une faute, dont l'évidence doit apparaître peu à peu aux yeux des Allemands les plus prévenus. Allons-nous donc tomber dans la même erreur et nous incorporer violemment des populations étrangères et hostiles, avec l'espoir de réussir mieux qu'ils ne l'ont fait à nous les assimiler ? Ce serait contraire à tous nos principes et probablement maladroit. Mais alors laisserons-nous une menace permanente sur nos frontières ?... Le dilemme apparaîtrait peut-être insoluble si les Allemands nous avaient permis de conserver notre mentalité d'avant-guerre, si nous pouvions continuer à admettre qu'une guerre franco-allemande exclut de ses effets directs les civils et se borne aux belligérants, si nos ennemis ne s'étaient pas mis volontairement hors la loi. Mais on nous a appris à comprendre notre naïveté ; la leçon, infligée à nos populations envahies a porté fruit. Nous savons aujourd'hui que « la guerre est la guerre », que « la nécessité ne connaît pas de loi », que « la force prime le droit », que « la pitié est une marque de faiblesse » et, en ce qui concerne les annexions, les Allemands, profitant eux-mêmes de l'expérience acquise précisément en Alsace-Lorraine, ont eu soin de nous tracer très aimablement un programme qu'il nous suffira de suivre. Quand ils proclamaient très haut leurs projets sur nos territoires convoités par eux, ils nous ont enseigné la bonne méthode, la méthode déjà appliquée par eux systématiquement, dans leurs provinces polonaises.

Je reconnais que ce système porte un peu trop pour notre goût la marque germanique ; mais, puisqu'il s'agit de l'appliquer à des Germains, il ne saurait les étonner. Il consiste, en deux mots, à vider le territoire recouvré de ses habitants hostiles pour le repeupler de nos concitoyens. Ces habitants expulsés n'auront plus le droit de posséder dans le pays et, pendant un temps à fixer, ne pourront y vivre sans une autorisation de police exceptionnelle. Ils y demeureront des étrangers. J'ajoute, sans aucun sophisme ni paradoxe, que le procédé me paraît légal. Il suffit, pour arriver à cette opinion, de le définir. C'est une expropriation.

Or nous sommes tous habitués de longue date au régime des expropriations dans notre propre pays. Il arrive chaque jour qu'un particulier soit privé de sa maison familiale, de son jardin, de son champ, de son usine, de son atelier, parce que l'État en a besoin pour y faire passer une voie ferrée ou pour y laisser exploiter une mine. Il en résulte sans cesse des préjudices, des douleurs, des déchirements, l'obligation même de s'expatrier pour retrouver son gagne-pain. L'habitude fait pourtant qu'en pareil cas, quand on n'est pas soi-même en cause, on trouve le procédé correct et seules les protestations étonnent. La mesure proposée ne constitue qu'une expropriation généralisée, dont les indemnités seraient mises à la charge de l'État allemand, comme un chapitre de son indemnité de guerre. On pourrait l'appliquer sans modifications aux Allemands d'Alsace-Lorraine. Les expulsés ne seraient pas alors des exilés, puisqu'ils retourneraient en Allemagne.

L'avantage politique pour la France serait évident, après les quelques difficultés que l'on peut prévoir au début. Des rachats de terres et d'immeubles s'opéreraient sans doute sous un faux nom; mais les prête-nom sont, dans tous les procédés, inévitables. Et j'ajouterai qu'une fois surmontée la première impression de barbarie, on aperçoit un avantage moral non moins grand. Les Alsaciens-Lorrains de 1871 ont été libres de s'exproprier eux-mêmes sans y être contraints et il semble, à première vue, qu'ils aient été moins rudement traités. La vérité, quand on y refléchit, est qu'ils ont plus souffert. Par une mesure radicale, on supprime tous les cas de conscience, tous les scrupules qui ont torturé les cœurs français au moment de l'option. Il n'y a plus à choisir ; la nécessité s'impose ; elle est douloureuse, mais elle est momentanée et la souffrance qui en résulte ne se transmet pas de génération en génération. C'est l'abcès que l'on ouvre au bistouri au lieu de le laisser couver sourdement.

L'expulsion, qui fait le vide pour quelque temps, résoud, en même temps, dans une certaine mesure, le problème de la surproduction industrielle. Jusqu'à ce qu'une nouvelle population soit revenue, elle donne aux choses le temps de se tasser.

Ayant ainsi chassé en bloc et sans restriction tous les Allemands d'origine, il ne reste à examiner que le cas, beaucoup plus délicat, des indigènes ralliés à l'Allemagne, ayant contracté des liens de famille avec l'Allemagne, accepté des places dans l'administration allemande, etc. Dans cet ordre d'idées, il faut, au contraire, je crois, procéder par cas particuliers et par nuances. Car, jusqu'à quel point peut-on rendre le frère solidaire de son frère, le père de son fils, l'oncle de son neveu ? Dans quelle mesure une faiblesse, peut-être passagère, doit-elle condamner toute une existence ? S'il faut jeter le corps entier dans la géhenne parce qu'un membre est gangrené, combien de justes ou de demi-justes (ce qui est encore une bonne moyenne dans l'humanité) peuvent se trouver frappés ? Ici des mesures transitoires me semblent s'imposer pour éviter des erreurs qui seraient aussi fâcheuses dans un sens que dans l'autre. Il ne faut pas infecter la France d'Allemands ; mais il ne faut pas non plus punir sévèrement des Alsaciens très Français de cœur et qui, pendant un demi-siècle, ont gardé fidèlement le souvenir de la patrie absente, parce qu'ils ont un instant cessé d'espérer quand le mot d'ordre officiel français était de ne plus leur donner d'espoir. Déjà, il n'y a pas à se le dissimuler, la différence de langue, le germanisme des noms propres vont susciter des erreurs fâcheuses dans notre population française, exaspérée contre tout ce qui est allemand, disposée à voir des Allemands partout et discernant mal qu'on peut s'appeler Zurlinden, Wagner ou Gottlob en étant le plus excellent Français. Il sera difficile d'éviter des surprises pénibles chez des populations qui vont se trouver froissées dans bien des goûts et des intérêts, par certaines formes légales et administratives moins avantageuses, par la proscription de leur catholicisme, etc. Nous gardons un peu trop en France ce préjugé puéril — source incontestable de force et de grandeur, mais puéril pourtant — que le privilège d'être Français vaut tous les sacrifices et que le monde entier doit aspirer à un honneur si grand. Il nous est arrivé de mécontenter ainsi bien des neutres. Le mal serait plus grave si nous risquions de blesser des compatriotes reconquis.

III. — Sociétés industrielles et commerciales.

En ce qui concerne les individus, je proposerais donc une solution ferme. Mais ce que je viens de dire pour les propriétés privées et pour les individus va-t-il s'appliquer aux Sociétés industrielles, commerciales et financières ? Le problème est délicat et ne se pose pas tout à fait de même.

En agissant contre les Sociétés, il faut se garder de toute mesure pouvant ressembler à une spoliation, non pas seulement par un scrupule de juriste qui pourrait paraître déplacé à l'égard du pays des « chiffons de papier », mais surtout parce que les Sociétés alsaciennes comptent parmi leurs actionnaires, côte à côte avec des Allemands, un très grand nombre de Français ou d'Alsaciens inlassablement fidèles à la France.

Sans vouloir faire ici du droit, alors que la guerre, entendue à la manière allemande, a pour premier résultat d'annihiler le droit, on sait que les Codes ont toujours attribué aux Sociétés par actions un régime différent de celui qui s'appliquait aux individus. La « Société » moderne a pris un caractère absolument international ; et ceux-là mêmes qui avaient le plus déclamé contre la participation des Français à des affaires étrangères ont été fort heureux de rencontrer des Français actionnaires au dehors, le jour où ils sont venus mendier leurs titres pour relever notre change à l'étranger. Telle mine d'or transvaalienne a ses titres au porteur répartis entre toutes les nations du monde et ces titres, dont le propriétaire est inconnu de tous, passent sans cesse de main en main. Si cette méthode est admise, comment empêcher les affaires d'Alsace, montées par actions, de rester entre les mains des Allemands ? Si elle ne l'est pas, quel bouleversement ?

Peut-être y a-t-il une solution. Nous remarquerons que, d'après la loi allemande, il existe deux types de Sociétés : la Gesellschaft qui est soumise à un code de commerce uniforme pour tout l'Empire et la Gewerkschaft (type spécial aux mines) qui est, au contraire, propre à chaque état confédéré, en sorte qu'une affaire de Bavière est considérée comme une étrangère en Prusse, de même qu'une affaire d'Alsace-Lorraine. Rien ne nous empêche de créer ainsi un type de Société qui sera le seul applicable en Alsace-Lorraine ou en pays annexé et conformément auquel toutes les Sociétés d'Alsace déjà existantes devront se reconstituer.

Pour empêcher les Allemands de garder la direction effective des affaires dans un pays redevenu français, nous devrons, ce me semble, stipuler que ces nouvelles Sociétés seront françaises (cela va sans dire) et auront exclusivement des directeurs et des administrateurs français ou alliés. Comme je l'ai déjà indiqué, il est indispensable de ne pas ouvrir aux neutres une porte, où s'introduiraient derrière eux des Allemands. Si nos traités avec des neutres nous gênent à cet égard, c'est précisément le cas d'appliquer et de faire durer des mesures de guerre transitoires. Mais changer les directeurs et administrateurs ne suffit pas. Les actionnaires eux aussi doivent être Français (ou Alliés) et, si l'on veut les connaître, on est amené à imposer l'obligation des actions nominatives.

Nous voilà déjà bien loin du droit commun, et la future législation relative à l'Alsace-Lorraine, s'enrichit là de quelques articles spéciaux, ignorés dans le reste de la France, sans qu'il ait été pris, pourtant, aucune mesure arbitraire non justifiée par de nombreux précédents à l'étranger. Même la stipulation des actions nominatives, si gênante qu'elle puisse être dans la pratique, a déjà, pour des raisons d'inquisition fiscale, été proposée dans le cas de la France entière. Elle y est obligatoire toutes les fois que le capital n'est pas entièrement libéré. Elle ne saurait donc étonner. Maintenant faut-il croire que tout cela suffira? On ne peut l'affirmer. Des directeurs et administrateurs français peuvent être doublés par des Allemands qui leur laisseront la signature et garderont la direction occulte. Les actionnaires nominatifs peuvent être des mandataires interposés, tenus d'autre part au moyen de contre-lettres. Néanmoins, lorsque les Thyssen, Stumm, etc., seront forcés de diviser leurs affaires en deux pour garder une Société allemande en Westphalie et une Société française en Alsace ; lorsqu'il leur faudra truquer leur conseil d'administration et leurs listes d'actionnaires, payer tous ces hommes de paille, rester exposés à des dénonciations, à des procès, il est présumable qu'en masse ils se retireront plus ou moins vite et s'en iront, avec le prix des usines perdues, reconstruire des usines nouvelles sur la Ruhr. Par des mesures énergiques comme celles qui viennent d'être suggérées, on peut donc arriver à refranciser rapidement le pays. A défaut d'elles, et notamment si on ne se résoud pas à arracher les masques neutres, il n'y faut guère compter.

IV. — Le régime des mines annexées. Fer. Sel. Potasse.

Nous venons là d'aborder le terrain industriel sur un point général qui s'applique à toutes les catégories d'industries. Examinons maintenant, comme je l'ai annoncé, le cas de quelques industries minières en particulier; et d'abord le problème du fer qui s'est déjà trouvé posé précédemment. Malgré tous les intérêts personnels qui s'y trouvent mêlés, on peut, ce me semble, le faire très subjectivement.

J'ai dit comment ce problème se trouve compliqué par l'existence de puissantes Sociétés allemandes ayant à la fois des intérêts en Westphalie et en Lorraine ; j'ai montré également comment, si on ne prend pas de mesures spéciales, notre métallurgie française se trouvera, au lendemain de l'annexion, entièrement livrée à la domination des Allemands. Nous venons de proposer une mesure d'expropriation radicale pour y remédier ; je n'en vois pas d'autre efficace. Si on se borne à exercer une douce pression pour provoquer des cessions à l'amiable, si on respecte les propriétés allemandes en pays reconquis, si on ne trouve pas le moyen d'exclure les Américains, les Suédois et les Suisses, nous resterons entre les mains des Allemands et la difficulté très sérieuse, à laquelle j'arrive maintenant, sera beaucoup plus grave.

Cette difficulté, dont il a été question au chapitre du fer, ne tient pas à la nationalité des exploitants de fer ; elle subsiste en les supposant tous très ardents patriotes ; elle tient à un fait matériel : la surproduction énorme de minerais qui va se produire dans le Bassin Lorrain.

Les chiffres ont été donnés précédemment. Je les rappelle. La France entière produisait 5 millions de tonnes de fonte. Si toutes les usines du district de Thionville et de la Sarre restées ouvertes s'y ajoutent, elle en produira plus de 10. Mais, pour les maintenir ouvertes, comment se procurera-t-on du coke ? Et, une fois cette fonte produite, qu'en fera-t-on ?

Je ne reviens pas sur le problème de la houille. L'annexion de la Sarre peut y apporter un premier remède (mais on voit à quel point toutes ces difficultés se tiennent). Si l'on obtient des livraisons de charbons westphaliens, ou gratuites ou à prix réduits, ce sera le complément. Faute de pouvoir imposer de telles conditions, on a également envisagé la possibilité de faire arriver des charbons anglais : soit par voie ferrée ; soit par le Rhin et par la Moselle rendue navigable. Ce remède pacifique est beaucoup moins sûr qu'une condition de paix imposée aux Allemands. Le dernier projet, très coûteux, ne réunit même pas l'approbation de tous les intéressés. On est amené, comme pour d'autres beaux plans semblables, à faire le calcul exact du résultat qu'on obtiendrait en employant à des dégrèvements dans les transports par voies ferrées les sommes qu'il s'agit de jeter dans un canal. On doit, en outre, de toutes façons, se demander si la quantité et le prix des charbons anglais permettront le développement prévu de la sidérurgie lorraine.

Mais admettons qu'on ait eu du coke pour fabriquer la fonte, de cette fonte que fera-t-on ? Actuellement, la Lorraine, d'un côté de la frontière comme de l'autre, donne surtout des produits bruts ou demi-finis, fort peu de finis. Les usines d'élaboration ont eu intérêt à se construire plus près de la houille, soit dans le Nord français, soit sur la Ruhr. Nos usines françaises vont se trouver tout à fait insuffisantes pour traiter ces 5 millions de tonnes de fonte nouvelle. Cette fonte de Thionville, il faudra, pendant les premiers temps, l'exporter tout ou partie aux usines où elle était traitée avant la guerre : en Allemagne.

Ne protestons pas avec indignation. Prévoyons l'inévitable et calculons, Si nos fontes de Thionville vont dans la Ruhr en payant des droits de douane, elles y seront en infériorité par rapport aux fontes du Luxembourg, qui sont à proprement parler des fontes d'Allemagne, mais dont un dernier scrupule juridique fera peut-être respecter la neutralité illusoire. Si nous forçons du moins le Luxembourg à sortir du Zollverein, ce qui semblerait élémentaire, il restera encore la concurrence des fontes de Franconie qui vont certainement se développer.

Mais pourquoi payer des droits de douane aux Allemands ? Nos métallurgistes demandent à ce que le futur traité stipule une exemption de ces droits, des bons d'exportation avec certificat d'origine, pour la part de la production qui était autrefois absorbée par le marché allemand : soit 2,5 millions de tonnes, jusqu'à ce qu'ils aient eu le temps d'organiser en France des usines d'élaboration. C'est en somme une clause analogue à celle qui a existé en 1871 pour les industries textiles d'Alsace et que je rappelais précédemment : entrée en franchise de ces 2,5 millions de tonnes dans leur ancien pays de consommation.

Le reste, étant destiné à l'exportation, peut être privé de semblables avantages. N'oublions pas cependant que, si l'Allemagne va se trouver très gênée par la suppression du bassin Lorrain, il est à craindre qu'on ne réussisse pas à la priver du Luxembourg pendant les années qui s'écouleront encore jusqu'à l'épuisement de ce pays. Outre le pays de Siegen et de la Franconie, elle a à sa disposition les minerais de Suède. Gardant le charbon abondant et à bas prix, la sidérurgie allemande, quoique très appauvrie, ne sera donc pas anihilée et il ne faudra pas être trop surpris de retrouver sa concurrence sur les marchés qu'elle s'était attribués auparavant. Si l'on veut que notre sidérurgie à nous se développe comme elle doit le faire, il sera bon de veiller sur cette poule aux œufs d'or.

L'industrie du *sel* française va se trouver dans une situation également délicate et qui, si on ne veut brusquement priver de travail d'importantes populations ouvrières, nécessitera, elle aussi, momentanément des mesures exceptionnelles [1].

On peut résumer le problème de la façon suivante. Dès aujourd'hui les gisements de sel français (parmi lesquels il ne faut pas oublier les réserves illimitées de la mer) pourraient produire beaucoup plus que ce qu'on extrait. Leur production se règle artificiellement et par l'entremise d'un syndicat sur la capacité de consommation et d'exportation française, qui n'est susceptible que d'une augmentation lente. Demain, l'Alsace-Lorraine va nous apporter, en outre, des gisements organisés pour produire 335 000 tonnes de sel (y compris la soude) avec une population capable d'en absorber seulement 70 000. L'excédent ne pouvant se placer aussitôt, il faudra qu'un certain nombre d'exploitations se ferment : soit en France, soit en Alsace. Nous allons préciser les données de cette question, qui n'a pas été encore vulgarisée par les polémiques comme celle du fer.

Le sel a deux groupes d'applications qui se distinguent notamment par les formidables impôts auxquels cette substance est soumise : la consommation domestique d'une part et, d'autre part, l'industrie (soude, etc.), l'agriculture et l'exportation. On sait que, pour la consommation domestique, une tonne de sel

---

[1] Pour toute cette question du sel, je dois des remerciements très vifs à M. Aguillon, Inspecteur général des mines, qui a bien voulu me faire participer à sa précieuse documentation.

raffiné valant 30 francs en gros paye 100 francs d'impôts et en a payé précédemment jusqu'à 200. Voyons quels sont ou quels pourront être, dans un avenir prochain, les débouchés du sel en France ; nous montrerons ensuite quelles sont les possibilités de production.

Actuellement, la consommation française équivaut à environ 1 300 000 ou 1 400 000 tonnes et se répartit approximativement ainsi :

Consommation domestique . .	345.000	tonnes.
Carbonate de soude.	660.000	—
Sels d'industrie autres que ceux de soude.	100.000	—
Agriculture.	25.000	—
Pêche (sel en franchise) et divers	50.000	—
Exportation nette	130.000	—

Le chiffre de la consommation domestique par tête d'habitant est invariable. Dans des pays plus froids, il peut atteindre 12 kilos par an ; en Égypte, il descend à 3 ; en France, il approche de 9. Avec la stagnation de notre natalité, on peut le considérer comme immuable et cette observation est d'autant plus fâcheuse pour les industriels que c'est en fait ce sel domestique qui fournit à peu près tous les bénéfices.

La fabrication du carbonate de soude ou, accessoirement, les autres industries chimiques offrent seules de la marge et c'est sur ce chapitre que comptent les optimistes pour parer à la difficulté dont il est ici question. En temps de guerre, l'électrolyse destinée à donner du chlore pour gaz asphyxiants ou de l'hydrogène pour ballons a pu prendre quelque importance. En temps de paix, il ne faut guère envisager que le carbonate de soude et ses dérivés. A la veille de la guerre, la soude Solvay (ou à l'ammoniaque), partie de 17 000 tonnes en 1873, était montée à 390 000 tonnes (dont 300 000 pour la seule usine Solvay) correspondant à 650 000 tonnes de sel ou de saumure. La soude Leblanc, très réduite, absorbait, en outre, environ 7 000 tonnes.

Le progrès réalisé ici depuis 1873 montre la possibilité d'un accroissement continu, fondé en grande partie sur l'exportation. Il est plus hasardeux de compter sur un accroissement brusque très considérable en s'imaginant que la guerre aura ruiné définitivement la puissante organisation de l'industrie chimique allemande.

L'agriculture, la pêche et les emplois divers n'absorbent qu'un cubage sans intérêt. Quant à l'exportation de sel, fort peu rémunératrice, elle est plutôt en voie de régression par suite de la concurrence mondiale.

Si nous passons aux producteurs, ils se divisent en deux catégories : mines de Lorraine, de Franche-Comté et du Sud-Ouest ; marais salants de l'Atlantique et de la Méditerranée. Les mines sont grevées par le prix du charbon. Les marais salants ne dépendent que de la bonne volonté du soleil.

Parmi les mines, le groupe de Lorraine, dont la frontière de 1871 avait donné une partie à l'Allemagne, est de beaucoup le principal. 17 entreprises y produisent 300 000 tonnes de sel gemme ou raffiné et 390 000 tonnes de carbonate de soude (650 000 tonnes de sel) ; soit au total 950 000 tonnes de sel. Son énorme épaisseur, portant sur près de 100 000 hectares sans discontinuité, offre des ressources à peu près indéfinies.

La Franche-Comté, plus morcelée, ne fournit que

66 000 tonnes de sel raffiné et le Sud-Ouest (Basses Pyrénées, Landes, Haute-Garonne) que 35 000 tonnes. Mais les gisements comporteraient aussi un accroissement facile si les conditions de vente le permettaient.

La production des marais salants ne dépend pas seulement, comme celle des mines, de la volonté de l'exploitant, mais aussi des conditions atmosphériques; cependant ces conditions repassent, pour chaque groupe d'une dizaine d'années, par une moyenne analogue. Dans l'Ouest (100 à 150 000 tonnes), c'est la petite industrie des paludiers, à laquelle participent environ 12 000 hommes et qui décroît d'année en année, abandonnant à d'autres cultures plus rémunératrices (huitrières, viviers à poissons, prairies) tout le terrain que celles-ci peuvent utiliser. Sur la Méditerranée, c'est au contraire la grande industrie, avec des Sociétés importantes telles que les Salins du Midi. La production varie du simple au double, suivant les années : 346 000 tonnes en 1904, 172 000 tonnes en 1910. Parfois, quand elle est trop forte, pour ne pas s'encombrer de stocks, on laisse redissoudre le sel déjà formé. La disposition des côtes permettrait de développer les marais salants, avec un prix de revient de 5 à 10 francs la tonne, contre lequel les mines de Lorraine qui, au cours normal du charbon, produisent à raison de 15 francs la tonne, ne peuvent lutter que par des combinaisons de syndicat tout à fait artificielles.

On a donc là une industrie en état de surproduction constante, par conséquent, d'équilibre instable, qui, pour vivre, a dû constituer un syndicat à production limitée, avec rayons de vente déterminés pour chaque groupe. C'est ainsi que le consommateur paye 200 francs au détail (dont 100 francs d'impôt) ce qui vaut 5 francs de production dans le Midi et 15 francs en Meurthe-et-Moselle. Néanmoins, les producteurs utilisent souvent à peine la moitié de leurs installations, qu'ils pourraient elles-mêmes aisément doubler.

C'est dans cette organisation factice qu'il va falloir faire une place à l'Alsace-Lorraine, où 7 entreprises fournissent 75 000 tonnes de sel raffiné et 130 000 tonnes de soude (260 000 tonnes de sel) : soit au total, 335 000 tonnes de sel, les 2 millions d'habitants nouveaux n'en absorbant, au taux moyen de la France, que 70 000 tonnes sous toutes les formes. Or, ces entreprises, à une très modeste exception près, sont ou françaises, ou belges, ou appartenant à de vieux Alsaciens-Lorrains ; on ne saurait donc les sacrifier. Maintenant, pour imaginer ce qui va se passer, les curieux d'histoire peuvent rechercher les traces de l'émotion populaire soulevée en 1866 par la décadence des marais salants de l'Ouest, quand ceux-ci furent refoulés par l'Est et le Midi et quand 45 000 individus atteints assaillirent les pouvoirs publics de leurs pétitions ; ils n'ont qu'à relire les trois volumes in-folio d'enquêtes administratives, où devaient finalement en 1869, s'enterrer ces doléances (la guerre ayant amené alors d'autres soucis)..... Sans vouloir prendre parti pour aucun intérêt privé, il semble donc difficile d'arriver à une autre solution que la réduction proportionnelle de toutes ces industries et, par conséquent, la fermeture de chantiers, si l'on n'assure pas, pour un temps suffisant, la communication en franchise des mines situées en Lorraine annexée avec leurs anciens consommateurs.

Enfin, la question de la *potasse* ne soulève pas de difficultés semblables ; mais elle mérite qu'on en dise un mot, ne fût-ce que pour en montrer l'intérêt. Il n'existe, jusqu'ici, dans le monde, que deux ou trois grands gisements potassiques : Stassfurt, qui a détenu le monopole jusqu'à ces dernières années ; Mulhouse découvert en 1904 et Cardona en Espagne, découvert peu avant la guerre. A Mulhouse, le premier puits a atteint le gisement en 1911 et a produit 127 000 tonnes. 10 autres y sont arrivés en 1912. Les Allemands, possesseurs de Stassfurt et de Mulhouse, détenaient le monopole mondial du « Kali » et leur influence politique en Espagne a suffi pour paralyser entièrement la mise en exploitation de Cardona, qui aurait pu fournir de la potasse aux Alliés et aux neutres pendant la rupture des communications avec l'Allemagne. Il est inutile de rappeler combien ce monopole préoccupe et, on peut le dire, humilie, depuis longtemps les Américains et les efforts qu'ils ont faits sans succès pour trouver sur leur immense territoire le moyen d'échapper à cette sujétion de l'Allemagne.

Cette situation va changer par le retour de l'Alsace à la France. A côté des Sociétés particulières, dont beaucoup avaient déjà des actionnaires français, l'État français, s'il se substitue à l'État ou aux groupes allemands, peut se trouver à Mulhouse gros propriétaire de potasse. On doit prévoir, en conséquence, une situation assez singulière. Dans le syndicat mondial du « Kali » que nous aurons tout intérêt à conserver, l'État français se trouvera voisiner en qualité d'associé avec l'État allemand, principal propriétaire à Stassfurt. Cette anomalie demandera, en toute hypothèse, à être précisée d'avance. Mais, si l'on admet toujours que nous soyons en mesure d'imposer nos conditions, il semble très naturel que la propriété de l'État allemand à Stassfurt soit attribuée elle-même à l'État français comme un des éléments actifs de l'indemnité de guerre. L'éventualité a déjà été prévue hors de France et a contribué à attirer de nombreuses convoitises étrangères sur le bassin encore peu exploré de Cardona, où Solvay avait pris les devants [1].

Quelle est la valeur de ce Bassin de Mulhouse ? Soit patriotisme local, soit amplification habituelle dans le lancement des affaires financières, soit même manœuvre allemande destinée à accroître la valeur de leur actif en vue d'une fâcheuse éventualité, on a lancé à ce sujet les évaluations les plus fantaisistes aboutissant à 30 ou 40 milliards. Il est facile d'arriver à des résultats semblables si l'on multiplie le nombre présumé de tonnes (2 millions) par la valeur d'une tonne extraite. Mais il n'est pas nécessaire d'être grand clerc en matière de mines pour soupçonner que la valeur « en terre » ne correspond pas à la valeur effective, lorsqu'on peut être quelquefois cent ans avant de réaliser l'extraction. C'est un peu comme si l'on confondait le produit brut avec le produit net. Pour calculer la valeur du Bassin, il faut apprécier les besoins actuels de la consommation. Or, dans le Kali Syndicat, l'Alsace n'avait obtenu qu'un dixième de la production : soit, dans les conditions actuelles du marché de la potasse, pour chacun des 15 puits installés environ 3,50 p. 1.000, ou 80 000 tonnes représentant 1 200 000 francs de bénéfice distribuable, 20 millions au total et dans quelques années, d'après la loi de progression actuelle, 40 ou 50. Évidemment, l'Alsace devenue fran-

---

[1]. (Voir *la Nature*. 2 octobre 1915). On estime qu'un tiers du gisement appartient déjà à des capitaux français.

çaise obtiendrait une toute autre situation dans le syndicat. On pourrait lui assurer 30 p. 100 au lieu de 10 et tripler par conséquent le bénéfice actuel. Mais à ce taux même, on ne dépasserait pas le chiffre, déjà très remarquable, de 3 milliards.

Après avoir ainsi passé en revue le fer, le sel et la potasse, on pourrait encore, si on voulait être complet, parler ici des pétroles et des petites mines de plomb vosgiennes, ou rappeler même l'or du Rhin. L'Alsace-Lorraine est riche en matières minérales, comme elle abonde en industries prospères. Nous allons rentrer là, sans y avoir songé d'abord quand la guerre a commencé, dans un domaine qui nous est anciennement connu.

Qu'on m'excuse de conclure ici en bon conservateur de Musée! A la Collection départementale de l'École des Mines, où chaque département français occupe une vitrine destinée à montrer les produits minéraux du pays, j'ai, jusqu'à aujourd'hui, gardé fidèlement deux cases inutiles en apparence, qui avaient été jadis consacrées au Bas-Rhin et au Haut-Rhin. Plus d'une fois, des visiteurs ont émis l'idée d'employer ces gradins pour compléter les collections trop étroites des départements demeurés français. J'ai résisté assez longtemps pour avoir raison. Il m'eût semblé sceller la pierre tombale sur un vivant, caché un moment par des décombres. Ces deux vitrines ont conservé sans changement leurs échantillons de minerais vieux d'un demi-siècle. Quand nous allons rentrer en Alsace, nous pourrons les rajeunir!...

TABLE DES MATIÈRES

INTRODUCTION

Le rôle du monde minéral dans les luttes humaines. — Les réalités pratiques de la guerre et la guerre vue à la distance de Sirius. 1

PREMIÈRE PARTIE

LA GUERRE

CHAPITRE PREMIER

LES CHAMPS DE BATAILLE PRÉDESTINÉS

I. Les lois géologiques du modelé topographique. — II. La prédestination des champs de bataille. Histoire d'Attila. — III. Les défenses naturelles du bassin de Paris. — IV. Description du front franco-allemand. 11

CHAPITRE II

L'ORGANISATION DU BLOCUS

I. Le siège de la forteresse allemande. — II. Les premiers temps de la guerre. La restriction directe des importations allemandes. — III. Les ministères du blocus. La définition de la contrebande. — IV. La restriction des neutres et ses étapes successives. Les sociétés de surveillance. — V. Les procédés de contrebande. — VI. Les listes noires. — VII. Les produits nationaux des neutres limitrophes. Pression diplomatique et achats 52

CHAPITRE III

LES EFFETS DU BLOCUS

I. Résultats à attendre du blocus. — II. Effets du blocus sur la fabrication des munitions. — III. Le blocus, expérience sociale 94

DEUXIÈME PARTIE

LE TRAITÉ DE PAIX ET L'APRÈS-GUERRE

CHAPITRE IV

LA NÉCESSITÉ DE L'APRÈS-GUERRE. SON PROGRAMME ET SON PLAN 129

CHAPITRE V

LE PROBLÈME FRANCO-ALLEMAND DE LA HOUILLE

I. Le rôle de la houille. — II. Développement historique de sa puissance. — III. Cas de la Grande-Bretagne. — IV. Cas de l'Allemagne. — V. Cas de la France 144

CHAPITRE VI

LE PROBLÈME FRANCO-ALLEMAND DU FER

I. Importance du problème. — II. L'évolution historique de la sidérurgie française. — III. La valeur du gisement lorrain. — IV. Le sort du gisement lorrain dans l'après-guerre. 186

CHAPITRE VII

L'APRÈS-GUERRE MINÉRALE. LE BOYCOTTAGE DES PRODUITS ALLEMANDS. LES TRUSTS ANTI-ALLEMANDS DE MÉTAUX

I. Observations préliminaires. Difficultés politiques et lé-

gales. — II. La lutte contre l'accaparement et le dumping
allemands. — III. Examen des principaux métaux . . . 225

CHAPITRE VIII

LE RÉGIME MINIER DE L'ALSACE-LORRAINE RECONQUISE

I. Les problèmes posés. — II. Le sort des populations
annexées. — III. Sociétés industrielles et commerciales. —
IV. Le régime des mines annexées. Fer. Sel. Potasse. . . 251

ÉVREUX, IMPRIMERIE CH. HÉRISSEY

www.ingramcontent.com/pod-product-compliance
Lightning Source LLC
Chambersburg PA
CBHW070543160426
43199CB00014B/2351